エジプト先王朝時代の土器研究

An Integrated Analysis on Pottery Production in Predynastic Egypt

馬場匡浩

Masahiro Baba

六一書房

図版 1

1　HK11C Square B4-5 下層の遺構（向かって左が土器焼成施設，右がビール醸造址）

2　HK11C Square B4-5 下層のビール醸造用の大型甕（vats）

図版 2

1：グループ 1-1（BM29）
2：グループ 1-2（BM04）
3：グループ 2-1（BM21）
4：グループ 2-2（BM09）
5：グループ 3（BM25）
6：グループ 4-1（BM07）
7：グループ 4-2（BM13）
8：グループ 4-3（BM11）
9：グループ 5（BM26）

3　偏光顕微鏡写真（XPL）　　　　　　　　　　　　　　　　　スケール　0.5mm

4　製作痕分析で用いた土器の例（HK6 エリート墓地）

目　　次

序　章　研究の目的と方法 ……………………………………………………… 1
第1節　研究の目的と課題 ……………………………………………………… 1
第2節　研究の方法 ……………………………………………………………… 3
第3節　本論の構成 ……………………………………………………………… 6

第1章　先王朝時代の環境と文化 ……………………………………………… 9
第1節　本論における年代と時期区分の定義 ………………………………… 9
第2節　環　境 …………………………………………………………………… 12
第3節　文　化 …………………………………………………………………… 17

第2章　土器の基礎的理解および分類と編年の研究史 ……………………… 29
第1節　粘土と胎土の基礎的理解 ……………………………………………… 29
第2節　エジプトの粘土 ………………………………………………………… 32
第3節　土器分類の研究史 ……………………………………………………… 34
第4節　土器編年の研究史 ……………………………………………………… 48
第5節　土器の編年的枠組み …………………………………………………… 52

第3章　土器製作技術の先行研究と課題 ……………………………………… 57
第1節　粘土採取 ………………………………………………………………… 57
第2節　素地づくり ……………………………………………………………… 59
第3節　成形・調整 ……………………………………………………………… 61
第4節　焼　成 …………………………………………………………………… 64

第4章　ヒエラコンポリス遺跡の調査 ………………………………………… 69
第1節　遺跡の立地と古環境 …………………………………………………… 69
第2節　調査略史 ………………………………………………………………… 71
第3節　熱利用遺構の詳細 ……………………………………………………… 76

第 4 節　HK11C Square B4-5 土器焼成遺構の調査概要 …………………………… 83
　第 5 節　小　　結 …………………………………………………………………… 102

第 5 章　胎土分析からみた技術（粘土採取・素地づくり・焼成温度）………… 105

　第 1 節　分析資料 …………………………………………………………………… 105
　第 2 節　分析方法と手順 …………………………………………………………… 106
　第 3 節　胎土分析 …………………………………………………………………… 111
　第 4 節　土器製作技術の考察 ……………………………………………………… 122
　第 5 節　小　　結 …………………………………………………………………… 139

第 6 章　製作痕分析からみた技術（成形・焼成）………………………………… 143

　第 1 節　分析資料 …………………………………………………………………… 143
　第 2 節　スサ混粗製壺型土器の成形方法 ………………………………………… 143
　第 3 節　スサ混粗製壺型土器の焼成方法 ………………………………………… 162
　第 4 節　小　　結 …………………………………………………………………… 174

第 7 章　製作技術と生産形態

　第 1 節　技術連鎖とその変遷 ……………………………………………………… 177
　第 2 節　専業化からみた生産形態 ………………………………………………… 187
　第 3 節　小　　結 …………………………………………………………………… 203

終　章　まとめと展望 ……………………………………………………………… 207

　第 1 節　ま　と　め ………………………………………………………………… 207
　第 2 節　展　　望 …………………………………………………………………… 208

参考文献 ……………………………………………………………………………… 209

あとがき ……………………………………………………………………………… 227

図版目次

図版 1　1　HK11C Square B4-5 下層の遺構 ……………………………………… 巻頭
　　　　2　HK11C Square B4-5 下層のビール醸造用の大型甕 ………………… 巻頭
図版 2　3　偏光顕微鏡写真 ……………………………………………………… 巻頭
　　　　4　製作痕分析で用いた土器の例 ……………………………………… 巻頭

挿図目次

第 1 図　エジプト主要遺跡地図 …………………………………………………… 13
第 2 図　上エジプト，ナイル渓谷の地形模式図 ………………………………… 15
第 3 図　アビドス U-j 墓 …………………………………………………………… 24
第 4 図　ナルメル王のパレット …………………………………………………… 26
第 5 図　ピートリの土器分類クラス ……………………………………………… 36
第 6 図　ヒエラコンポリス遺跡における器形分類 ……………………………… 46
第 7 図　ヒエラコンポリス遺跡における底部形状分類 ………………………… 47
第 8 図　ピートリのS.D.法による土器編年図 …………………………………… 50
第 9 図　ナカダ文化における土器胎土の時期的推移 …………………………… 54
第 10 図　手回し轆轤の図像資料 …………………………………………………… 62
第 11 図　糸切り痕 …………………………………………………………………… 63
第 12 図　とぐろ状の成形痕 ………………………………………………………… 63
第 13 図　土器の焼成方法 …………………………………………………………… 65
第 14 図　ヒエラコンポリス遺跡の位置 …………………………………………… 69
第 15 図　ヒエラコンポリス遺跡の遺構分布 ……………………………………… 70
第 16 図　HK29A 初期神殿プラン ………………………………………………… 72
第 17 図　HK29A の復原図 ………………………………………………………… 72
第 18 図　HK6 エリート墓地 ……………………………………………………… 74
第 19 図　HK6 23号墓と付属構築物のプラン …………………………………… 74
第 20 図　HK11C 地形図と遺構分布 ……………………………………………… 75
第 21 図　HK29 プラン …………………………………………………………… 77
第 22 図　HK29 土器焼成施設の復原図 ………………………………………… 77
第 23 図　HK25D プラン ………………………………………………………… 77
第 24 図　赤色磨研土器焼成窯の立地 …………………………………………… 77
第 25 図　HK24A プラン ………………………………………………………… 79
第 26 図　HK24A 検出状況 ……………………………………………………… 80
第 27 図　HK24A の復原図 ……………………………………………………… 80
第 28 図　Square A6-7 プラン …………………………………………………… 80
第 29 図　アビドスの遺構 ………………………………………………………… 82
第 30 図　マハスナの遺構 ………………………………………………………… 82
第 31 図　HK11C 磁気探査マップ ……………………………………………… 83
第 32 図　HK11C Square B4-5 セクション …………………………………… 84
第 33 図　HK11C Square B4-5（上層）遺構プラン ………………………… 85

第34図	上層で発見された遺構		86
第35図	HK11C Square B4-5（下層）遺構プラン		87
第36図	Kiln features（下層）		87
第37図	Kiln features（下層）セクション		88
第38図	Kiln features 3（下層）		89
第39図	熱利用構築物（下層）のスケッチ		89
第40図	熱利用構築物（下層）		89
第41図	Vat 1, 2（下層）		90
第42図	Vat 3, 4（下層）		90
第43図	Vat 2（下層）セクション		90
第44図	Vat 3, 4（下層）セクション		91
第45図	破片資料による器種組成		93
第46図	胎土別代表的器形のアッセンブリッジ		94
第47図	スサ混粗製胎土土器のポット・マーク		94
第48図	摩耗痕付土器片		95
第49図	埋設土器Dと埋納物の一部		96
第50図	カシェ5の埋納物		96
第51図	クレイ・ネイル		97
第52図	石器および石製品の一例		97
第53図	Square B4-5 上層出土の時期マーカー土器		98
第54図	Square B4-5 下層出土の時期マーカー土器とその類例		99
第55図	モデルド・リム壺の器形の時期的変化		100
第56図	均質性と粒子形状		109
第57図	含有量		109
第58図	大英博物館所蔵土器片資料の化学組成（全元素）のクラスター分析		118
第59図	代表的元素の2次元分布図		120
第60図	遺跡周辺の地質環境		123
第61図	遺跡内の粘土サンプル採取場所		124
第62図	大英博物館所蔵土器片資料と粘土サンプルの化学組成（全元素）のクラスター分析		127
第63図	Zr, Nd, Eu, Ce の2次元分布図		128
第64図	報告書データを用いたCrとCoの2次元分布図		130
第65図	偏光顕微鏡写真（PPL）		131
第66図	Al_2O_3 対 Fe_2O_3 と MnO の2次元分布図		131
第67図	La 対 Ba と Co の2次元分布図		132
第68図	偏光顕微鏡写真（PPL）		133
第69図	マスマスB粘土（焼成後）のSEM写真		135
第70図	バラース粘土（焼成後）のSEM写真		135
第71図	大英博物館所蔵土器片資料のSEM写真		137
第72図	資料土器の一部		146
第73図	接合面の粘土皺と指オサエ痕		147

第 74 図	作業中断面	147
第 75 図	スサ混粗製壺形土器の成形工程復原	148
第 76 図	底部内面の亀裂	149
第 77 図	底部内面のナデ整形	149
第 78 図	指オサエ痕と粘土皺	150
第 79 図	口縁内面のナデ調整	150
第 80 図	口縁外面の指ナデ調整	151
第 81 図	内面の水平方向の線条痕	152
第 82 図	ヒエラコンポリス遺跡近傍の陶工	153
第 83 図	摩耗痕付土器片	154
第 84 図	摩耗痕付土器片の形態分類	155
第 85 図	摩耗痕付土器片の形態別出土頻度	156
第 86 図	摩耗痕付土器片の法量分析	157
第 87 図	摩耗痕付土器片の部位構成	158
第 88 図	土器成形における工具を用いた整形と調整痕	160
第 89 図	観察面の模式図	163
第 90 図	顕著な黒斑を持つ土器群	165
第 91 図	棒状黒斑および接地面の藁密着黒斑	167
第 92 図	接地面の藁密着黒斑	167
第 93 図	黒斑の位置からみた設置角度	168
第 94 図	接触黒斑	169
第 95 図	置き方模式図	169
第 96 図	接触黒斑の部位別頻度	170
第 97 図	接触黒斑の位置	171
第 98 図	接触黒斑からみた積み重ね焼成の有無	172
第 99 図	HK11C B4-5 遺構の焼成復原（Kiln feature 3）	174
第 100 図	胎土クラスの技術連鎖	181
第 101 図	成形方法の時期的変化	186
第 102 図	HK6 エリート墓出土完形土器の口径と器高および最大径の関係	195
第 103 図	HK11C Square B4-5 出土モデルド・リム壺の口径値	196
第 104 図	HK29 家屋の復原図	200
第 105 図	HK6 遺構平面図	201
第 106 図	ナカダⅢ期以降のいわゆるビール壺	203

表 目 次

第 1 表	相対編年の相関関係	49
第 2 表	ナカダ文化における土器の分類クラス組成	53
第 3 表	HK11C Square B4-5 胎土頻度	92
第 4 表	HK11C Square B4-5 器種組成	92
第 5 表	摩耗痕付土器片の出土傾向	96

第 6 表	モデルド・リム壺および底部破片の出土傾向	100
第 7 表	分析対象資料	106
第 8 表	薄片分析　観察結果	112
第 9 表	ICP-AES 分析化学組成データ	117
第 10 表	岩石学的胎土グループの化学組成平均値	121
第 11 表	ガラス化の段階と粘土サンプルの温度変化	135
第 12 表	SEM による焼成温度推定	136
第 13 表	成形痕跡観察結果	144・145
第 14 表	HK6 エリート墓地出土土器の色調観察結果	164
第 15 表	成形方法の時期的変化	185
第 16 表	研究史による土器の生産形態	191
第 17 表	口径の法量比較	197

序　章　研究の目的と方法

「土器が考古学者にとって有益となる最大の理由は，その作り方にある。形づくられた土器には，情報が盛り込まれている。土器づくりは，いわゆる加算のプロセスであり，その一連の手続きが，仕上がった土器に詰まっている。つまり，土器の器形，文様，胎土，そして製作技術を研究することで，（中略）人間の行動と文明の歴史を読み取ることができる」（Rice 1987: 25）

第1節　研究の目的と課題

1　研究の目的

　エジプト先王朝時代の研究は，土器の研究とともに歩んできたといっても過言ではない。この時代の研究の幕開けは，ピートリとキベル（Petrie and Quibell 1896），ド・モルガン（de Morgan 1896）による上エジプトの発掘調査によって，王朝時代に先行する文化の存在が初めて考古学的に明らかにされた19世紀末に遡る。それ以降，先王朝時代の研究はその時間的地域的な枠組みを定める編年体系の構築と文化の歴史的記述を両輪として進められてきた。紀元前4400年から3000年頃の王朝開闢に至る先王朝時代は文字の使用が一般化する以前である。このために，その研究は物質文化に頼らざるを得なかった。中でも土器は時間と空間で最も敏感に変化することから，編年と文化を構築するための主力ツールとされた。ピートリが型式学によるセリエーション（S.D.法）を確立したことは有名である（Petrie 1899, 1901）。そこで初めて先王朝時代の体系的な土器分類が提示された（Petrie 1921）。これまでの土器研究は，その編年体系の修正作業とともに，器形と様式による分類が主軸に据えられてきた。そして近年では，ウィーンシステムの体系的な胎土分類法がエジプト学で確立された影響を受け，先王朝時代の分類研究も，胎土を基準としたより科学的で統一的なものへと昇華されている。

　このように，分類を中心として進められた土器研究は独自の研究領域を獲得し，分厚い研究史を有するに至っている。しかし，その主たる対象である土器がどのように作られたのかという根本的な問題，つまり「製作技術」の研究はいまだ薄弱であることは否めない。編年体系はあらゆる議論の出発点であり，分類の精密さを徹底的に求める重要性は言うまでもないが，土器はその技術的側面を追求することで，文化・社会の実像に迫ることも可能にする有益な資料となるのである。なぜならそれは，冒頭の引用文にあるように，製作者を取り巻く文化伝統と社会環境に関する情報が，土器の製作技術に内包されているからである。

　ただ，これまでも技術に関する考察が皆無であったわけではない。例えば胎土分析から素地づ

くりの様相を探った研究例（Allen *et al.* 1982; Hamroush 1985）や，実験的手法によって施色技法を復原した例など（Hendrickx *et al.* 2000），興味深い研究は行われている。しかし，それは土器製作技術の一部を明らかにしたにすぎない。土器の製作は粘土の採取にはじまり，素地づくり，成形と調整を経て，焼成に至るという一連の技術によって構成されるものである。つまり，土器の技術を明らかにするには，この重層的な製作工程を総合的に理解することが必要となるが，いまだそうした包括的な視点に立った技術研究はない。

　本論では，これまで先王朝時代の研究者が培ってきた土器研究を基礎としつつ，今後進展が望まれる土器製作の「技術」に焦点を当てながら，その一連の製作工程を再構築することを第1の目的とする。

　第2の目的は土器文化を社会の様態と絡めて論じることである。本論が対象とする先王朝時代は王朝時代にみられる文化特徴を直接生み出したいわばその母胎となった時代である。また統一王朝成立という初期国家形成に向けての揺籃期でもあり，社会の分化・複雑化が顕在化する時代とされている。土器の生産もこうした社会変容と無関係ではありえず，社会の変化にともない，その生産形態も変わっていったと思われる。言い換えれば，土器の生産形態を考察することで，初期国家形成期の社会分化や複雑化をトレースすることも可能となるであろう。

　さて，本論の主たる対象資料はヒエラコンポリス遺跡である。ここでは近年，土器焼成施設と思われる遺構とそれに関連する遺物が検出された。これまでの研究が技術論に深く食い込めなかった大きな理由の一つは，集落遺跡の検出例が極端に少なく，土器焼成施設に関する具体的な情報が欠如していたという資料的制約に縛られていたからである。しかし，ヒエラコンポリス遺跡の発掘により，現在，製作技術の研究を遂行するために質・量的にも十分な資料が得られている。この遺構では大量の土器資料が出土したが，その大半がスサ（切り藁）の混和と多孔質かつ軟質な胎土を特徴とする「スサ混粗製ナイルシルト胎土土器」であり，ここで専門的に製作されていた土器と考えられている。よって本論ではこの土器が資料の中心となるが，興味深いことに，この土器は社会変化との密接な関係が指摘されている。これについて，フリードマンが以下のように述べている。

　「特筆すべきことは，この（日用品の土器）の地域的多様性が，社会の階層化と社会的変化が顕在化するゲルゼ中期（ナカダⅡ期）に消滅することである。この時期になると，各地域の日用品の土器は，規格化され，技術的に向上したスサ混粗製ナイルシルト胎土土器に置き換わる。この新たな土器は，混和材，製作技法，器形において上エジプト全域で斉一的であり，それは，以前とは異なる生産形態やスタイルが誕生したことを物語っている。（中略）この規格化された新たな土器の出現は，画一的な石刃技法や大規模なビール醸造など一連の専業的活動と同調したものである。これらの変容は，編年の指標として有効なだけでなく，初期国家形成の発展において重要な社会・経済の変化も反映しているのである。また特に，土器における斉一性への変化は，（地域統合といった）政治的な動きとも連動したもので，それは統一王朝成立の理解にもつながるであろう」（Friedman 2000a: 174）。

つまり，スサ混粗製ナイルシルト胎土土器はまさに初期国家形成期社会の産物とされ，土器生産と社会の連動を探るには格好の資料なのである．

2　研究課題

フリードマンはスサ混粗製胎土土器についてこのように述べるものの，実際のところ分析をともなう具体的な研究はなされていないのに等しく，課題は残っている．彼女が指摘するこの土器の特筆すべき点は以下の3点に要約されるが，それに対する問題点を指摘して研究の課題を示したい．

- A）　ナカダⅡ期に普及する技術的に向上した新しい土器であること．
- B）　専業生産による規格化された土器であること．
- C）　専業的生産形態の出現は，社会の経済的政治的変化に連動したもの．

A）　製作技術について，確かに大量にスサを混和する点においては新たな特徴と言えるが，技術的に向上した新たな土器とみなすためには，胎土だけでなく，やはり製作工程全体における技術を認識し，技術の連鎖として他種の土器と比較検討する必要があるだろう．

B）　製品の規格化は専業化を示唆する一つの指標とされているが，そのためには定量的な分析により実証しなければならない．加えて，専業化を明らかにするには技術や効率性なども加味した総合的な視点から考察する必要があろう．

C）　スサ混粗製ナイルシルト胎土土器の生産が，新たに出現した専業的生産形態であれば，社会の動態を理解する上で看過できない重要な問題である．フリードマンはこの土器を大量生産大量消費社会の開始を告げるものというが（Friedman 2001），そのような社会の経済・政治的変化との連動を読み解くには，専業の度合いとその性格，規模や製品の用途といった様々な要素から生産形態を特定する必要があるだろう．その上で，なぜ社会がそれを要求したのかを経済的側面と政治的側面から探ることで，土器文化から社会変容を追尾することも可能となるのではないか．

こうした課題を念頭に置き，本論では以下の手順により研究を行う．

先ず，①ヒエラコンポリス遺跡の土器資料を基軸に，胎土分析と製作痕分析から一連の製作技術を明らかにする．そして，②その技術の連鎖を時間軸の中で捉えなおし，この時代の技術の変容とその内容について明らかにする．最後に，③専業化の視点から，土器の生産形態と社会の関連について考察する．

第2節　研究の方法

本論では，先王朝時代の土器を，胎土分析と製作痕分析による「製作技術」の理解をベースとしてその社会との関係を考察するが，ここでこれまでの技術研究を概観し，本論の研究の方向性を検討したい．

1 製作技術の研究史

　土器を技術的視点から見つめる研究は，全く新しいものではなくその歴史は長いが，技術の捉え方と理論的背景は考古学におけるパラダイムとともに変化してきた。

　土器研究において，技術的側面の理解が重要であることを初めて具体的に述べたのは，おそらくシェパードであろう。近代的土器研究の草分けとなった著書『Ceramics for the Archaeologist』(1961) のなかで彼女は，考古学者に技術の重要性を訴え，分類のみならず製作技術についても科学分析によって明らかにする方法論とその必要性を提示した。これに触発され，土器を編年や文化の指標だけでなく，社会文化システムの中で捉えようとする潮流が，アメリカにおけるニューアーケオロジーの台頭とともに 1960 年代に生まれてきた。その中核を担ったのが，マトソンが提唱した土器生態学である (Matson 1965)。彼が文化生態学の一部と位置づける土器生態学とは，粘土や燃料などの材料資源と技術を文化の機能的側面としてとらえ，生態系と社会文化システムの枠組みの中で解釈するものである。その方法論的特徴は，胎土分析など理科学的データを用い，資源の技術特性と社会経済的コンテキストを関連させる点にある。そのために土器生態学では土器生産に関する理化学的分析が中心的研究対象として進められてきた (Kolb and Lackey 1988: 39)。

　土器生態学は，理化学的手法を積極的に取り込んだことにより，土器研究の可能性を大きく広げたが，それは考古学の分野のみならず，人類学にも影響を与えた。その代表的な例が豊富な民族事例をもとに文化システム論的土器研究を展開したアーノルドの研究であろう (Arnold 1985)。彼は土器づくりを材料資源や気候，需要と供給などに制御された経済活動とみなし，土器生産の通時的変化プロセスを環境要因の視点からアプローチした。特に，材料資源までの距離と，その獲得に要するコストと土器生産で得られる利益との関係や，人口・気候といった環境要因による専業化のモデルなどは，考古学にとっても示唆深いものとなっている。

　こうした土器生態学やシステム論もやがて批判の矢が向けられるようになる。彼らの理論では，土器の製作・使用は環境そして物理的制約に支配されていて，土器生産は文化の制御システムとして捉えられていた (Gosselain 1998: 78-79)。そのために技術は環境への適応手段であり，そこから引き出される情報はもっぱら経済的側面に関する諸相となる。また，技術の変化や変異といった現象は，自然環境の時間的・地理的変異への適応の結果として解釈される (西秋 2000a: 111)。つまりここでは，技術は環境への適応手段であるがため，それが有する社会的側面，作り手の意志や技術選択の社会的意味は度外視されており，こうしたプロセス考古学に通底する根本的な問題が後に，「自然に支配された原始的な人間像」として批判されるようになる (van der Leeuw 1993: 238-239)。

　一方，1980 年代以降ヨーロッパでは，技術の社会性を重視した研究が活発化する。それには民俗学者ルモニエールを中心とするフランス文化技術学派の存在が大きい。彼らは技術を社会的生産物とみなし，シェーンオペラトワールの分析概念を通じて，技術を社会的脈絡の中で解釈することを試みる (Skibo and Schiffer 2008: 20-22)。シェーンオペラトワール[1]とは工程連鎖（または

動作連鎖）と訳されるが，それはモノがその状態にいたるまで被ったヒトの関与を順をおって解析するモデルである（西秋 2000a）。つまり，原料の入手から製作，使用，廃棄にいたる一連の工程の中で採用された動作と技術を，時系列に沿って明らかにし，その社会的文化的背景を問うものである。シェーンオペラトワール的分析法では，物質文化の背後にある作り手としての個人をも分析の射程とすることから，個人の役割，モノの意味や象徴性を重視するポストプロセス考古学とうまく整合し，有益な手段として近年注目されている。

この分析方法が重要なのは，技術から社会の様相に迫ることを可能にする点にある。なぜなら技術が作り手の属する社会や文化伝統に影響されているとの視点に立てば，逆にどんな技術がだれによって選択されているかを突き詰めていけば，その社会の仕組みや伝統を解き明かすことも可能となるからである（西秋 2000a）。ルモニエールによれば，技術には物質，エネルギー，モノ（製品），身振り，知識の5要素が含まれており，全ての人工物は，これら技術要素が工程連鎖を経てもたらされた最終的な結果とみなす。しかし，その工程連鎖の軌跡は必ずしも一線的なものではない。なぜなら，各工程における技術的選択では，感情などに起因する「変更可能なゆらぎ」と「変更不可能な規範」が起きているからである。そして，後者の不変的規範こそが，工程連鎖を構成しかつ構造化するという（Schlanger 1994: 145; 後藤 2001: 93-94）。つまり，作り手は常に自由に製作しているのではなく，技術的選択は習慣や教育といった文化的伝統から潜在的な制約を受けており，これが一定の集団また個人を表象する技術システムを形成することになる。一方で，作り手は柔軟性もあわせ持っており，これが多様性や変異・変容を生み出す。よって，シェーンオペラトワールの研究では，これら規範（文化的選択）とゆらぎ（個人的選択）の技術選択を見定めつつ，社会との関わりを考えることが重要となる。

シェーンオペラトワールは静止した物質文化から過去の社会や文化の動態を探る優れた方法論として評価され，近年では行動考古学（Schiffer 1995）やエージェント理論（Dobres 2000）などで実践的な分析方法として取り入れられている。

2　本論の研究立場

このように研究史を紐解くと，技術研究の流れは生態的環境要因を重視するシステム論から，社会と作り手に重きを置くシェーンオペラトワール的研究方法へとシフトしている。一連の技術連鎖の解明を目指す本論では，当然このシェーンオペラトワールの分析方法が有効となる。しかし，その際に，生態環境を完全に抜きにしては考えられない。なぜなら，粘土や燃料など材料資源の選択においては，少なからず環境の影響があると思われるからである。また，考古学では技術的行為を動態として直接観察することができないため，胎土分析等の理化学的分析も取り入れて技術を復原する作業が必要となる（Sillar and Tite 2000）。ゴスレンも述べている（Gosselain 1998: 79）ように，理化学分析を土器研究に応用し，資源と製作技術を自然環境のみならず陶工の社会環境とも関連させることで，土器生態学も十分有益なものになる。その意味で，本論は両者の研究方法を取り入れて研究をすすめたものである。

さて、土器の技術連鎖から生産形態や社会との関係を論じる際、その発展過程または変化点に着目することが1つの鍵となる。シェーンオペラトワール的研究では技術変化はどのように捉えられているのであろうか。

シファーが提唱する行動考古学では、人工物はその特定の機能を目指して、製作者が行う一連の技術選択の結果であるとする。つまり、人工物は機能に応じた技術選択のセットであるため、機能の変更がない限り、そのセットはめったに変化せず、おのずと技術は保守的となる。また、特定の行動連鎖がひとたび適切に動きはじめると、その状態を保とうとする働きが生じる。なぜなら、技術選択の変化は、行動連鎖に波状効果をもたらし、適切に機能しなくなるからという (Skibo and Schiffer 2001: 147)。

つまり技術は基本的に保守的なのである。その理由は技術選択が特定の習得プロセスに起因する社会的に獲得された「性向」であるからと考えられる (Gosselain 1998: 78)。こうした社会的性向は「ハビトゥス」の概念に似ている。ハビトゥスとは、社会的環境と条件の中で学習によって身につけられる行為や知覚の性向である（西秋 1998）。これによって、我々は日常的に頻繁に遭遇する場において、ほとんど意識することなく適切な行為をなすことができるのである（松本 2006）。これはルモニエールが指摘した「規範（文化的選択）」にも相当するであろう。技術が保守的なのは、技術選択が経験的に培われてきた社会と文化に固有の知識だからである。

だが、技術は明らかに変化している。技術選択は陶工によるものであるが、考古学では個人を同定することは難しく、その対象は特定の集団や社会となる。よって技術選択も伝統といった時間幅を持った見方となるが、この長期的見方からすると技術は確実に変化・発展している。シラーとタイトによれば、それは技術の「文化的選択」の保守性と「個人的選択」の発明的性格との相互関係から生まれるとし、変化の要因はこの「個人的選択」、ルモニエールがいうところの「ゆらぎ」が強まることという (Sillar and Tite 2000: 9-10)。例えばそれは技術選択の行為者が他文化や他集団、または他の技術領域で用いられていた材料、道具、技法などを自己の技術伝統のなかに取り入れることで起こる可能性があると述べる。

さらに彼らが重要視するのは、なぜそうした新たな技術が選択されたのかを問うことである。旧来のシェーンオペラトワール的研究では、それは社会的要求となる。しかし、シラーとタイトはそれだけではなく、環境・技術的制約、経済・生業的基盤、社会・政治的組織など、技術選択に直接的に影響を与えるコンテキスト、そして生産形態と専業化の度合いといった間接的コンテキストも加味した観点からの検討が必要と説いている (Sillar and Tite 2000: 4-8)。技術変化や生産形態の理解には、こうした総合的視点からの考察が重要となろう。

第3節　本論の構成

このように技術の理解には、環境も含めた当時の文化・社会的背景を考慮しなければならない。そこで、第1章ではエジプト先王朝時代の環境と文化・社会をレビューし、土器文化をとりまく

当時の状況を把握する。

　第2章では，土器研究を進めるうえで欠かせない粘土と胎土の基礎的理解，そしてこれまでの分類と編年研究からこの時代の土器の様相について述べる。なお，本論が準拠する分類と編年体系についてもここで明記する。

　第3章では土器製作技術に関する先行の研究史をまとめ，その課題や本論の分析視点と方法について検討する。

　第4章では本論の研究で主な対象資料とするヒエラコンポリス遺跡について，その調査略史と，筆者による発掘調査の成果の概要について述べる。

　第5章ではヒエラコンポリス遺跡から出土した土器の胎土分析を通じて，粘土採取，素地づくり，焼成温度に関する知見を得る。

　第6章では土器に残される製作痕跡の詳細な観察から，成形方法と焼成方法について検討する。

　第7章では以上の分析をもとに，技術の工程連鎖と技術変遷の再構築，そして専業化と生産形態の考察から，土器文化と社会の関係性について検討する。

　第8章では本論の研究成果と課題，そして今後の展望について述べる。

註
1) シェーンオペラトワールは，日本では動作連鎖または工程連鎖と訳されるが，考古学的には動作を見極めるのが難しいので，ここでは工程連鎖と呼ぶことにした。

第1章　先王朝時代の環境と文化

　本章では，エジプト先王朝時代の自然環境と文化について述べる。本論のテーマである土器の製作技術は，原材料となる粘土や焼成に使う燃料など，少なからず当時の自然環境に左右されたであろうし，また逆に環境に適応したものであったとも考えられる。さらに，土器製作は当時の文化にある程度規定され，かつそれは社会の需要に応えた文化・社会的産物であったともいえる。よって，土器の製作技術について理解するためには，当時の環境および文化や社会を理解する必要がある。ここではその概略を述べたい。

第1節　本論における年代と時期区分の定義

　先王朝時代について述べる前に，まずは本論における年代観や使用する時期区分名称などを明らかにしておきたい。

1　先王朝時代の定義

　ナイル川下流域における先史時代の考古学的時期区分は，旧石器時代，終末期旧石器時代，新石器時代，そして先王朝時代となる（Bard 1999: 6-30）。石器製作技術および生業等の経済的側面で区分されている前三者に対して，先王朝時代だけは異なり，王朝時代に付随するかたちで名称が与えられている。この区分方法はエジプト学の中で慣例的に用いられてきたものである。それによると先王朝時代とは王朝時代から遡ってその文化的諸側面の特徴が追えるところまでとなる。またこれ以外にも，社会的側面からの定義も考えられる。人類がナイル川下流域を生活の場として利用し始めた旧石器時代以降と王朝時代の直前とでは，社会変化の度合いが著しく異なることから，初期国家形成に向かう社会の胎動が明瞭となる時期をもって先王朝時代の始まりとすることも可能である。よって，先王朝時代の定義には，王朝時代から遡って文化的伝統を追う視点と，王朝時代に向かって社会の複雑・階層化を辿る視点の2つがあるといえる。

　この定義によれば，先王朝時代は，当然のことであるが，前3000年頃に始まる王朝時代の基礎を築いたナカダ文化の開始時期，つまり前4000年頃まで遡る。問題はそれ以前のバダリ文化を含むかどうかとなる。バダリ文化を新石器時代とする見解もあるが，前4400年頃に生まれたバダリとナカダの関係は，断絶することなく継起することが層位的に確認されている（Friedman 1994: 312-360）。また，物質文化の類似性や墓制に階層化の兆しがみられること（Anderson 1992）から，バダリ文化も先王朝時代に含むべきと考えられる。したがって，本論における先王朝時代はバダリ文化の始まりから王朝時代の開始前までとする。なお，かつてバダリ文化に先行するタ

サ文化の存在が挙げられた（Brunton 1937）が，後にバダリ文化に属する古い段階と認識されるようになった（Baumgartel 1955: 20-21）。しかし近年，東部および西部砂漠の遺跡でタサ文化に特徴的なビーカーの発見例が増えたことにより，タサ文化は砂漠地帯におけるバダリ文化の一側面と捉えられるようになっている（Hendrickx 2006: 58）。

2 時期区分名称

先王朝時代は，その内部が土器編年に基づいて時期区分され，それは上エジプトのナカダ文化が基準となっている。ナカダ文化の時期区分は，これまで研究者によって異なる名称が作り出されてきた。詳しくは第2章で述べるが，最初に時期区分を行ったピートリは，ナカダ文化をアムラ期（Amratian），ゲルゼ期（Gerzean），セマイネ期（Semainian）と3時期に区分した（Petrie 1901）。その後，彼の編年を修正したカイザーによって，ナカダ期（Naqada I, II, III）の名称が与えられた（Kaiser 1957）。この他に，慣用的に用いられている用語で，前期・中期・後期（Early, Middle, Late Predynastic）が存在する（Hassan 1988）。これらの時期名称は，ナカダ文化を3つに区分することでは共通するが，ピートリのセマイネ期は，その後半が第1王朝に入ってしまうため，現在では積極的には使われず，それ代わってセマイネ期の前半は，原王朝（Protodynastic）や0王朝などの名称が使われている。

近年では，カイザーの編年案をほぼ踏襲したヘンドリックスの案を用いる傾向が強く，本論でも彼の編年に準拠することから，ここではナカダI期，II期，III期の名称を採用し，これにバダリ期を加えた4時期で先王朝時代を区分することとする。なお，ナカダII期に関しては，他時期に比べて期間が長く，かつその中葉で文化的な変化がみられることから，一般的に前半と後半に分けられている。本論でもナカダII期前半と後半の名称を頻繁に用いることになる。また，ナカダIII期に関しては，カイザーやヘンドリックスによる編年では，IIIB期までは先王朝，IIIC期以降は初期王朝に入るので，本論で用いるナカダIII期とはIIIA－B期となる。

ちなみにこの時期，下エジプトにはナカダ文化のカウンターパートとして重要な役割を果たしたブト・マアディ文化が存在するが，この文化の編年はデルタにおける層位的発掘によって遺跡ごとに独自に組まれているものの，ナカダ文化の遺物が比較的豊富に出土することから，両文化の相対的時期関係を把握することが可能であり，下エジプトの文化でもナカダ文化の区分名称を用いて表すことができる。

3 暦 年 代

放射性炭素年代測定法（炭素14）を考案したリビーが，その検証としてエジプトの遺物を使っていることからも，理化学的年代測定法と古代エジプトは古くから深い関係にある。近年では，より精度の高い理化学的な手法で先王朝時代の年代を割り出す試みが行われるようになっている。なお，本論における年代表記の方法は，較正された値については「前」を，非較正については「b.p.」を付して表している。

まずバダリ文化の年代であるが、熱ルミネッセンス法による土器の年代測定により (Caton-Thompson and Whittle 1975: 93)、上限が前5500〜4000年頃とされていた。しかし、近年の放射性炭素年代測定法で確認された限りでは、前4400〜4000年とより狭い年代幅となっている (Holmes 1992a: 301-302)。

ナカダ文化における理化学的年代測定は、放射性炭素年代測定法が一般的であり、80年頃から頻繁に行われるようになった。特に、ナカダ遺跡とヒエラコンポリス遺跡は大規模で長期間使用されたこの時代を代表する遺跡なので、ここでの測定値を中心に以下述べる。

ハッサンは、ナカダ遺跡において、ナカダⅠ期後半に比定される3つの遺構と、「南の町 (South Town)」におけるナカダⅡ期の層から、合計18のサンプルを採取し、炭素年代測定を行った (Hassan 1984a, 1985, 1988; Hassan and Robinson 1987)。分析結果を総合してハッサンは、ナカダⅠ期からⅡ期前半が前3900〜3650年、Ⅱ期後半が前3650〜3300年との年代観を提示した。

ヒエラコンポリス遺跡で調査を行っていたホフマンは、14点の炭素年代測定を報告している (Hoffman 1982b: 139)。彼はこれらを総合して、ナカダⅠ期を前3800〜3500年とし、初期王朝の開始時期を前3100年頃と仮定して、ナカダⅢ期を前3200〜3100年としている。ナカダⅡ期に関しては、直接測定できるサンプルがなかったが、その間をとって前3500〜3200年と考えている (Hoffman 1982b: 139-140)。ちなみに、ヒエラコンポリス遺跡で有名な彩色墓 (100号墓) から出土した淡水性貝殻では、前3685年という測定値が出ている (Hassan 1984b: 14) が、この墓は相対編年ではナカダⅡ期後半とされているので、古すぎる値となっている。

近年の分析例としては、アルマント遺跡に隣接する集落址のナカダⅠ期とされる資料が放射性炭素年代測定され、較正値で前3800年との結果が得られている (Ginter and Kozlowski 1994: 109-123)。また、ナガ・エド＝デイル遺跡の空間分析を行ったサヴェイジも、放射性炭素年代測定による値を提示している (Savage 2001a)。12点のサンプルから、ナカダⅠ期からⅡ期を中心とする遺跡の造営期間は前3800〜3090年としている。さらにサヴェイジはこの分析で、一つの画期とされるナカダⅡ期前半と後半の区分点を前3640年頃と述べる (Savage 2001b)。

ナカダⅢ期から初期王朝の期間の測定値も近年増えてきている。アビドスでは、考古学的にナカダⅢ期前半とされるU－j墓が較正値で前3310〜3045年、第1王朝初期とされるB19墓とB40墓がそれぞれ前3350〜3110年と前3300〜2925年という結果が得られている (Boehmer et al. 1993)。後2者は、考古学的な年代観とは100年ほど古い値となっている。また、ナカダⅢ期後半とされるヒエラコンポリス遺跡HK6の1号墓では、前3120－2740年と出されている (Hassan 1984b)。

放射性炭素年代測定を中心とするこうした理化学的な年代測定方法は、分析を行った施設、その測定方法や補正方法も異なっており、それから導き出された値を扱う際にはこのことを常に意識しなければならないが、本書では、暫定的な目安として先王朝時代の年代枠を以下のように考える (Hendrickx 2006; Wengrow 2006)。

バダリ期　　　　前 4400 – 4000 年
ナカダⅠ期　　　前 4000 – 3800 年
ナカダⅡ期　　　前 3800 – 3300 年
　　前半　　　　前 3800 – 3650 年
　　後半　　　　前 3650 – 3300 年
ナカダⅢ期　　　前 3300 – 3100 年

第 2 節　環　　境

1　ナイル川と砂漠

　アフリカ大陸北東部に位置するエジプトの自然環境は，砂漠とナイル川によって特徴づけられる。現在エジプトの国土面積はおよそ 100 万㎢に及ぶが，その 95％を砂漠が占める。カイロの年間降水量は約 25mm ときわめて少なく，現在のエジプトは地中海沿岸を除いては極度に乾燥した砂漠気候にある（Butzer 1999）。この乾燥した大地に潤いをもたらす最大の源が，国土の中心を南北に貫くように走るナイル川である（第 1 図）。ナイル川は，その水源を中央アフリカのビクトリア湖とエチオピアのタナ湖にもち，水量の増減はあるものの，一年中涸れることなくエジプトを流れ，同時に肥沃な沖積土を運んでくれる[1]。また，赤道付近の水源地域で夏期に降る豪雨により，エジプトでは毎年初夏から秋にかけて増水し，ナイル川流域の沖積地を冠水させた。河岸に住む人々は，この増水後の沃土を利用して畑を耕し，滞留してできた湿地で漁猟や狩猟を行うなど，生活のほぼすべてをナイルに依存していた。1970 年に建設されたアスワン・ハイダムにより川の増水現象は姿を消してしまったが，その点を除けば，先王朝時代も現在とほぼ同じ景観にあり，人間が生活を営むことができたのは，基本的にはナイル川の沖積地とその付近のみであった。

2　気候と植生

　だが，気候に関しては歴史的にみると常に一様ではなかったようである。後期旧石器時代の最終段階にあたる前 20000～10000 年頃は，雨量がきわめて少なく，気温は低かったものの現在と変わらない乾燥した気候であったが，前 10000 年頃から始まる終末期旧石器時代になると，気温は上昇し，湿潤化へと気候は変化した（Wendorf and Schild 1989: 768-788）。これはモンスーン降雨帯が赤道付近から北上したためであり，上エジプトに夏期の降雨をもたらした。その後，前 7000 年紀頃から乾燥化へと逆戻りし，前 4000 年紀までには現在とほぼ同じ気候になったとされる（Butzer 1999: 198）。

　また，こうした気候変動はナイル川の水位にも影響を与えた。ファイユーム盆地の湖水面変動の記録による（Hassan 1988: 143, 146）と，前 6000 年～5500 年頃は水位がきわめて低く，カルーン

第 2 節　環　境　13

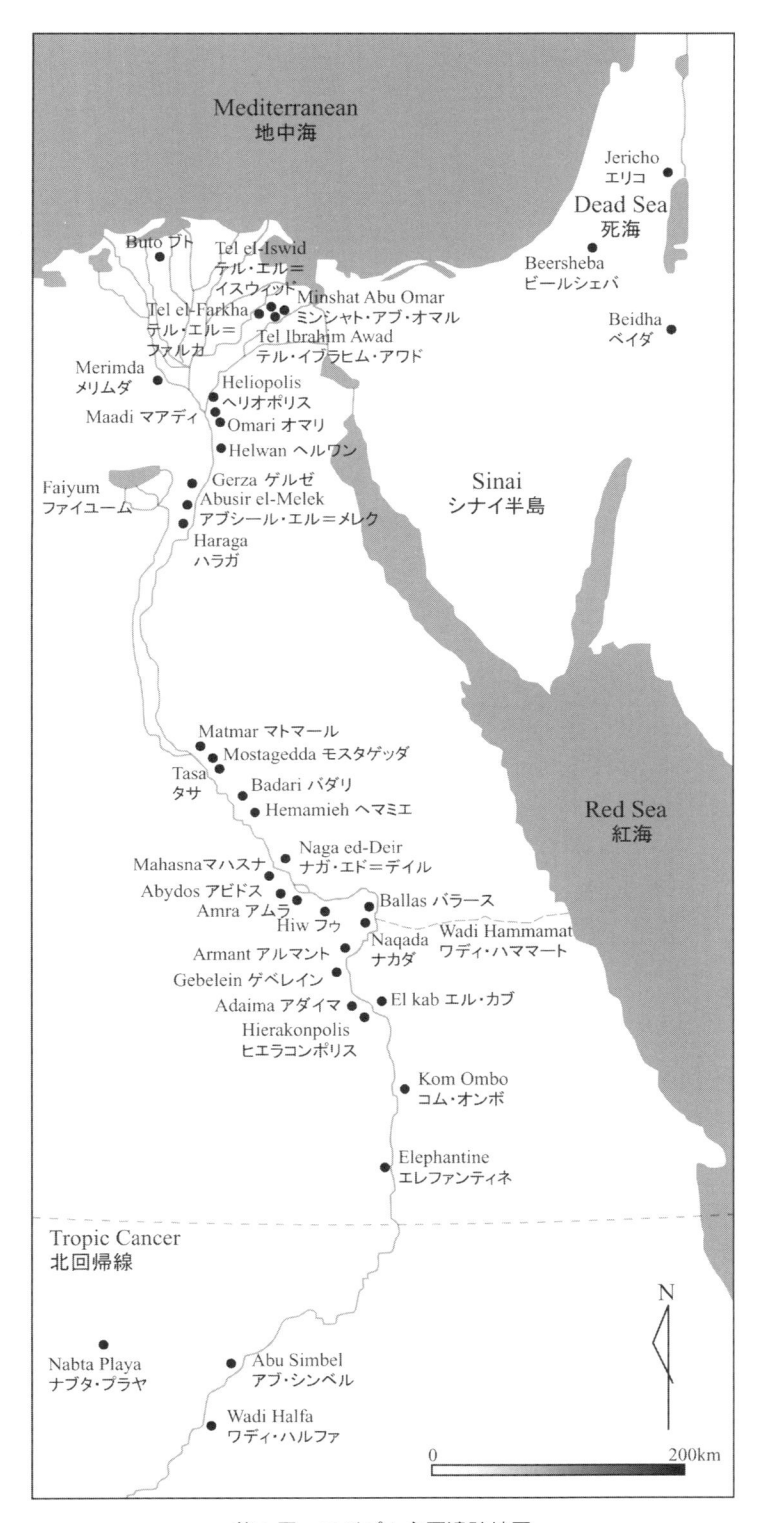

第 1 図　エジプト主要遺跡地図

湖は干上がっていたようである。続く前5500〜3800年頃の期間は逆に高い水位を保ち、その後は再び下降に向かい、王朝時代に入る前3100年頃には最も低くなったとされる。

以上のことから、前5000年紀後半から4000年紀前にあたる先王朝時代は、前7000年紀に始まる乾燥化の時期にあたる。だが、それでも降雨帯の影響を若干受け、現在よりもいくらか湿潤で、年間降雨量も50〜100mmと幾分高かったようである（Hassan 1988: 146）。また、ナイル川の水位は、先王朝時代に入って低下していくものの、それでも現在よりも高い水位にあり、こうした気候環境により、植物相は現在よりも豊かで、砂漠内はステップのような植生であったと考えられている（Butzer 1959: 78-79, 1976: 13）。

3 地形とその利用

こうした気候条件とともに、地形もまた当時の生活を知る上で重要である。ナイル川流域における最も大きな地形的特徴は、カイロを境に北と南で大きく異なる点である。つまり、アスワンからカイロまでナイル川が一筋に走るナイル渓谷と、カイロから地中海沿岸に広がる三角州のデルタ地帯である。本論では慣用にならって、前者を上エジプト、後者を下エジプトと呼ぶ。この地形環境の異なる2つの地域は、そこで営まれる生活様式にも差異をもたらし、それは先王朝時代において異なる2つの文化を育んだ。また、地域内でも微視的にみると、特に上エジプトの渓谷内は、いくつかの異なる地形的特徴を内包している。以下、両地域の地形とその利用について、遺跡の立地を絡めながらみていく。

A. 上エジプト

上エジプトのナイル渓谷は、その名の通り川の両岸に高く切り立つ崖を擁し、高いところでは300mを越える。渓谷は、ナイル川が長い年月をかけて台地の断層を浸食してできたものであり、アスワンからエスナ付近までは主に砂岩の岩肌が露呈し、そこからカイロまでは石灰岩の崖が続く（Said 1962: 9-10, 87-88）。

このナイル渓谷を断ち切ってみてみると、その地形的特徴は以下の5つに分けられる（Patch 1991: 75-82）[2]。まず渓谷内には、①ナイル川と、それを挟んで両側に広がる②沖積地が広がる。その外側に③低位砂漠が伸び、そこには渓谷に向かって直角に砂漠を切り進む④涸れ谷が所々に存在する。さらにその外側には、切り立つ岩山を前面にもつ⑤高位砂漠が続く（第2図）。

②沖積地は、完新世の砂礫層とその上に6〜11mほど厚く堆積するシルト質の沖積層からなる（Butzer 1959: 77）。その幅は、地域によって異なるが、平均して10kmとされる（Said 1962: 11）。沖積地の上面は一様に平坦ではなく、幾度となく川の流路が変化したため、渓谷に平行して襞状に隆起している。この隆起は1〜3mほどの高低差であるが、これが自然の堤防を形成し、その頂部の微高地は増水時でも冠水から免れる場所となる（Butzer 1976: 15-16）。よって、古代ではこうした微高地が集落の立地として好まれたとされるが、沖積土の堆積作用や増水による埋没、および現在の家屋により、遺跡の検出例はきわめて乏しい。それでもやはり川へのアクセスや農地利用の観点からも好都合であり、ナイルの水位がそれほど高くない時期では集落の一般的な立地場

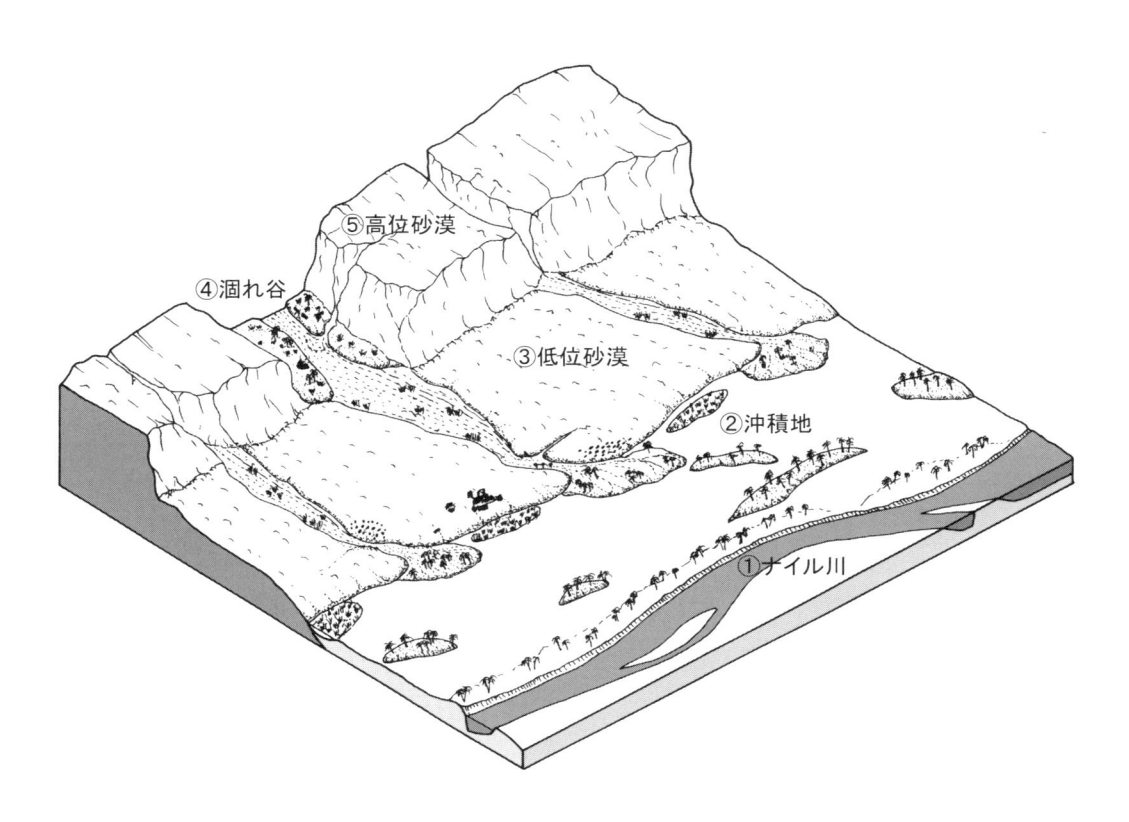

第 2 図　上エジプト，ナイル渓谷の地形模式図（Kemp 1989: fig.7 を参考に作成）

所であったと思われる。

　③低位砂漠は，更新世および完新世に川の流路変化による浸食作用で形成された河岸段丘面にあたり，その幅は地域によって大きく異なるが，平均 1～2kmである。沖積地よりも 2～3m ほど高いため冠水しづらく，アスワン・ハイダムが建設された現在は砂礫が一面に広がる不毛な地である。しかし，上述したように，当時は緑が繁茂する環境にあり，かつ冠水しづらいことから，低位砂漠も主要な生活域であった。ここでの遺跡の立地をみると，集落と墓地ともにその大半が沖積地との境界付近に偏っている。つまり，低位砂漠を利用しつつも沖積地を基本的な生活基盤に置いていたようである。例えば，ナカダ地域では家畜小屋を伴う円形の小さな家屋が低位砂漠の縁辺部に沿って 2kmのほぼ等間隔で並んで検出されている（Hassan 1988: 155）。これは，そこに住む 1 個人または 1 家族が所有する沖積地の耕地面積を示していると思われ，沖積地の機能的な耕地利用が想起される。なお，先王朝時代遺跡の大半はこの低位砂漠で見つかっているが，それは，沖積地に比べて検出が容易であることに起因する。

　④涸れ谷は，高位砂漠で降った雨が低い渓谷に向かって流れ，その浸食によって形成された谷である。今日でも大きな涸れ谷では冬季に鉄砲水が流れることがあるが，基本的には低位砂漠の延長であり，砂礫の広がる砂漠となっている。涸れ谷の規模は大小さまざまであるが，大型の涸

れ谷の河口付近は侵食によって舌状地が形成され，そこで大規模な遺跡が検出されている。アビドス遺跡，ナカダ遺跡，ヒエラコンポリス遺跡がそれにあたる。ヒエラコンポリス遺跡では，涸れ谷奥にまで墓地と集落が入り込んでいる[3]。涸れ谷の利点は，沖積地に突出した舌状地，自然の擁壁，ランドマークなどが挙げられる。また，ヒエラコンポリス遺跡の涸れ谷は，西部砂漠を経由したヌビア交流の玄関口であったとも言われている（Gatto 2003）。

⑤高位砂漠は，西岸はリビア砂漠，東岸はアラビア砂漠の山脈へとつながる砂漠台地であり，渓谷内から望むとまさにその景観は急崖である。これまで高位砂漠で主だった先王朝時代の遺跡は検出されていない。彼らの活動範囲からは外れていたのであろう。

B．下エジプト

一方，下エジプトのデルタ地帯は，扇状に堆積した沖積地とそこを流れる入りくんだ支流に特徴づけられる。ナイル川はカイロを過ぎた後，ふたつの大きな支流に分かれ（西のロゼッタ支流と東のダミエッタ支流），約20kmに及ぶデルタ地帯を抜けて地中海へと注ぐ。このふたつの大きな支流から，さらに小さな支流がいくつも分岐して流れ，それらがデルタ一帯に沖積土をもたらし，上エジプトとは異なる見渡す限りの緑で覆われた景観を作り出している。また，地中海沿いに広がる沼沢地もデルタの特徴の一つといえる。古代以来，支流の流路変更や消滅，海岸線の変動があったが，基本的な地形とその景観は先王朝時代も同じであったとされている（Butzer 2002）。

デルタの地形的特徴として，支流の間の沖積地に点在するゲジラ（島）と呼ばれる微高地が挙げられる。これは，更新世に堆積した砂礫層をナイルの支流が侵食し，高く隆起した箇所だけ島状に取り残されて形成されたものである（Butzer 1976: 22-25）。先王朝時代の遺跡は主にこの微高地周辺で見つかっている。微高地も幾度となく堆積作用を受け，先王朝時代の遺跡は地表下約4～6mで検出されている[4]。墓地と集落の両者が存在するが，墓地はおおむね微高地の頂部付近に，集落はそれよりも低い場所に営まれる傾向にある（Hassan 1997: 65; Wunderlich and Andres 1992: 158-159）。つまり，デルタでも沖積地が彼らの生活基盤であったことを示している。

ゲジラの微高地以外では，流路変更によって形成された沖積平地内の自然堤防や隆起箇所も，集落が営まれた場所であったと考えられている（Butzer 1976: 25）。しかし，ナイルの増水および堆積作用により，現在それを確認することは難しい。

4 まとめ

以上，自然環境について述べたが，ここで土器製作の観点から重要となる点を抜き出してみたい。まず，気候である。当時は比較的湿潤であり，上エジプトでは沖積地は当然のこと，低位砂漠にも緑が茂っていた。ニュートンによる出土炭化物の分析では，植生は現在よりも多様であり，低位砂漠内でもタマリスクやアカシアの低灌木を中心とした植物が茂る景観をなしていたとされる（Newton 2005）。この点は，土器焼成の燃料を考える際の重要なポイントとなる。また，ナイルの水位が高かったことも重要である。つまり，増水時に低位砂漠および涸れ谷内の低い場所に川水が入り込んでいた可能性がある。これは，土器製作に不可欠な水の獲得問題に絡んでくる。

下エジプトでは，微高地周辺の環境を考えると，水と燃料の獲得はいたって容易であったであろう。花粉分析等から，当時，タマリスクやアカシアに加えてパピルスや葦なども入手可能な燃料であったと推測される（Butzer 2002: 92-93）。ただ下エジプトは，地中海の影響により冬場は気温が低く，湿度と雨量が高いのが特徴であり，これは先王朝時代も同様であったとの指摘がある（Köhler 1997: 82-84）。この時期は土器づくりには不向きな気候であったようである。

次に地形であるが，上エジプトでは，沖積地から低位砂漠および涸れ谷までが生活範囲であったが，これは粘土採取の問題と関連してくる。詳しくは後述するが，この範囲内では，まず沖積地の沃土，つまりナイルシルトが容易に獲得できる。低位砂漠では，地域によって異なるが，一般的には古い時代に堆積したナイルシルト，または石灰岩，頁岩，砂岩などの堆積岩も入手可能である。一方デルタでは，微高地ではこうした堆積岩が露呈しておらず，獲得できる粘土は堆積土のナイルシルトに限定される。こうした地質の違いも土器文化に影響を与える大きな要因となるであろう。

第3節 文　化

こうした環境をゆりかごとして，前4400〜3100年のおおよそ1300年間に及ぶ先王朝時代の文化は育まれた。先王朝時代は，カイロから南の地域に広がる上エジプトと，カイロとデルタを中心とする下エジプトで異なる2つの文化を内包する。前者はバダリ文化とそれに続くナカダ文化，後者はナカダ文化に平行するブト・マアディ文化である。以下，上エジプトの時期区分に則して，それらの文化と社会の様相を追ってみたい。なお土器については第3章で詳述する。

1　バダリ期 (Badarian)

バダリ文化は，これまでのところ上エジプトで見つかっている最古の農耕・牧畜文化である。1922年から1929年にかけてイギリスのブラントンとケイトン・トンプソンが，上エジプト中部のアシュート近郊東岸一帯（およそ33km）を組織的に調査した結果，沖積地に近い低位砂漠の縁辺で42の墓地と46の集落址が検出され，最初に見つかったバダリ遺跡にちなんで，この文化名称が付けられた（Brunton 1937, 1948; Brunton and Caton-Thompson 1928）。遺跡は北からマトマール，モスタゲッダ，バダリ，ヘマミエが含まれる。バダリ文化の遺跡は基本的には上エジプト中部に限定される。しかし，アルマント遺跡やヒエラコンポリス遺跡，ナイル川と紅海を結ぶワディ・ハママートで，断片的ではあるがバダリ文化の遺物が出土している。バダリ文化の相対的時期は，ケイトン・トンプソンによるヘマミエ遺跡の発掘により（Brunton and Caton-Thompson 1928: 74-78），ナカダ文化に先行することが層位的に確認されている。研究者の中にはバダリ文化がナカダ文化初期の単なる地域的なバリアントであり，かつナカダ文化と一時的に平行していたとの見解もある（Holmes 1989; Kaiser 1956）が，近年の試掘によっても，バダリからナカダⅡ期まで連続する層位が認められ，物質文化にも発展的な継承が看取されている（Friedman 1994: 312-360）。

バダリ文化の集落址では、土器片や灰・炭化物を含有する文化層が薄く、時には厚く堆積し、炉とそれに伴う小さな柱穴と植物による柵が検出されている。ここで最も特徴的なのが、ピットの多さである。その大きさは大小さまざまであるが、大型のものでは直径2.7m、深さ3mにもなる（Brunton 1948: 5）。これらは主に貯蔵穴と解釈され、中には粘土が内張されたものや、籠が置かれたものもある（Brunton 1937: 14, 68-69, 1948: 4-7）。ピットが円形に配置され、その中に遺物や灰が集中する例や（Brunton 1937: 16）、粘土で作られたドーム型のオーブンらしき遺構が検出されているものの、これら以外に恒久的な住居遺構は見つかっていない。

生業に関する資料は多くはないが、植物遺存体では、エンマーコムギ、六条オオムギ、亜麻などの栽培種、また豆類の野生種が集落で検出されている。墓地でも副葬品としてのパンやムギなどの穀物が土器の中から見つかっている（Wetterstrom 1993: 216-217）。動物遺存体は墓地に多く、馴化動物ではウシ、ヒツジ、ヤギ、野生動物ではガゼル、カバ、カメ、ワニなどの骨が出土している。家畜化された動物は人間と同じように手厚く埋葬される例があり、中にはイヌの埋葬も存在する。また、魚骨も検出されており、その多くはナイル・パーチのようである（Wetterstrom 1993: 217）。漁撈を示す資料としては、骨製の釣針が出土している。

石器に関しては、エンド・スクレーパーや錐など剥片・石刃技法を主体として製作されているが、中には鎌刃や基部に抉りのある石鏃、石斧など両面加工による石器も含まれている（Holmes 1989: 179-198）。鎌刃と伴に石鏃が存在することは、農耕だけでなく狩猟も同じく行っていたと推測される。

バダリ文化の墓は円形か楕円形の土壙で、枝とマットで屋根が掛けられた例もある。遺体は屈葬の左下側臥姿勢で納められ、頭位はおおむね南を指す。遺体はマットや獣皮でくるまれることがある。副葬品は概して少なく、土器が1点のみの墓が主体をなすが、中にはスレート製パレット、象牙や骨製の匙や櫛およびブレスレット、土製の耳栓や人間・動物を象った人形などを含む墓もある。こうした埋葬の中にも社会の分化がみられるとの指摘がある。アンダーソンの研究によれば、比較的大きい墓に副葬品が多く、かつそれらの墓が特定の場所に集中することから、一握りの裕福層が存在する2層分化された社会であったと指摘する（Anderson 1992）[5]。その裕福層が副葬していた遺物には、凍石製や銅製のビーズ、紅海産の二枚貝、トルコ石などが含まれている。これらは在地では入手できないものであり、凍石は西アジア、銅やトルコ石はシナイ半島との関係を示し（Midant-Reynes 2000: 160-161）、バダリ文化には長距離の交流・交換がすでに存在していたと考えられる。

以上のことから、バダリ文化は、農耕と牧畜に狩猟や漁撈を取り入れた生業を基盤とし、複雑・階層化への兆しが現れる社会であったといえる。また、ここにみる埋葬様式は、次のナカダ文化に確実に引き継がれている。

2　ナカダⅠ期（Naqada I）

ナカダⅠ期の遺跡は、19世紀末のピートリとキベル、そしてド・モルガンによって発掘され

たナカダ遺跡を中心に，北はマトマールから南はアスワン付近までの広範囲で見つかっている。そのほぼすべてが低位砂漠の沖積地よりの縁辺部に位置する。遺跡はナカダⅡ期まで継続して営まれている場合が多く，特に集落遺跡においてその傾向が強いため，ナカダⅠ期の居住遺構を抽出するのが難しく，これまで確認されている例は少ない（Brunton and Caton-Thompson 1928; Hassan 1988: 154-155）。一般的な住居遺構の形態は，1～2m幅の円形もしくは長方形の床面で，その周囲を枝や藁などを粘土や石で固め，おそらく屋根も枝や葦を使って覆っていた。中には床面が半地下式になっているものもある[6]。室内には炉や土器，屋外には貯蔵穴や動物小屋が伴う。より単純な形態で，細い枝柱と葦の柵で囲っただけの家屋もある。住居スタイルは，遺構から見る限り，バダリ期とさほど変わらない。

だが生業面に目を向けると，そこには着実な進展が見られ，より農耕・牧畜に依存した生活基盤を築いたようである。栽培種のエンマーコムギや六条オオムギ，亜麻の出土量は増加し，レンズ豆などの豆類や塊茎といった野生植物の遺存体の出土も一般化する。さらにシカモア・イチジクやドームヤシの果実といった果物も新たに加わり，バダリ期よりも豊かな食生活であったとされる（Wetterstroam 1993: 218）。動物では，継続してヤギ，ヒツジ，ブタ，ウシの家畜動物が飼育されている。その一方，野生動物の遺存体が減少することから，この時期に狩猟から家畜へその依存が大幅にシフトしたと考えられる（Wetterstroam 1993: 219）。なお，魚骨の出土はこれまでと同様に多く，引き続き川での漁撈も主な生業活動の一つであったようである（Wetterstroam 1993: 223）。

石器は剥片を主体としつつも，両面加工技術も用いられている。剥片石器では，エンド・スクレーパー，彫器，錐，鋸歯石器，抉入石器が代表的であり，両面加工では，鏃と石刃による鎌刃がある（Midant-Reynas 2000: 180-181）。鏃に対して，光沢をもつ鎌刃の出土頻度が圧倒的に高く，このことからも農耕に根ざした定住生活であったことが了解される。この時期，いわゆるフィッシュ・テイルなどの大型ナイフも登場する。大きいもので40cmを越えるこうした石器は，両面の押圧剥離，刃部の細かな鋸歯状加工において，当時の石器技術水準の高さを示している。

また，石器以外の石製品の加工技術が発展するのもこの時期からである。石製容器が初めて製作され，円盤形の棍棒頭（メイスヘッド）もこの時期を特徴付ける遺物である。泥岩製パレットは，その形態に多様性が生まれ，魚やカメ，ワニ，鳥などの動物や舟などを象ったものが作れるようになる。銅製品は，バダリ期と同じくたたき成形技法によるが，ピンや銛などの道具，ブレスレットやアンクレットといった装身具など，銅製品の種類は多様化する。

こうした工芸品の中で最も注目すべきは，ファイアンス製品の登場である。小さな鳥形ペンダントがナカダ遺跡のナカダⅠ期の墓から出土している（Petrie and Quibell 1896: pl.60）。ファイアンスは，石英の粉を練って形づくり，表面にナトリウム化合物を主体としたガラス質の釉をかけた焼き物であり，その製作には，1000℃ほどの高い温度（Nicholson 2000: 191）とその調整，化学変化の経験的知識が不可欠である。よってこの時期，すでにパイロテクノロジーの発達が始まっていたといえる。

ナカダI期の墓は，バダリ期と変わらず，比較的小型の楕円形の土壙に，屈葬の左下側臥姿勢で遺体が埋葬され，頭は南，顔が西を向く。変化した点は遺体を獣皮でくるむ習慣が薄れ，それに代わって木製および土製の棺が用いられるようになることである（Midant-Reynes 2000: 170）。また，バダリ期にすでに見られていた社会の分化もより明瞭になる。カスティロスの分析によれば，一部の墓のみに規模の拡大と副葬品の増加がみられ（Castillos 1982），こうした2極分化の傾向はアルマント遺跡やナカダ遺跡でも認められている（Bard 1994）。

このように，ナカダI期は先行するバダリ文化を継承しつつも，エジプトに初期国家をもたらすナカダ文化の特徴が顕在化しだす時期といえる。

一方，下エジプトでは，ナカダI期後半から，ナカダ文化と様相が異なるブト・マアディ文化が登場する。ファイユームやメリムダ遺跡など下エジプトの新石器文化から発展したとされるブト・マアディ文化は，カイロ近郊東岸に位置するマアディ遺跡の発掘によりその存在が確認され，その後，デルタ西部のブト遺跡でも類似した物資文化が検出されたことから，この名称が与えられた。現在ではデルタ東部やカイロ近郊など，下エジプトのほぼ全域で当文化の遺跡が確認されている。

標式遺跡であるマアディ遺跡では，集落と墓地が検出されている（Rizkana and Seeher 1987, 1989）。集落で見つかった住居遺構は，円形または方形のプランとそれを囲む柱穴が確認され，ナカダ文化と同様に，その壁および屋根は粘土や枝や葦などの植物で作られていたと思われる。だが，この他にユニークな住居が検出されている。それは，楕円形または長方形に掘られた地下式住居であり，地上から階段を通じて入るようになっている。地下の壁は石と日乾煉瓦（粘土）で固められ，床面では炉や埋設土器，生活残滓が検出されている（Hartung 2004: 337-356）。こうした特異な住居の類例は，レヴァント南部の銅石器時代のビールシェバ文化で確認されており，両文化は密接な関係にあったことが指摘されている（Levy 1998: 242-243）。

レヴァントの影響は石器にも見られる。ナカダ文化の剥片主体と対照的に，ブト・マアディ文化の石器は押圧剥離技術による石刃インダストリーであり（Rizkana and Seeher 1988），サーキュラー・スクレイパーやカナン・ブレードに似た石刃が作られている（Midant-Reynes 2000: 212）。また，土器もレヴァントからの搬入品が比較的多い。銅製品の出土もまた，こうした遠隔地との関係を示す重要な資料として評価されている。マアディ遺跡では銅製の釣針，銛，斧などの製品の他に，鉱石やインゴットも出土しており，銅の理化学分析によれば，現在の南ヨルダン周辺が原料の産地として挙げられている（Pernicka and Hauptmann 1989）。

彼らの生業は，ナカダ文化と同じく，農耕と牧畜そして漁猟が中心であったようである。マアディ遺跡の遺存体分析では，動物では家畜種が野生種に比べて圧倒的に多く，ウシ，ヒツジ，ヤギ，ブタが含まれ，植物ではエンマーコムギとオオムギの栽培種の他に，豆類が検出されている（Rizkana and Seeher 1989: 87-136）。

ブト・マアディ文化におけるこの時期の墓地は，マアディ遺跡とそれに隣接するワディ・ディグラ遺跡，ヘリオポリス遺跡で主に確認される。ここでは，楕円形の土壙に屈葬の姿勢で遺体が

納めら，マットでくるまれる例もある。頭位はおおむね南を指し，右側下で顔は東を向くことが多い（Seeher 1992: 225-233）。このように埋葬方法はナカダ文化に似ているものの，副葬品は質素であり，皆無もしくは土器，貝，石器などが若干副葬されるだけである。また，副葬用に作られた製品はなく，すべて集落での簡素な日用品が持ち込まれている（馬場 1999）。中には比較的多くの副葬品を含む墓もあるが，目立った奢侈品または威信財的な製品はなく，埋葬資料からは社会の分化や複雑化を想定することは難しい。

3　ナカダⅡ期 (Naqada II)

　農耕・牧畜という安定的な生業基盤に支えられたナカダ文化は，ナカダⅡ期において文化・社会のさらなる発展を遂げることになる。

　まず集落では，家屋の形態に変化が生じる。これまでと同様，粘土と編み枝による家屋はあるものの，石で基礎が築かれた長方形の家屋が新たに出現する（Ginter *et al.* 1979: 96-97）。また建材として，日乾煉瓦がナカダⅡ期後半から頻繁に使用されはじめ，矩形を呈する建造物が建てられるようになる。これは墓においても同じである。

　最も大きな変化として挙げられるのが，大型集落の出現である。つまりこの時期，集落の規模に格差が生まれ，これまでと同様な小規模集落の他に，それをはるかに凌ぐ規模の大型集落が誕生する。それはヒエラコンポリス遺跡とナカダ遺跡である。これら大型集落では，異なる機能を有する多様な施設を内包している。ヒエラコンポリス遺跡では，沖積地近くの低位砂漠と涸れ谷奥に遺構が広がるが，そこでは，墓地と住居址，ビール醸造址や穀物倉庫または土器焼成施設といった生産関連遺構，そして初期神殿など，ナカダⅠ期末からⅡ期にかけての遺構が検出されている（詳細は第4章を参照）。ナカダ遺跡では，低位砂漠縁辺部で「南の町」と呼ばれる大型集落遺構と，その背後に位置する2000基以上の土壙墓で構成される大墓地が見つかっている。ナカダⅡ期後半とされる南の町では，50×30m規模の長方形の日乾煉瓦建造物が少なくとも3棟並んで建てられ，その内部はいくつもの部屋に区切られている（Petrie and Quibell 1896: pl.LXXXV）。ナカダ遺跡は，ワディ・ハママートというナイル川から東部砂漠を横断して紅海へと抜ける涸れ谷入り口の対岸に位置し，そこは多様な資源・物資が集約する立地環境にあり，それがナカダ遺跡の繁栄をもたらしたと考えられている。この南の町は，王宮または神殿と推察されており（Midant-Reynes 2000: 198, 2002: 52），そこには集約した物資を保管・分配する機能が含まれていたかもしれない。

　大型集落は，その規模や遺構の様相，想定される人口から，ナカダⅡ期後半には都市とも呼べる集落であったとされる（高宮 2006: 183-188）。さらにナカダⅡ期後半以降，低位砂漠における集落遺跡の検出例が減少するが，おそらくこの時期から，小さな集落から大型集落へと人口がシフトし，さらに大型集落は気候の乾燥化とナイルの水位低下のため，ナイル川近くの沖積地に形成され，都市への集約化が起こったと考えられる（Hassan 1988; Hassan and Matson 1989; Hoffman *et al.* 1986; Midant-Reynes 2000: 199; Patch 1991: 331-336）。

こうした都市の出現は社会の複雑・階層化と不可分な関係にあるが，それは当時の考古資料に明瞭に現れている。まず工芸品であるが，土器や石器など遺物ごとに熟練した技術や規格性が見られる。土器はナカダⅡ期後半からその地域性が消え，生活雑器は規格化の傾向に向かうとされる（Friedman 2000a: 174）。また，石器ではインダストリーの主体は剥片石器であるものの，中には，見事な波状剥離による大型ナイフも製作される。連続押圧剥離の加工技術はこの時期に最も向上し，その高度な技術とそれに費やされる労力・時間を鑑みて，専門家の関与が想定されている（高宮 2003: 182-184）。また，上述したヒエラコンポリス遺跡の初期神殿に付属する工房では，小型の錐やドリルなどの石器製品が限定的に出土しており，この他に検出された加工品の断片からも，ここではビーズを専門的に製作していたと推測され，その製作は専門家によるものと考えられている（Holmes 1992b）。この他の工芸技術にもさらなる発展が見える。石製容器は材質の硬・軟を問わず，多様な石材を用いてさまざまな器形が数多く製作されるようになる。スレート製パレットは，動物等を象ったものから，物語的な内容を示す複雑なレリーフ装飾を施したものへと移り変わる。銅製品はそれまでのたたき技法に鋳造技法が新たに加わり，斧や短剣などの道具やブレスレッドや指輪の装飾品などさまざまな製品が生産され，銅製品の使用がより一般的になる。なお，こうした冶金技術の高進が金や銀の使用を招いたのであろう。

このように，ナカダⅡ期の工芸品からは，卓越した製作技術を持つ専門集団の存在が推定されるのであるが，こうした専門家組織が従属し，それを管理する側の存在もまた推定される。つまり，支配者（エリート）の存在である。バダリ期以降からすでに，墓地において裕福な墓と貧しい墓の2極分化が指摘されていれるが，ナカダⅡ期になると，その傾向はさらに進む。主流をなす小さな楕円形の土壙墓では，副葬品の数が少なくなる一方，長方形を呈する大型の土壙墓はさらに大きく，そして多くの副葬品で満たされるようになる（Bard 1994）。彼らの副葬品には，高質の製品が多く，威信財または奢侈品とされるこれらは，専門集団によって製作されことは間違いないであろう。また，この時期明瞭になるのが，エリート層の独立した墓地が形成されることである。例えばナカダ遺跡では，小さな土壙墓で構成される大墓地（Great cemetery）から離れた場所に，大型墓が集まる墓地が形成されるようになる（B, G, T 墓地）（Davies 1983）。ヒエラコンポリス遺跡でも，涸れ谷奥の離れた場所に大型墓で構成される墓地（HK 6）が検出されている（Adams 2000）。大型墓は長方形を呈し，大きい例では6×3×1.5mの規模になる。その内壁はマットや木製のパネルで内張され，ナカダⅡ期後半になると日乾煉瓦が使用されるようになる。例えばナカダⅡ期後半（ⅡC 期）に比定されるヒエラコンポリス遺跡の100号墓は，彩色壁画で有名であるが，その内張および内部の中央の間仕切り壁はレンガによって構築されている（Case and Payne 1962; Kemp 1973）。

ナカダⅡ期は，文化領域の拡張と交易の活発化の時期でもある。ピートリが当時期の名称に用いたゲルゼ遺跡がファイユーム地域に位置することからも明らかなように，ナカダ文化はもはや上エジプトに留まらず，北はデルタ地帯から南は下ヌビアのサヤラ（Aグループ）までの広範囲に及ぶ。下ヌビアは，エジプトでは入手困難なアフリカ系資源の金，象牙，ダチョウの羽根や卵

殻，香油，黒檀などの調達経路として重要視されていたようである。

デルタでは，ナカダⅡ期中葉に，ナカダ文化の特徴を色濃く持つ墓地がデルタ東部のミンシャット・アブ・オマル遺跡に形成される（Kroeper 1992）。この時期から波状及び環状把手付土器や円筒印章，ラピスラズリなど，レヴァントやメソポタミアとの接触を示す資料が増加することから，ミンシャット・アブ・オマル遺跡は西アジア方面との交易中継地点として機能していたと思われる。こうした対外活動の活発化は，上記のエリート層の台頭と威信財生産の専門組織の発達が強く関係していたに違いない。

このナカダ文化のデルタへの拡張と時を同じくして，マアディ遺跡の活動は途絶えてしまう。これはナカダ文化が西アジアとの接触を，マアディ遺跡を介さず上記のように直接的な交易路を開拓したためとも考えられる。

4　ナカダⅢ期（Naqada ⅢA-B）

ナカダⅢ期は，原王朝，またはその後半を 0 王朝とも呼ばれ，王朝統一へ向けての転換期であり，集落の集約化や社会の複雑・階層化が一層加速する。そこで重要な役割を演じたのが，いち早く都市化を果たした大規模遺跡，ヒエラコンポリス遺跡とナカダ遺跡，そして新たに台頭するアビドス遺跡である。

ヒエラコンポリス遺跡では，ナカダⅡ期後半からすでに始まった沖積地内微高地（ネケン）への人口集約が更に進み，ネケンには神殿や王宮が建造され，日乾煉瓦で築かれた厚い壁体によって囲まれていたとされる（Hoffman et al. 1986: 184）。涸れ谷内に形成された大型墓の墓地（HK6）は引き続き営まれ，規模はより大型化し，副葬品もより豊富になる。例えば，ナカダⅢ期前半（ⅢA2）の 11 号墓では，6×3×2m の墓坑がレンガで内張され，中からは，カーネリアンやトルコ石，金や銀などの貴重な材質で作られたビーズや，ラピスラズリと黒曜石の製品，ウシの脚を象った木製ベッドなど，エリートの存在を確実視させる遺物が出土している（Adams 2000）。

一方，ナカダ遺跡はナカダⅢ期以降 T 墓地など大型墓が集中する墓域である。前時期に比べて副葬品が圧倒的に貧弱になり，墓自体の数も減少する傾向が見られる（Bard 2002: 59）。この時期から，ナカダ遺跡ではエリート層が消滅し，ひいては集落の衰退が起きたのかもしれない。

このナカダ遺跡に代わって頭角を現すのが，アビドス遺跡である。上エジプト中部のこの地域では，これまでも小規模な集落や墓地は営まれていたが，ナカダⅡ期後半になり，河岸段丘が湾状に後退した低位砂漠のウンム・エル＝カーブで大型墓が築かれるようになる。中でもナカダⅢ期（ⅢA1）の U-j 墓はこれまで発見された墓の中で最大規模を誇る（Dreyer 1998）。日乾煉瓦で構築された 9×7×1.5m 規模の矩形の墓坑は，12 の部屋に区切られ，それぞれの部屋に副葬品が多数納められていた（第 3 図）。土器はエジプト製の他に，レヴァント製とされる輸入土器も 400 個ほど含まれ，それにはワインが入れられていたようである（Hartung 2002）[7]。この他，U-j 墓で特筆すべき発見は，大量に検出された文字資料である。それは土器の表面にインクで書かれたもの，封泥に押された円筒印章の印影，そして木製及び象牙製ラベルに刻まれたものがある。

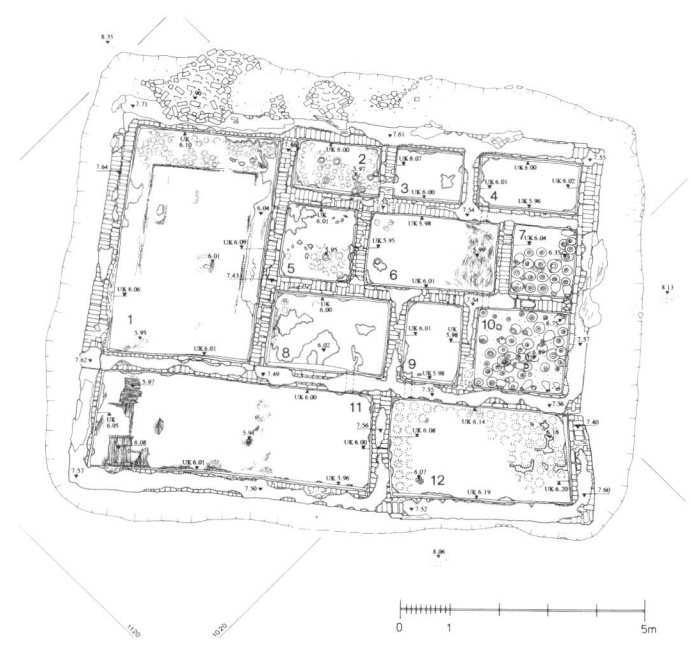

第3図　アビドス U-j 墓（Dreyer 1998: Abb.2）

700点以上の資料が得られた。これらはマークのような絵であるが、すでに表音文字となっており、土器に付されたこれらの文字は、所有者と内容物の産地を記したものである（Dreyer 1992, 1998）。こうした初期的な文字の使用は、物品管理を目的としたもので、ナカダⅢ期初頭にはすでに文字を用いた管理システムが確立していたのである。

5　統一王朝の成立

　ナカダ文化において、最大のイベントであると同時にその終焉となるのが統一王朝の成立である。そのプロセスは、南のナカダ文化が北へと徐々に拡大していき、ブト・マアディ文化を取り込み、最終的に王朝統一を達成したというものである。これを最初に提唱したのはカイザーであるが（Kaiser 1956）、彼は考古資料をベースに拡張過程を示したものの、それが物質文化からは認識が困難な王朝統一という政治的側面にまで解釈を広げてしまった。そこで彼の研究以降、文化的統一と政治的統一を区別して統一国家の成立過程が再考されるようになっている。以下、これまでの研究に私論を加えながら、統一王朝成立過程について述べたい。

　まずは文化的統一についてであるが、ナカダ文化がナカダⅡ期末からデルタのほぼ全域にまで拡大し、ブト・マアディ文化の領域をナカダ的物質文化が凌駕する様相が、ブト、テル・エル＝ファルカ、メンデス、テル・エル＝イスウィッドなどデルタの遺跡で確認されている。特にブト遺跡ではブト・マアディ文化が過渡的な移行期層を挟んで、ナカダ的物質文化（主に土器と日乾煉瓦建造物）に移り変わる様相が層位的に認められた（Köhler 1992）。その解釈については、ブト遺跡を調査した2人の研究者から異なる見解が提示されている。ヴァイは、ナカダ文化の拡張は南

の集団が移住し，北の人々と共存・同化した結果と述べる（Von der Way 1992a）。一方，ケーラーは両者の長期的交流による段階的な変化の現れとし，交易・交流の活発化と社会全体の変化というデルタに主体性を与えた解釈を提示する（Köhler 1995）。どちらの見解についても，いまだ立証に足る考古学的証拠が得られていないが，ケーラーが述べる交易・交流では技術と知識のみの流入であり，ナカダ様式の物質文化を形成することができるのか疑問に残る。いずれにせよ，ブト遺跡の調査により，政治的統一に先行してナカダⅡ期末からⅢ期にかけて文化的統一が達成されたことが明らかとなった。

それではなぜナカダ文化は拡大したのであろうか。その文化的統一の要因については，ナカダ文化内の人口増加による流入（Hassan 1988）など諸説あるが，レヴァント・西アジア方面との交易路の掌握（Trigger 1987）が大きいと考えられる。この時期から西アジア方面との接触を示す資料が増加し，先述したナカダⅡ期の物品以外にも，Ⅲ期ではパレスティナ産とされるアビドスU-j墓のワイン壺や，ゲベル・エル＝アラク出土のナイフ柄や一連の装飾パレットに取り入れられた西アジア的図像表現などが挙げられる（Midant-Reynes 2000: 238-246）。さらに直接的な接触を示す資料もみられ，パレスティナの一地域では在地粘土によるエジプト的土器やエジプト的建造物が発見されており，これはエジプト人の入植（植民地）によるものとされる（Gophna 1998: 277-279; Porat 1992）。つまり，ナカダ文化のエリート層がステータス・シンボルを求め，エジプトにはない西アジアの製品や原材料などを安定的に供給する交易路を確保するために，北へと拡大していったと考えられるのである。その結果，交易の中継地点としてミンシャット・アブ・オマルなどの遺跡がデルタ東部に出現したのではないであろうか。

一方の政治的統一についてであるが，これについては2人の研究者からモデルが提示されている（Kemp 1989: 44-46; Wilkinson 2000）。ケンプのモデルはモノポリーの考えを援用したもので，ウィルキンソンはそれに考古資料を用いてある程度肉付けさせたものである。両者のモデルを総合すると，当初は多数の小規模な政治集団が均質に存在しており，そこからアビドス，アバディヤ，ナカダ，ゲベレイン，ヒエラコンポリスの5つの中心的集団が出現する。その後アバディヤが消え，ゲベレインも統合されて脱落する。アビドス，ナカダ，ヒエラコンポリスが原王国として並立するが，やがてナカダが力を失い，残ったアビドスとヒエラコンポリスが最終的に統合され，これが北へと進行して王朝統一が達成される，というものである。確かに，上述したように，ナカダ遺跡はナカダⅢ期から大型墓の衰退が見られることから，おそらくナカダの集団は地域統合の過程で弱体，または他の共同体に吸収されたのであろう。一方アビドス遺跡は，その後も初期王朝時代の王墓地としてその重要性が維持され，ヒエラコンポリス遺跡も，王朝時代に王権の象徴であるホルス神の信仰地としてその重要性が保持されたことから，これら大型遺跡の集団が地域統合過程の中心的役割を演じ，かつ王朝成立を成した遂げた可能性は高い（Bard 2002: 60）。

だが実際のところ，こうした政治・社会的側面を考古学的に認識するのはきわめて難しいが，文化的側面から地域統合を把握しようとする研究も行われている。例えばフリードマンの集落出土土器の比較研究によると，粗製土器の混和材はナカダⅠ期では上エジプト内で地域的に異なる

材料を用いていたが，ナカダⅡ期後半以降になると，地域性は消滅し，粗製土器はすべて混和材に切り藁を用い，かつ規格性が現れるようになるという（Friedman 2000a）。

政治的地域統合の把握は容易ではないが，フリードマンが行った研究や，高宮が指摘するステータス・シンボルからのアプローチ（高宮 2003: 212-215）などから帰納的に実証していくしかない。いずれにせよ，ナカダⅡ期末からⅢ期にエジプト全土で明瞭に見られる物質文化の均一性が，前3100年頃に達成される政治的統一の土台となっていたことは確かである。

最後に，政治的統一がどのように遂行されたかについて考えたい。つまりナルメル王のパレットに描かれる武力制圧があったのかについてである（第4図）。パレット表面の上段では，下エジプトの象徴である赤冠を被ったナルメル王がスタンダードを持った従者を引き連れ行進し，その先には切られた首を股に挟んだ敵が横たわる。下段では，王を表象するウシが周壁を持つ町を破壊している。裏面では，神エジプトの象徴である白冠を被ったナルメル王が，棍棒で敵を打ちのめし，敵の上方では，王権の象徴であるホルスが，パピルスの生えた敵（擬人化した湿地）を押さえつけている。パピルスはデルタに繁茂する植物であり，下エジプトの象徴でもあることから，このパレットは南のナルメル王が北の民を軍事力で制圧したことを示す資料として古くから解釈されてきた。だが，近年その解釈を巡って賛否が分かれている。

まずこれまで通り歴史的記述と解釈するドレイヤーは，アビドスで多数出土したラベルなどの豊富な文字資料から，当時の日付は年の名前で示され，その年の最も重要な出来事にちなんで名前が付けられていたことを突き止め，ナルメル王のパレットも彼が統一を果たした年を示しており，それは軍事的統一の歴史的事実を描いているとする（Dreyer *et al.* 1998: 33, 139; Davies and Friedman 1998: 35）。

第4図　ナルメル王のパレット（左が表面　右が裏面　Wengrow 2006: figs.2-1, 2-2）

この意見に対してケーラーは、年の名前は行政の運営上きわめて重要で、その年の初めに決めなければ混乱を招くとして、彼の見解を否定する（Köhler 2002）。彼女によれば、王朝時代の図像にみられる九弓の民や王が敵を打ち負かすシーンは王の権力と秩序を保つ王の役割を示すもので、ナルメルが敵を負かす図像も概念的な王の役割を表しているだけであり、その相手の敵は特定の民族ではなく、九弓の民と同様総体としての敵を表している。また、近年アビドスから出土したナカダI期後半の白色交線文土器に、棍棒を持って敵を服従させる絵が描かれていたことから、敵を打ち負かすモチーフがナルメルよりも約600年前から存在し、彼のパレットはそうした図像表現の長い歴史の延長線上に成り立っているもので、戦闘の歴史的事実を記録したものではないとする。彼女はブトの移行期の解釈のように、政治的統一も社会的成熟度の高まりの結果と考えているのであろう。

どちらの意見も資料分析を通じて得たものであり判断は難しいが、黎明期の先王朝時代にケーラーが言う図像表現の定型化を想定できるのであろうか。ナルメル王の棍棒頭の図像がヒエラコンポリス遺跡の初期神殿と酷似する例（第4章第2節参照）もあることから、この時代はそれまでの図像表現を参照しつつも実際の出来事を描いていたと考えられるのである。加えて歴史的にみても古代エジプト人は頻繁に戦闘を行っており、それは人類史においても同様で、現代でも覇権・領土争いで戦争を繰り返している。文化・社会の異なる集団を統一することが平和裏に遂行されたとは考え難い。

6 まとめ

以上、先王朝時代の文化を概観したが、この時代の文化と社会は、3100年頃の初期国家形成に向けて着実に発展していった。その中で土器製作技術に関連する重要な点を取り上げると、文化面においてまず特筆されるのが、住居形態が円形から矩形へと移る中、ナカダII期後半から、より強固で恒常的な建材である日乾煉瓦の使用が開始される点である。これは築窯技術の問題と関わってくる。第3章で詳しく述べるが、先王朝時代の土器焼成で日乾煉瓦を用いた例は皆無であるが、王朝時代ではすべて日乾煉瓦で築かれており、築窯の技術史を考える際の大きなポイントとなる。この他、工芸品の生産に確実に技術の向上がみられ、特にファイアンスや銅製品の製作には高温とその温度管理が必要であり、このパイロテクノロジーの高さは土器焼成にも影響を与えたものと思われる。石器や石製品にも卓越した技術が認められ、それは陶工などの工人が専門的に作業できる社会環境の醸成を想定させる。

社会面では、都市の誕生とエリートの台頭が注目される。都市では人口増加とそれにともなう労働分化の発達が指摘されるが、これも陶工の専業化に関わってくる問題となる。また、エリート層の存在も、そうした専業的陶工が従属するパトロンの対象となり、土器の生産形態を考える際のポイントとなるであろう。さらに、こうした都市化に伴って集落域がナイル川の沖積地へと集約化する点も重要である。消費者の需要と密接する土器生産にとって、生活域のシフトは消費地の移動を意味し、それは工房の立地にも影響を与えたであろう。

先王朝時代にはこうしたさまざまな変化が生じているのであるが，ここで特に注目されるのが，これら変化のほぼ全てがナカダⅡ期中葉に起きていることである。この時期，大型の拠点集落が形成され，政治・経済の発達と社会の分化・階層化が加速し，レヴァント方面との交換・交易活動が活発化する。これらの要素が初期国家へと昇華させると考えられるが，土器製作などの文化的側面もそうした社会変化に呼応して変容したと思われる。

こうした先王朝時代の重要な要素をすべて内包するのがヒエラコンポリス遺跡であり，この遺跡の資料を扱い土器製作技術を論じる本論の意義はまさにそこにある。

註

1) 肥沃なシルトは年間平均57億トン運ばれ，その堆積はナイル渓谷で年間平均0.9mm，デルタ地帯で1.2mmであったと見積もられている（Hassan 1997: 59, 63）。
2) パッチによるアビドス地域のセツルメント・パターン研究では，渓谷の地理的特徴を4つに分けているが（Patch 1991: 75-82），ここでは涸れ谷を加えて5つとした。
3) 当然，小規模な遺跡でも涸れ谷に形成された例はあり，アビドス地域では遺跡の3分の1が涸れ谷内に存在する（Patch 1991: 83）。
4) ちなみに現在の中洲と沖積平地の平均高低差は14mである（Hassan 1997: 65）。
5) この研究は，副葬品の多寡とその価値から墓の序列をつくり，遺体の性別・年齢および墓地内での平面分布の考察を加えて，バダリ期の社会階層化を述べたものである。彼女によると，墓制の分化は，性差や年齢差ではなく，経済的地位によるもので，贅沢品の入手と掌握が可能な一握りの集団がいたようである（Anderson 1992）。
6) こうした遺構は穀物倉庫であったとの見解もある（Wetterstroam 1993: 217）。
7) ワインが入れられていたことは科学分析により確実視できる（McGovern *et al.* 1997）が，近年，ポラートがそのレヴァント製とされる土器の胎土を産地同定した結果，興味深いことに，ほぼすべてがエジプト国内で製作されたものとの見解が出された（Porat and Goren 2002）。彼女はその生産地として，アビドス対岸のケナを挙げている。

第2章　土器の基礎的理解および分類と編年の研究史

本章では土器研究のバックグランドとして，はじめに粘土と胎土の基本的理解を述べ，次に先王朝時代における土器の研究史を概観し，本論で言及する名称の定義や，準拠する分類と編年の研究史における位置づけを明示する。

第1節　粘土と胎土の基礎的理解

土器研究では，その最も基本となる粘土と胎土の物理的・化学的性質を理解しておく必要がある。用語説明を兼ねつつ，その性質を以下に述べる。

1　粘土の特質

A. 粘土の定義

一口に粘土と言っても，土壌学における定義と陶芸におけるそれとではだいぶ異なる。土壌学では，粘土は土に含まれる最も微粒の部分を意味し，その分類によれば，粒径が4mmより大きいものを礫，0.5mmまでを粗礫，0.5〜0.06mmを細砂，0.06〜0.002mmをシルト，そして0.002mm（$2\mu m$）以下の大きさが粘土と呼ばれる[1]。一方，陶芸の世界で一般的に呼ばれる粘土とは，適量の水を含むと，粘性と可塑性を帯びる微粒の天然物となる（白水 1988: 29, 1990: 7-8）。つまり土器づくりでは，粘土粒子の大きさに関わらず，力を加えて形をつくることができ，かつその形が保たれるという粘性と可塑性の特性が重要となる。

よって，土器づくりに用いられる粘土には，大小さまざまな大きさの粒子が自然的または人為的に混在している。以下に詳述するが，古代エジプトでは「ナイルシルト」と呼ばれるナイル川の沖積土が一般的に利用されていたように，粘土と言ってもそこにはシルトや砂など含まれるのが通常である。こうした一定量における異なる粒度の集合体を「テクスチャー」（texture, structure）と呼ぶ。その中で土器にはおおむね土壌学でいうところの粘土粒子（径$2\mu m$以下）が全体量の30〜35%以上含まれているとされる（Nordström and Bourriau 1993: 150）。

B. 粘土鉱物の化学構造

これら微少な粘土粒子は，岩石が熱水変質等の風化作用を受けることによって生成されたものである。つまりそれは，岩石中の長石（feldspar）や雲母（mica）などの珪酸塩鉱物からアルカリやマグネシウムなどが水によって溶脱し，残ったシリカ（SiO_2）とアルミナ（Al_2O_3）に水が加わって生成されたものである。これが一般的に粘土鉱物と呼ばれるものである。粘土鉱物はおおむね，結晶構造を持つ層状珪酸塩であり，それは2次元的に連結したシリカの4面体とアルミナの8面

体の2つのシート（網状単位）が組み合って1つの層を形成し，それが積み重なって3次元的な層状構造を形成している（白水 1990: 37-59; Rice 1987: 38-50）。固まった粘土を割ると時折，層状に剥がれる理由がこれである。

層状珪酸塩鉱物は，構造単位となる1層の組み合わせの違いにより，主に1：1層型と2：1層型に分けられる（白水 1988: 15-22）。

1：1層型は，カオリングループと呼ばれ，アルミナとシリカの複合シートの結合が強く，カオリナイト（kaolinite）がその典型である。この他，層間に水を挟んだハロイサイト（halloysite）も含まれる。一方，2：1層型は2枚の4面体シリカシートが8面体アルミナのシートを挟む構造をなし，1：1層型に比べて接合は弱い。モンモリロナイト（montmorillonite）を典型とするスメクタイト（smectite）グループと，イライト（illite）のグループがこれにあたる。

粘土鉱物はこうした層状構造を持ち，間層に水分を吸収して膨張することから可塑性が生まれ，土器づくりの粘土として適した性質を持つようになる。

C. 可塑性

その可塑性（または粘性）であるが，粒子が小さく，扁平形であるほど可塑性は高くなる（Rice 1987: 58-60; Shepard 1961: 14-15）。つまり，微細で平たい方が水と接する表面積が大きくなり可塑性が高まるということである。2：1層型の代表であるモンモリロナイトは，粒子が細かいために水の吸収が良く，1：1層型のカオリナイトよりも可塑性が高い。さらに，粘土の起源や堆積していた環境も可塑性に影響を与える。

粘土は，その生成・堆積過程の状況によって，1次粘土と2次粘土に分けられる。1次粘土は母岩のあった場所にそのまま風化堆積したもので，これは在留粘土とも呼ばれる。2次粘土は堆積性粘土とも呼ばれ，風化や選別により移動して再堆積したもので，1次粘土よりも均一で粒子が細かいため，可塑性は高い。また，2次粘土はその風化・堆積の過程でバクテリア等の有機物の混入や酸化作用を受けることがあるため，可塑性が強まる傾向にあるとされる（Rice 1987: 60）。

D. 焼成による化学変化

土器は，焼成によって水分が蒸発し，さらに粘土鉱物の結晶構造が変化することによって作られる。以下，焼成における一般的な化学変化を追ってみたい（白水 1990: 75-77）。土器は成形後，十分乾燥させてから焼成されるが，それでも粘土の中には水分が残っている。表面に付着する水は沸点の100℃で蒸発し，分子レベルで含有する吸着水は200℃以上の加熱によって除去される。さらに500〜600℃の温度に達すると，結晶構造の中に含まれていた結晶水が脱水する。結晶水の脱水により構造が壊れるが，しばらくは層状構造が保たれることも多く，脱水して不規則な構造になった状態が1000℃近くまで続く。おおむね800℃以上の温度に達すると，全体構造が壊れ，再結合と再配列による再結晶化が起こる。再結晶によって新たに生じる結晶は粘土鉱物の種類によってことなるが，アルミニウム質の粘土鉱物では主に，ムライト（mullite）やクリストバライト（cristobalite）が再結晶されたものとして挙げられる。

この変化の流れを代表的粘土鉱物のカオリナイトを例に取ってみると，400〜500℃でメタカオ

リナイト（metakaolinite）となり，1000℃近くに達するとムライトへと再び結晶構造が変化する。素焼きの場合，1000℃以下，おおむね800℃前後で焼成が完了するので，メタカオリナイトの状態にあることが多い。こうしたカオリナイトの変化は，土器の焼成温度を含有鉱物から推定する際の1つの視点とされている。

2　胎土の特質

これまで述べてきた粘土鉱物はそのまま土器づくりに用いられることはまずない。夾雑物の除去や混和材の添加など，引き算や足し算が行われる。陶芸の世界では，こうして成形できる状態にまで準備された粘土を「素地（paste）」と呼び，素材の粘土とは区別される。

この素地を焼いてできた土器の化学的・物理的属性の総体が「胎土（fabric）」となる。つまり胎土には土器の母体となる粘土や含有物の化学的属性以外にも，色調，焼成，硬度，多孔性など物理的特徴も含めたすべての属性が含まれる。以下では，これらの属性の中でも，胎土の化学組成や鉱物組成に大きく影響を与える，つまり，胎土分析で主な対象となる属性について述べる。

A. 基　質（matrix）

基質とは胎土のボディとなる可塑性鉱物，つまり粘土の部分である。基質は胎土に含まれる鉱物のうち，粒径が0.06mm以下のシルトと粘土で構成される（Nordström and Bourriau 1993: 163）。

B. 含有物（混和材）（inclusion, temper）

含有物とは，基質に含まれる非可塑性物質のことで，無機質と有機質に分けられる。無機質含有物は粒径が0.06mm以上の含有鉱物であり，石英や長石，雲母といった珪酸塩鉱物が代表的である。有機質はスサ（切り藁）などの植物性が代表的である。この他，土器やレンガなどすでに焼成された断片が混入されることがあるが，これは「グロッグ」と言われる。こうした含有物は，緻密で均質な粘土鉱物に「あそび」を与えるので，乾燥および焼成時の収縮率を下げ，均一的な乾燥をもたらし，ひび割れのリスクを軽減する働きを持つ（Shepard 1961: 25）。

シェパードは，非可塑性物質の中で意図的に添加されたものを「混和材（temper）」と定義しているが（Shepard 1961: 24-25），先述したように，粘土鉱物は岩石の風化等の作用によって生成されたため，母岩に由来する鉱物や堆積過程で有機物が素地に混入する可能性も大きく，陶工が添加したかどうかの判断はきわめて難しい。本論では，シルトサイズ以上の鉱物ならびに有機物はすべて含有物と総称し，その中で意図的な添加と判断できる場合に，混和材と呼ぶことにする。

以下，胎土分析等で重要となる代表的非可塑性鉱物について，その特徴を示す（Nordström and Bourriau 1993: 154; Rice 1987: 93-98; Shepard 1961: 27-31）。

　石　英（quartz）　一般的に砂と言われるのがこれに当たる。二酸化珪素が結晶してできた鉱物で，花崗岩などの火成岩に多く含まれる。石英は焼成時の粘土強度を下げる反面，収縮率を減らす効果をもたらす。耐火度の高い鉱物で，1710℃まで溶解することはないが，熱することで結晶構造の変化が起きる。867℃からβ石英からトリジマイト（tridymite）へ，1250℃を過ぎるとクリストバライト（cristobalite）となり，こうした変化がひび割れの原因とされる。

長　石（feldspar）　地球上に普遍的に最も多く存在し，ほぼすべての岩石に含まれる。主にアルカリ長石（主にカリ長石 k-feldspar）と斜長石（plagioclase）に分けられる。高温で熱せられると融解するのが特徴であり，カリ長石は1150℃，斜長石のソーダ長石は1118℃で起こる。融解により，表面が滑らかになり（多孔性の軽減），ガラス質が表面を覆うことで，焼きものに風趣をもたらす。

カルサイト（calcite）　炭酸塩鉱物の一種で，方解石と訳される。組成は炭酸カルシウム（calcium carbonate）であることから，石灰岩（limestone）や大理石（marble），または貝殻などもこれに含まれる。カルサイトを多く含む粘土はマールとも呼ばれる（以下詳述）。カルサイトはおおむね870℃，他のカルシウム成分は650〜750℃といった比較的低温で融解する。また，1000℃以上になると液状に融解し，器表面にガラス質の滑らかな膜を生み出す効果を持つ。

雲　母（mica）　火成岩中に多く含まれる，珪酸塩鉱物の一種のグループ名である。中でも白雲母（muscovite）と黒雲母（biotite）が代表的である。

鉄　分（iron）　さまざまな形態で存在するが，水酸化鉄（iron hydroxide）と褐鉄鉱（limonite）が最も多い。鉄分は粘土に必ず含まれて，酸化第二鉄（ベンガラ）や酸化第一鉄といった酸化鉄は焼き上がりの色調を大きく左右する。酸化第一鉄は他にも，800〜900℃で融解して膜をつくる効果を持つ（佐々木 2001: 79-80）。

グロッグ（grog）：土器やレンガ，タイルなどの破砕物である。グロッグはすでに火を受けているので，焼成時の熱衝撃を抑える効果が期待される。一般的には，意図的に混ぜられた混和材とされる（Rye 1981: 33）。

有機物（organic matter）：堆積過程で混入する以外に，有機物は陶工によって意図的に混和されることが多く，それは大抵スサと呼ばれる切り藁が一般的である。有機物の混和により，成形時の強度および乾燥時の収縮率を下げる効果が期待される。焼成時にはおよそ600℃以下で炭化するが，それ以上の温度では消失して孔隙（void）となる。

第2節　エジプトの粘土

1　地質形成史

粘土の性質は，当然のことながら地域の地質環境に大きく影響を受ける。ここでは，エジプトの地質形成史を概観し，入手可能な粘土鉱物の起源を追ってみる。

現在エジプトには，5つの堆積鉱物のグループが存在する（Butzer and Hansen 1968; Nordström and Bourriau 1993; Tobia and Sayre 1974）。下層の古い順に挙げると以下となる。

① 基盤岩体である火成岩および変成岩（花崗岩，片麻岩など）
② 海や川の堆積および続成作用で形成された堆積岩（砂岩，石灰岩，頁岩，泥岩）
③ 鮮新世の河成層堆積（粘土）

④　ナイル川の運搬活動による堆積土（粘土，シルト，礫）
⑤　風成堆積した砂（砂漠の砂）

　これらの堆積鉱物が土器用粘土の根幹となるが，それぞれ異なる長い形成過程を経て生成されたものである。①の基盤岩体となる火成岩や変成岩は地球上で堆積作用が始まった5～6億年前の先カンブリア代に形成された。海抜2000mを超える東部砂漠の紅海山脈もこれにあたる。火成岩や変成岩は多様な鉱物を豊富に含み，カオリナイトやイライトなど，ナイル渓谷における粘土鉱物の母体となっている。②の堆積岩は，主に中生代の白亜紀から新生代の中新世にかけてのもので，この頃北東アフリカ一帯は海に覆われ，その浸食と堆積作用によって生成された。堆積岩は大まかに3種に分かれ，古い順から，白亜紀前期のヌビア砂岩，白亜紀後期から暁新世の頁岩・泥岩[2]，始新世，漸新世，中新世の3時期に及ぶ石灰岩がある。ヌビア砂岩は基盤岩体を覆い，下ヌビアや東部砂漠の一部に露呈する。石灰岩はマールの起源ともなり，エスナやケナの東岸が露頭場として有名である。石灰岩は間層に頁岩や泥岩を挟み，エスナ以北のナイル渓谷内で最も一般的に露呈する堆積岩である。③の成層堆積粘土は，河川や海における水の作用によって形成されたものである。石灰岩が形成された斬新世に活発に起きた地層の隆起と沈降により山脈や紅海が形成されたが，その後，新生代末にあたる鮮新世に海面が再び上昇し，ナイル川渓谷が浸食作用によって形成され，同時に渓谷内には可塑性に富んだ粘土がパッチ上に堆積した。渓谷内では，石灰岩の崖際近くで部分的に露呈する。④の堆積土は，ナイル川が上流から運んだ土である。ナイル川は，およそ100万年前に始まる第四紀の更新世後期までには現在とほぼ同じ形状となっていたようで，それから現在に至るまで，ナイル渓谷沿いおよびデルタ地帯には，東アフリカの上流から運ばれた沃土によって堆積土（沖積土）が形成された。沃土には，その長い流域で洗い流されたさまざまな鉱物や有機物が含まれる。

2　代表的な粘土

　これらの堆積物が土器の粘土および非可塑性含有物となるが，エジプトでは時代の別を問わず，土器の素地にはナイル川付近で容易に採取できる粘土資源が最も利用された。それは主に，上記④のナイル川が運んだ沖積土のナイルシルト（Nile silt）と，②の頁岩や泥岩，それらを包含する石灰岩の堆積岩に起源するマールクレイ（Marl clay）の2種である[3]。

A. ナイルシルト

　ナイルシルトは，ナイル川沿いほぼすべての沖積地で採取することができる。また，最も新しい堆積であるものの，その形成の始まりは更新世後期以降に遡るので，地域によっては現在の川沿いから離れた場所でも採取可能である。ナイルシルトはシリカと鉄分を豊富に含み，雲母や有機質の混入も大きな特徴である。化学分析では，シリカが56%以上，カルシウムが3～8%，鉄分が7～11%の値が提示されている（Hope $et\ al.$ 1981）。また，ナイルシルトはテクスチャーのばらつきが大きいのが特徴で，シルトから粗礫まで含まれている。含有物としては，石英，長石，雲母，角閃石といった珪酸塩鉱物と，カルサイトなどのカルシウム類，有機物が代表的である。

粘土は灰色から黒色を帯び，酸化焔焼成で赤色から褐色の焼き上がりを呈する（Nordström and Bourriau 1993: 160; Bourriau, Nicholson and Rose 2000: 121）。

B. マールクレイ

マールクレイは，石灰岩の岩盤が露呈するエスナ近郊からカイロまでのナイル渓谷沿い（主に低位砂漠や涸れ谷）および西部オアシスで採取することができるとされる（Nordström and Bourriau 1993: 160）。石灰岩堆積中の頁岩や泥岩を起源とする炭酸カルシウムを豊富に含むことが特徴である。酸化鉄の含有も比較的多いが，ナイルシルトとは対照的に，シリカや有機質はきわめて少ない。分析値として，酸化カルシウムは12～20％，鉄分は5～9％，シリカは40～50％との結果が出されている（Hope *et al.* 1981）。ただし，酸化カルシウムの含有量が8％以上であれば，マールの胎土として一般的に定義される。酸化焔焼成ではクリーム色や白色，またはピンク色を呈する。1000℃以上での焼成により表面に塩類が風解して滑らか膜が生じるのが特徴である（Bourriau, Nicholson and Rose 2000: 122）。

第3節　土器分類の研究史

先述したように，古代エジプトの土器は主にナイルシルトとマールクレイを用いていたが，先王朝時代もおおむねこの2つの粘土を原材料とし，混和材や器面の色調の違いなどで，レパートリーに富んだ土器が作られていた。

その土器群を初めて体系化したのがピートリである。彼による土器分類とそれを基礎とした編年の構築により，ナカダ文化の研究は始まった。20世紀前半に築かれた彼の分類は，その後も永く踏襲され続けているが，より詳細で科学的な現代の研究方法に照らすと，分類基準の統一性に欠ける点が多々あり，近年では新たな分類体系が提示されている。それらは調査隊ごとの遺跡独自の分類であり，エジプト全土に敷衍したものはまだ構築されてはいないが，胎土を第1義とし，器形を第2義とする点でおおむね統一されている。本論では当然，ヒエラコンポリス遺跡調査で用いられているフリードマンの分類体系に拠るが，まずはピートリに始まる土器分類史を概観し，土器の種類とフリードマンの分類体系との対応関係を示す。

1　ピートリによる分類

エジプト学の父と称されるピートリは，先王朝時代の遺跡で最初の組織的な発掘と報告を行った研究者である。それは，ルクソールから約28km北のナイル川西岸に位置するナカダ遺跡の調査であり，1894年から1895年にかけてキベルと共に実施された（Petrie and Quibell 1896）。ナカダ遺跡では2000基以上の墓で構成される墓地と集落址が発見され，その墓地はこの時代で最大規模を誇る。彼はまず初めにナカダの墓地出土土器の分類を報告書で提示し（Petrie and Quibell 1896），その後1898～1899年に調査したディオスポリス・パルバの墓地資料を加え（Petrie and Mace 1901）[4]，さらに他の遺跡の資料も含めて，1921年に土器集成を提示した（Petrie 1921）。ピー

トリはこの集成のなかで，先王朝時代の土器を9つのクラスに分け，それぞれ開いた器形から閉じた器形の順で，全1718の土器を掲載した。この20世紀前半に作られた彼の分類とそのクラス名称は，エジプト学では周知のもので，今なお言及されることが多い。本論でも適宜使うので，以下，各クラスの特徴を詳述する（第5図）。

黒頂土器：Black-topped Pottery (B-class)

黒頂土器とは口縁部付近の外面と内面に黒色帯を有することが特徴である。また外面には赤色スリップ（ヘマタイト）が塗られた後に入念な研磨が施され，黒色と赤色の見事なコントラストを呈する。胎土には粒子の細かいナイルシルトが使われ，混和材も比較的少ない（Friedman 1994: 93）。スリップや磨研などが施されていることからも，黒頂土器は精製土器の部類に入る。出土する地域は上エジプトが中心であり，下エジプトでも出土しているが，それは上エジプトからの搬入品や，それを模倣した粗雑なものである（Rizkana and Seeher 1984, 1987）。黒頂土器はバダリ文化から既に製作されているが，ナカダ文化と異なる点は，器表面に木や骨を使って櫛掻文様（さざ波文）が施されていることである（Spencer 1997: 46）。また，第2中間期から新王国時代に平行するヌビアのケルマ文化でも同様な黒色帯を有する土器が存在する[5]。この他，黒頂土器の最大の関心事は，黒色帯の施文方法である。筆者も含め，これまで幾人かの研究者が実験的手法を使って解明を試みている。結論としては，黒色は炭素吸着と還元焔焼成によるもので，それからある程度焼成環境や窯の構造を推測することができ，焼成技術を考える上で極めて示唆に富む土器といえる。詳しくは第7章で触れたい。

赤色磨研土器：Polished Red Pottery (P-class)

器表面全体に赤色スリップが施され，丁寧な磨研と磨きが特徴である。ピートリによってこのクラスに分類された中には，磨研範囲が内面だけや，外面の口縁のみのもの，または全面に施されていない例もあり，磨研のバリエーションはさまざまなようである。胎土は混和材の少ない良質なナイルシルトである。赤色スリップや磨研そして胎土も黒頂土器と全く同じである（Friedman 1994: 94）。これもナカダ文化を代表する土器である。しかし，先王朝時代に限らず，似たような赤色磨研の土器は王朝時代でも一般的にみられる。

白色交線文土器：White Cross-lined Pottery (C-class)

器表面に白色顔料を用いて，三角形のパターンを主体とした幾何学文様や動植物が描かれていることからこの名が付けられている。だが基本的には赤色磨研土器と同じであり，名称としては赤色白色文土器が適切であろう。器形としては文様を強調するためか，皿や碗が主流である。胎土も赤色磨研土器や黒頂土器と同じで，混和材の少ない良質な胎土である。ナカダ文化に特徴的なクラスであるが，その中でも地域性が存在するようである。アビドス地域では他の地域に比べてカバやワニの狩猟場面が多く，より力強くかつ宗教色が強いとされる（Finkenstaedt 1980）。

黒色刻文土器：Black Incised Pottery (N-class)

器面全体が黒色を呈し，刻文が施されていることからこの名が付けられている。文様は概して三角形を組み合わせたパターンで描かれ，その中にドットやラインが刻まれる。白色交線文土器

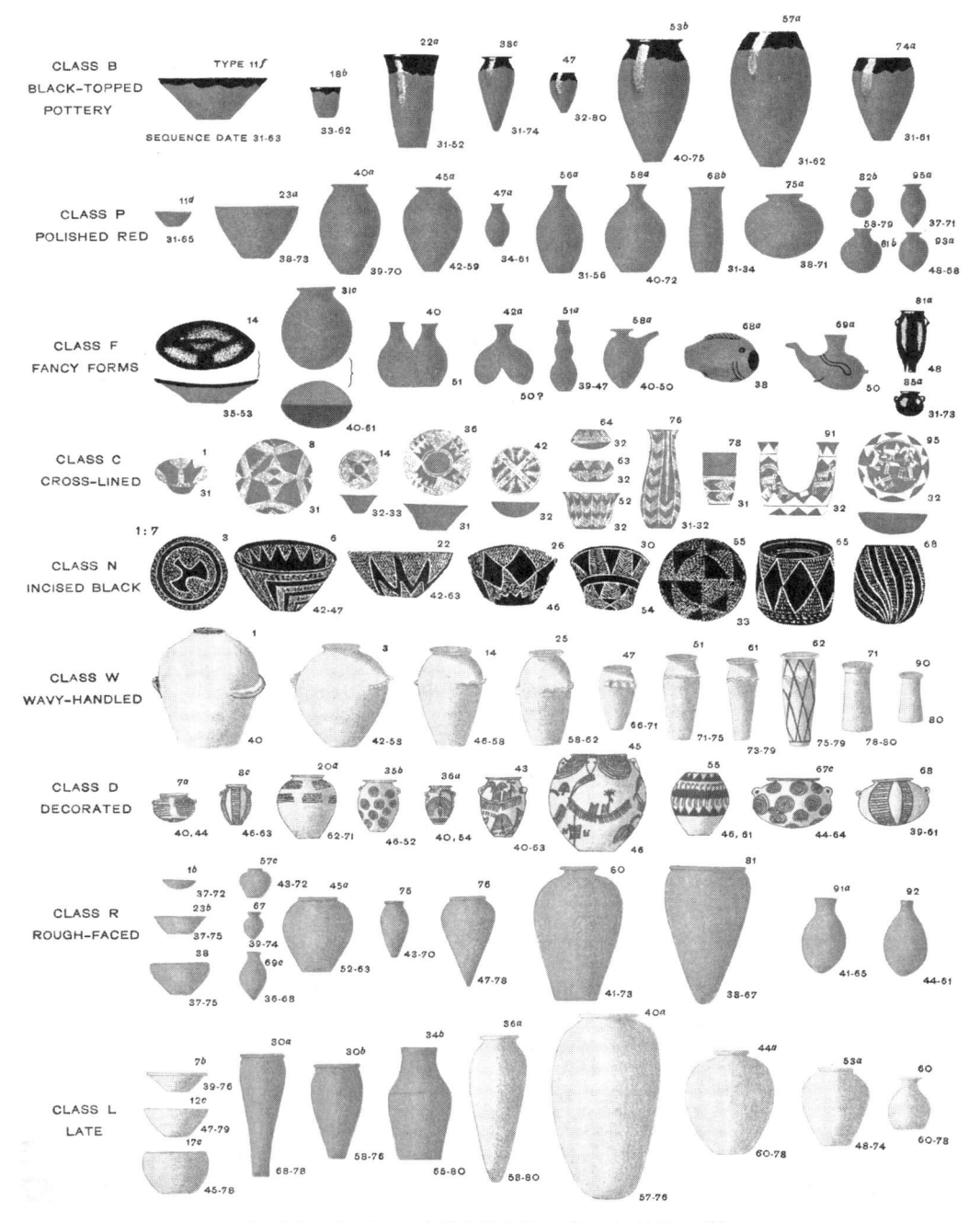

第5図　ピートリの土器分類クラス（Petrie 1901 口絵）

と同様，皿や碗が中心である。胎土はナイルシルトを主体とするが，細かなスサや白色の鉱物が含まれていることが多い（Payne 1993: 127）。なお，焼成温度が低いせいか，柔らかい又は脆い印象を受ける。ピートリはその生産地について，胎土や焼き上がりが他のクラスと異なることから，輸入土器と考えている（Petrie 1901: 14）。確かにヌビアでこの種の土器の出土例が多く，現在でも輸入品との意見は強いが（Nordström 1972: 28），中にはエジプトで模倣製作された例もあるようである（Baumgartel 1955: 100）。アーケルは，口縁上面に施される刻線文様の類似性から，その起源をスーダンのカルトゥーム新石器文化に求められると述べている（Arkell 1953）[6]。

特殊土器：Fancy Forms：(F-class)

他のクラスに分類できない土器，例えば注口土器や双口壺や高台付土器，動物を象った土器などが特殊土器としてまとめられている。中には全体を黒色に仕上げられたいわゆる黒色土器も含まれている[7]。特に，注口土器や瘤状突起付土器，高台付土器などは，その器形の類似性により西アジアからの搬入品または模倣品との意見がある（Amiran 1992）。ただ，胎土などの情報が欠落していることから，エジプトの製品か輸入品かの区別は難しく，多くの問題点を孕んだクラスである。胎土は基本的に黒頂や赤色磨研と同様ナイルシルトとされるが，分類の性格上，このクラスの土器がすべて同じ胎土であるかは不明である。

粗製土器：Rough-faced Pottery (R-class)

このクラスはスサの混入量が多く多孔質であることが特徴である（Friedman 1994: 99-100）。器面の色調は暗褐色から明赤色までさまざまであるが，スリップや磨研が施されることはない。胎土はナイルシルトが基本である。生活雑器として常に製作・使用されていたようで，集落址では一般的に出土するクラスである。

波状把手付土器：Wavy-handled Pottery (W-class)

この土器はピートリが相対編年を構築する際の資料の柱としたことで有名である。水平に付けられた波状把手が特徴とされているが，中には垂直方向の環状把手（loop handle）も含まれている。胎土は基本的にマールクレイとされている。なお，相対編年において初期にあたる器形（胴部が顕著に膨らんだ器形）の胎土分析では，レヴァント産という結果が出されている（Payne 1993: 127）。確かに，類似した器形がレヴァントの銅石器時代や前期青銅器時代に見られることから，当初はレヴァント地方から輸入され，その後エジプトで模倣されたとも考えられる。

彩文土器：Decorated Pottery (D-class)

外面に赤褐色の顔料を使って縦縞や波線文，渦巻文などの幾何学文様や動植物，舟などの装飾が特徴である。器形としては，球形に近い壺が主流で，水平方向の環状把手や穿孔突起を持つ例もある[8]。また，こうした器形は石製容器にも多く見られ，頻繁に描かれる渦巻文も石材の模倣に由来するとされること（Payne 1993: 101）から，彩文土器の中には石製容器の代替品として作られたものもあるのであろう。胎土は波状把手付土器と同様，基本的にはマールクレイとされる（Friedman 1994: 98）。このクラスの特徴である船やナイル川の動植物を描いたモチーフが画一的であることから，ある特定の工房，特にマールクレイを産出するナカダ周辺で限定的に製作され

38　第 2 章　土器の基礎的理解および分類と編年の研究史

ていたとの意見がある（Aksamit 1992）。

後期土器：Late Pottery (L-class)

　後期土器は，その分類基準が器面色調や装飾による他クラスとは異なり，時期によって括られている。ピートリがこうした区分を行ったのは，後期土器の器形が初期王朝時代の土器と似ており，また，時期的にもナカダの後期に主に見られるからとする（Petrie 1901: 16-17）。器形は縦長で尖底の壺が主流である（Patch 1991: 171; Petrie 1901: 17）。胎土は基本的にマールクレイとされ，硬質な焼き上がり呈する（Friedman 1994: 100）。

2　ピートリ分類の修正

　以上，ピートリの分類を述べたが，9つのクラスはどれもこの時代の土器の特徴を良く捉えはいるのである。しかし，その分類基準はさまざまで，一貫性に欠けるとの指摘がなされている（Friedman 1994: 90; Hendrickx 1996: 37; Wilkinson 1996: 21）。つまり黒頂土器，赤色磨研土器，黒色刻線文土器は器表面の色調で分類されている。しかし，白色交線文土器と彩文土器は装飾，粗製土器は胎土の混和材，また波状把手付土器と特殊土器は形態，そして後期土器は時期を基準として分類されているのである。また，クラス内における器形の分類も方法論的に統一性が欠けている。ウィルキンソンが述べるには，彼の集成（Petrie 1921）に掲載されているタイプの内，40％以上が 1 点のみの器形であるという（Wilkinson 1996: 21）。さらに，時期を基準として分類された後期土器の胎土はマールクレイとされているが，実際は粗製土器の胎土と類似するものも含まれており（Patch 1991: 171），更なる問題を抱えている（Hendrickx 1996: 37）。

　ただ，ピートリの分類・集成はナカダ文化を中心とする先王朝時代の土器を初めて体系的に扱うことを可能とし，当該時代の研究を促進させたことは確かであり，以下に述べる研究もピートリの分類に修正及び追加したものである。

A. ピートによる色調分類

　アビドスの U 墓地と E 墓地の発掘を行ったピートは，そこで得られた土器資料を詳細に観察し，ピートリによる分類の欠点を明示した（Peet 1914: 10-13）。彼は，後期土器クラスの中に，赤色磨研土器クラスとは器形も色調も異なる新たな赤色磨研土器が存在することを認識し，主に表面の色調を基準として分類を行った。そこでは，赤色スリップを Class A，黒色磨研を Class B（ピートリの黒色刻文に対応），滑らかな器面を Class C（ピートリの彩文，波状把手付，後期の一部に対応），スリップがなく粗い器面を Class D（ピートリの粗製と後期の一部に対応）とし，さらにそれぞれ下位のクラスを設定している[9)]。土器表面の色調を基準にしたピートの分類は，新たな視点をもたらしたが，アビドス遺跡しか資料として利用していないことや，その大部分においてピートリの分類と一致していたため，広く受け入れられることはなかった。

B. フェダーンによる改訂

　フェダーンは，現在ブルックリン博物館に収蔵されるドモルガンが上エジプトで発掘した資料の目録を作るために，土器分類を行った（Needler 1981: 70）。彼はピートリの集成における矛盾点

と不要な点を極力削除しつつも，彼の集成をできる限り維持しながら，分類の改訂版を編み出した。特殊土器クラスの代わりに，BP（黒色磨研）とB1（楕円形皿の黒頂土器）という分類基準を導入し，特殊土器に組み込まれていた他の器形は適当なクラスの中に組み込んだ。また，後期土器クラスを解消し，マールクレイの土器はS，赤色磨研されたマールクレイ土器はP1，半磨研された明赤色の皿形や，スリップがかけられ内面と外面上部が磨研された灰色のマールクレイ土器はP2として再編した。さらに，これまで線刻された土器に対して使われていた刻文黒色土器のクラスを，ヌビア起源のもの全てに使用するようにした。これら以外の点では，ピートリの分類を踏襲している。

C．マイヤーズの分類

1931～32年にカイロで土器に関する会議が催された。これは土器の記載方法に国際的な基準を設けるための会議であり，個々の土器に，胎土・スリップの色調や磨研・装飾の情報を記し，土器の機能や頻度を明記し，同一のスケールで記載することが取り決められた。この会議に出席したマイヤーズは，アルマント遺跡の土器資料を用いて，胎土を第1基準とした体系的分類を発表した（Mond and Myers 1937: 50-51）。これはエジプト先王朝研究において，胎土を基準とした最初の分類となる。マイヤーズは，胎土を主に以下の4つに分けた。

1) Nile Wareは，ナイルシルトで作られたもので，砂の混和はあるが，スサは一切入っていない。おおむねスリップが塗布され磨研が施され，不十分な焼成時間により断面が寒色系を呈する。これは，ピートリの黒頂，赤色磨研，白色交線文，黒色刻文，大抵の特殊に相当する。 2) Desert Wareは，マールクレイで作られたもので，砂が混ぜられている。ピートリの装飾，波状把手付，大抵の後期，若干の赤色磨研がこれに相当する。 3) Chaff Wareは，ナイルシルトで作られているが，スサが混和されている。焼成後の色調は暖色系で，器面が比較的粗いのが特徴である。これは，ピートリの粗製と若干の後期に相当する。 4) Grit Wareは，鉱物や貝殻，フリントチップなどが混入したもので，ピートリの粗製と雰囲気は似ているが胎土の点では根本的に異なる。焼成は良好で，きわめて硬質であるが，多孔質でもある。

さらに，マイヤーズは装飾を独立した属性として捉え，彩色をP，線刻をI，レリーフをRとして表記している。また，把手，磨研やスリップなどにも同じく独立した属性を与えた。このように，胎土を第1属性として分類したマイヤーズの研究は，現代的な土器分類と肩を並べるものであり，高く評価できるのであるが，なぜかこれまであまり参照されることはなかった。

D．ブラントンの分類

最後にバダリ文化の土器分類について触れたい。ナカダの前身とされるバダリ文化では，土器は全てナイルシルトで作られているが，中には見事に磨かれ櫛掻文様が施された黒頂土器など目を見張る土器も存在する。バダリ文化の遺跡を集中的に調査したブラントンは，ピートリの分類をモデルとしながらも，器表面の色調と磨研の有無を主な基準として，7つに分類した（Brunton and Caton-Thompson 1928: 20-24）[10]。

1) 褐色磨研黒頂土器（BB），2) 赤色磨研黒頂土器（BR），3) 赤色磨研土器（PR）の3つは磨

研された良質な胎土の精製土器である。4) 黒色土器 (AB) は，磨研されることもあるが胎土が粗い。5) 褐色土器 (SB) は，撫でによる器面の平滑化がされているが磨研はなく，胎土も粗い。6) 粗製土器 (RB) は，スサ等の混和材を多分に含み粗い胎土である。7) (MS) は，上記分類に含まれないものが含まれ，例えばピートリの特殊土器がこれに当たる。なお，当文化の特徴である櫛掻文様は，装飾要素として独立した属性が与えられている。ブラントンの分類は，精製と粗製という胎土の違いから出発している点で一定の評価を受けている。

3　近年の傾向

近年では，上述したピートリに始まる分類体系を維持しつつも，それから脱却しようとする動きが見られる。例えばデルタでは，ミンシャット・アブ・オマル遺跡を調査しているクローパー (Kroeper 1992; Kroeper and Wildung 1985: 37-74)，ブト遺跡で土器を担当したケーラー (Köhler 1998) などは，胎土と器形を第1義の分類属性とし，そして器表面の仕上げ，製作方法などの属性を第2義とする分類体系を構築している。上エジプトでも，エル・カブ遺跡の調査を行ったヘンドリックスが胎土と器形により分類している (Hendrickx 1994)。そして，以下詳述するヒエラコンポリス遺跡で用いられているフリードマンの分類体系も同じく胎土と器形を第1義の属性としたものである。

このように近年の土器分類は，胎土と器形を主要属性とした体系的で一貫性のあるもといえる。ただ，問題点としては各々の遺跡にしか対応していないことである。先王朝時代の土器に共通する分類体系の構築が望まれるところであるが，最近の傾向として，テル・エル＝ファルカ遺跡 (Maczynska 2004) やヘルワン遺跡 (Smythe 2004) など新たな調査隊では，胎土に関して，遺跡独自の分類にウィーンシステムを併記するようになってきている。ウィーンシステムは主に王朝時代の土器を対象とした分類であるが，先王朝時代の土器も粘土は基本的には同じであるため対応する部分が多々あり，その明確で詳細な胎土の分類基準は，遺跡間をつなぐインデックスとして有効とされる。

4　ウィーンシステム

そのウィーンシステムはエジプトの土器胎土の記述を一般化し，発掘現場等で視覚的に分類ができ，遺跡ごとの比較を可能にするための国際会議が1980年にウィーンで開かれ，その後確立された (Nordström and Bourriau 1993: 168-169)。中王国と新王国時代の資料が中心であり，先王朝時代に関しては発掘資料ではなく博物館などの所蔵資料が対象で，かつサンプル数はきわめて少ない。そのため先王朝時代の土器がすべてこのウィーンシステムに該当することはないが，上述したように近年このシステムを言及する傾向にあり，時代を問わずエジプトの土器研究では最も基本的な分類基準となっている。

現場での利用を目的としているため，できるだけ視覚的認識が可能な分類方法が採られている。サンプルを口縁に平行に裁断し，その新鮮な断面の顕微鏡観察（×30）に基づき分類される。観

察項目は，胎土の含有物，多孔率，硬性である。これら含有物は大きさと量により細分類され，大きさは鉱物が fine（60-250μ），medium（250-500μ），coarse（>500μ），スサが fine（<2mm），medium（2-5mm），coarse（>5mm）となる。その量は数字によって表され，1:scarce，2:common，3:abundant となる。

ウィーンシステムでは，ナイルシルトとマールクレイで胎土が大別される。ナイルシルトでは砂とスサの量と大きさによって Nile A, B, C, D, E に分類され，さらにその中で細かく分かれる。マールクレイも含有する石灰岩等の鉱物の量と質によって，Marl A, B, C, D, E に細分される。

以下，ウィーンシステムの中で，先王朝時代に関係する胎土のみ詳述したい（Bourriau, Nicholson and Rose 2000: 130-132; Nordström and Bourriau 1993: 169-182）。

Nile A

基質はシルトサイズの均質できめ細かな粘土である。含有物では砂（quartz）が最も多く，medium サイズが中心で，fine，coarse サイズは稀である。雲母の混入も一般的で，稀に fine サイズのスサを含む。スサのサイズにバリエーションがみられることから，砂は意図的に混入されたのではないとされる。700～750℃のコントロールされた焔で比較的長時間焼成され，断面の色調は一般的に褐色から灰褐色を呈する。多孔性は中から強で硬性は中である。

ピートリの黒頂土器，赤色磨研土器，白色交線文土器，マイヤーズの Nile Ware，ブラントンの磨研土器（BB, BR, PR）がこれに相当する。

Nile B1

基質はシルトサイズの粘土を比較的含んでいるが，Nile A ほど細かくない。砂は fine サイズが多いが，medium から coarse までまばらに含まれている。Nile A との違いはスサが意図的に混和されていることである。スサの量は scarce である。焼失したスサの珪素が，断面に点状の白いラインとして見える。一定の温度で長期間焼成されている。色調は，表面，断面とも一様に赤褐色であるが，断面には灰色や赤色に黒色の芯を残すことがある。多孔性は中から強で，硬性は弱から中である。

ピートリの黒頂土器，赤色磨研土器，白色交線文土器がこれに相当するとされていたが，これらにスサの意図的な混和があまり見られないため，現在ではこれらはほぼ Nile A に当たると考えられている（Friedman 1994: 112）。

Nile B2

基質は Nile B1 と類似するが，鉱物，スサなど含有物の大きさと量の点で上回る。砂は fine サイズが多く，medium をある程度含む。丸みのある coarse サイズの砂と石灰岩がまれに混入する。スサは fine から medium サイズが多く，まれに coarse サイズも見られる。スサの含有率は，ノードストロームによるヌビア新石器時代のダング（牛糞）胎土に相当する（Nordström 1972: 51-52）。断面の色調は一般的に褐色であるが，中心部が赤色で両側が紫色，黒色の芯を残すことがある。多孔性は弱から中，硬性は中から強である。

ピートリの粗製土器，マイヤーズの Chaff Ware が相当するが，スサの含有量によって下記の Nile C にも当てはまる。

Nile C

基質はあらゆる大きさの砂を含んだ，均質なシルトサイズの粘土である。Nile B との差異は含有物の量の多さにある。含有物の中ではスサが支配的であり，断面，表面とも視覚的に確認できるほどで，coarse サイズが中心的である。陶工が意図的に裁断したスサを混ぜていると考えられる（Friedman 1994: 113）。また，medium サイズの石灰岩，雲母，グロッグを含むこともある。焼成は 500～800℃と推定され，焔が均一でないためか，表面にパッチ状の黒斑が残る例がある。断面色調は灰褐色から赤褐色と幅があるが，断面が 2cm ほどの厚い土器は黒色の芯を残す。多孔性は強で，硬性は弱から中である。

ピートリの粗製土器，マイヤーズの Chaff Ware の中でこれに相当するものがある。

Marl A1

基質は比較的細かく均一なクレイサイズで構成され，fine から medium サイズの石灰岩粒を大量に含有する。石灰岩粒の平均的サイズは 60～400μ で，丸みがないことから混和材として意図的に混ぜられたものとされる。砂も含まれ，fine サイズが一般的である。また，暗色雲母も含まれる。スサ等の有機物の混入はあまりみられない。焼成は，石灰岩粒の融解がさほど進んでいないことから，800℃程度と推測される。断面色調は淡赤色から明赤色までであり，灰色の芯を残すこともある。多孔性は中，硬性は強である。

ピートリの波状把手付土器，彩文土器，後期土器の一部，マイヤーズの Desert Ware が相当する。

Marl A 2

基質は Marl A1 と同じで，含有鉱物がより細かく均一に分布するのが特徴である。その良質さから，十分な水簸がされた胎土と考えられている。焼成はコントロールされた焔で，1000℃程度の比較的高温で焼成されている。色調は器表面が淡赤色から明灰色までさまざまで，断面はおおむね淡赤色で芯を残さないのが多い。多孔性は弱，硬性は強である。

Marl A1 との差が微妙なため，同じくピートリの波状把手付土器，彩文土器，後期土器の一部，マイヤーズの Desert Ware もこれに相当する。

Marl A 4

Marl A の中でも特に粗い胎土が全てこれに分類される。よって，さまざまなサイズの砂とその他の鉱物，またスサも含まれる。焼成環境も資料によってさまざまであるが，一般点には 800～850℃，中にはカルシウムの融解が見られることから，高くは 1000℃であったと推定される。色調も明赤色から淡緑色までさまざまで，多孔性や硬性も弱から強と幅広い。

分類の性格上その対応幅は広く，上記と同じく，ピートリの波状把手付土器，彩文土器，後期土器の一部，マイヤーズの Desert Ware が含まれることとなる。

5 ヒエラコンポリスの土器分類

それでは次に本論で準拠するヒエラコンポリス遺跡の土器分類について述べたい。この遺跡の土器に関しては、1980年代にホフマンとベルガーによって初めて体系的な分類が編み出された（Hoffman and Berger 1982: 66-85）が、現在では、それを基本的には踏襲しつつも修正・追加したフリードマンの土器分類が採用されている（Friedman 1994）。彼女の分類は墓地資料のみを扱ったピートリの分類方法とは異なり、集落址も含めた資料を対象とし、さらに調査時にきわめて有効な破片資料にも対応できるものとして開発されている。また、彼女がこの分類体系を構築した目的はヒエラコンポリス、ナカダ、ヘママミエの3遺跡における土器の比較研究であったため、上エジプト全体をカバーできる分類体系でもあり、近年、アンダーソンによるマハスナ遺跡の調査でも採用されている（Anderson 2006）。今後は先王朝時代における土器分類のスタンダードとなるであろう。

さて、彼女の分類は胎土と器形を主属性とし、色調または磨研や装飾の器面調整の属性を加えたものとなっている。以下、その胎土と器形の分類をみていく。

A. 胎土分類

胎土の分類方法は基質と含有物（混和材）を基準とし、それに色調や焼成状況、多孔性や硬性も観察項目に挙げ、16の胎土クラスを設定している（Friedman 1994: 130-137）。以下、これら胎土クラスについて、最も普遍的に出土し、かつ本論の分析・考察でも主に参照するものを詳しく述べる（Friedman 1994: 138-162）。

クラス1　スサ混粗製ナイルシルト胎土

基質は細かく均質である。含有物はその名の通り、スサを大量に含む点が特徴であり、平均して全体の20～25％含まれている。焼成によりスサが焼失してできた長方形の孔隙（void）が器表面に多く見られ、その長さは1.5～2mmほどである。中には焼け切れずに灰色の繊維として残るものもある。この他、サイズの異なる砂、方解石または無水石膏と思われるカルシウムも含まれることがある。焼成は750～850℃と推定される。表面色調は暖色系が一般的で、明赤色と明褐色が最も多い。断面には黒色の芯を残すことが多く、特に1.5cm以上の厚みのある土器に多い。多孔性は強、硬性は弱である。特に集落址での出土が多い。

ピートリの粗製土器、マイヤーズのChaff Ware、ウィーンシステムのNile B2またはNile Cに相当する。

クラス2　精製ナイルシルト胎土

基質はきわめてきめの細かく均質で、大きさ0.1～0.2mmのシルトサイズで占められる。含有物は主に砂（石英）で、全体の20～40％を占める。焼成温度は800～900℃と推定される。このクラスはかつてホフマン等がPlum Red Wareと呼んだものであり、器表面は赤色スリップと磨研処理が施されている。断面色調は、明褐色から黒色まである。多孔性は弱で、硬性は強である。ナカダ文化内ではどの遺跡でも存在し、墓地と集落址の両方で出土する。

ピートリの黒頂土器，赤色磨研土器，白色交線文土器，マイヤーズの Nile Ware，ウィーンシステムの Nile A または Nile B1 に相当する。

クラス3　頁岩混粗製ナイルシルト胎土

基質は細かく均質で，含有物に大量の頁岩が含まれるのが特徴である。頁岩は長さ 2～10mm，幅 2～5mm，厚さ 1～2mm の板状を呈する。色調はおおむね褐色を呈し，断面に芯を残すことはあまりない。調理等で付着した煤が観察される資料も少なくない。多孔性は弱，硬性は強である。これは上エジプトの中でもアルマント遺跡からエドフにかけての地域に特有の胎土とされるが，近年ではその地域に入るアダイマ遺跡（Buchez 2004a: 17-19, 2004b: 677）のみならず，さらに南方の最終新石器時代のナブタ・プラヤ遺跡（Nelson 2002a: 14）やほぼ同時代のダクラ・オアシス（Hope 2002）でも確認されており，上エジプト南方および西方オアシスでは古くから利用されていたようである。

マイヤーズの Grit Ware に相当するが，ピートリの分類およびウィーンシステムには存在しない。

クラス9　砂混ナイルシルト胎土

基質は均質であるが，0.1～0.2mm ほどの砂粒の含有物が 30％ の密度で含まれる。中には丸みのある大きな砂も含まれる。また，スサや様々な鉱物も含有する。この胎土で作られる器形が概ねスサ混粗製ナイルシルト胎土と類似することから，スサ混粗製胎土の後時期の亜種と考えられている。断面の色調は，赤褐色と赤色の 2 種類があり，芯を残すことはない。出土地はヒエラコンポリス遺跡に限定される。

よって基本的には，ピートリの分類およびウィーンシステムには存在しない。

クラス5　炭酸カルシウム混ナイルシルト胎土

基質は精製ナイルシルトと同じくきめ細やかで均質であることから，素地自体はナイルシルトとされる。炭酸カルシウム（カルサイト）の含有物が特徴的であり，その粒子は直径 1～3mm ほどで，密度は 30％ にも達する。元来ナイルシルトに含まれるカルシウムの量は 2～4％ とされることから，意図的の混和材とみなされている。炭酸カルシウムの由来については，粉砕した貝殻や骨，または上エジプトに露呈する砂岩性ヌビア・フォーメーションの頁岩層内に含まれる生物化石層との見解もある。この他，雲母も少ないながら含む。焼成温度は 800～900℃ と推定される。色調は，表面，断面ともにおおむね橙色を呈し，灰色の芯を残すこともある。多孔性は弱で，硬性は強である。これはホフマン等が硬質オレンジ胎土（Hard Orange Ware）と呼んでいたもので，上エジプト全体で出土している。カルシウムを 30％ 含むことから，いわゆるマールクレイに分類される。

ピートリの彩文土器，波状把手付土器，後期土器，マイヤーズの Desert Ware，ウィーンシステムの Marl A1 に相当する。

クラス12：マール・ナイルシルト混合胎土

基質は比較的細かく均質である。含有物は炭酸カルシウム（カルサイト）が稀に肉眼観察で確認できる。非可塑性物質に石英，長石，角閃石が占める割合が高いことからナイルシルトとマー

ルクレイを混ぜた胎土とされる。焼成温度は850℃以上とされる。色調は褐色または赤褐色で，断面に芯をのこすことはない。

ピートリの彩文土器，波状把手付土器，後期土器，マイヤーズのDesert Wareの一部に相当し，ウィーンシステムのMarl A2に近い。

B. 器形分類

器形については，破片資料の類型化を基本とし，それと全体形状のわかる資料と統合して，器形のアッセンブリッジを構築している。底部から口縁にいたる器壁の形状と角度をもとに，まず開いた器形（クラス1）と閉じた器形（クラス2）に大別され，その中で全体形状により細分されている（Friedman 1994: 217-227）。また，破片資料に基礎を置くため，口縁および底部のみの形状分類も組まれている。以下，本論が準拠する，その器形分類のアッセンブリッジ（口縁形状の分類も含む）と底部形状の分類を載せる。なお，大きさに関しては，特に大型のものはタイプ番号の後にL，中型はMの文字を付けて表現される。また，これら器形タイプの表記は，最初に胎土クラスの番号を付けて表現される（例えば，スサ混粗製ナイルシルト胎土のモデルド・リム壺なら1-2bとなる）。

器形分類（タイプ）（第6図）

1a: 器壁が内湾もしくは垂直の鉢および碗。
1b: 器壁が口縁までほぼ真っ直ぐ伸びる碗。
1c: 器壁がほぼ垂直または若干外に広がるビーカー。
1d: 器壁が胴上部または口縁部で外湾するビーカー。
1e: 器壁が内湾する碗。
1f: 器壁が口縁部で外湾する浅めの碗。
1g: 器壁が口縁部で外湾する深めの碗。いわゆるミックス・ボール（mix-bowl）。
1h: 器壁が口縁部で外に折り返す深めの碗。
1j: 器壁が内湾し，口縁部で外に張り出す深めの碗。
1n: 大型の碗または皿。

2a: 口縁がシンプルな無頸の壺。
2b: 口縁部が若干外に折り返す無頸の壺。モデルド・リム壺（modeled-rim jar）。
2c: 口縁部が明瞭に外に折り返す有頸の壺。
2e: 頸部の絞まった有頸の壺。
2g: 口が広く，器壁が同上部で内湾する無頸の壺。
2h: 頸部の絞まりが若干甘い有頸の壺。
2n: 口が広く，口縁部に厚みのある甕。いわゆる貯蔵用壺（storage jar）。

底部分類（タイプ）（第7図）

底部はその形状によって，平底（F），丸底（R），尖底（P）に大きく分かれ，その中でさらに

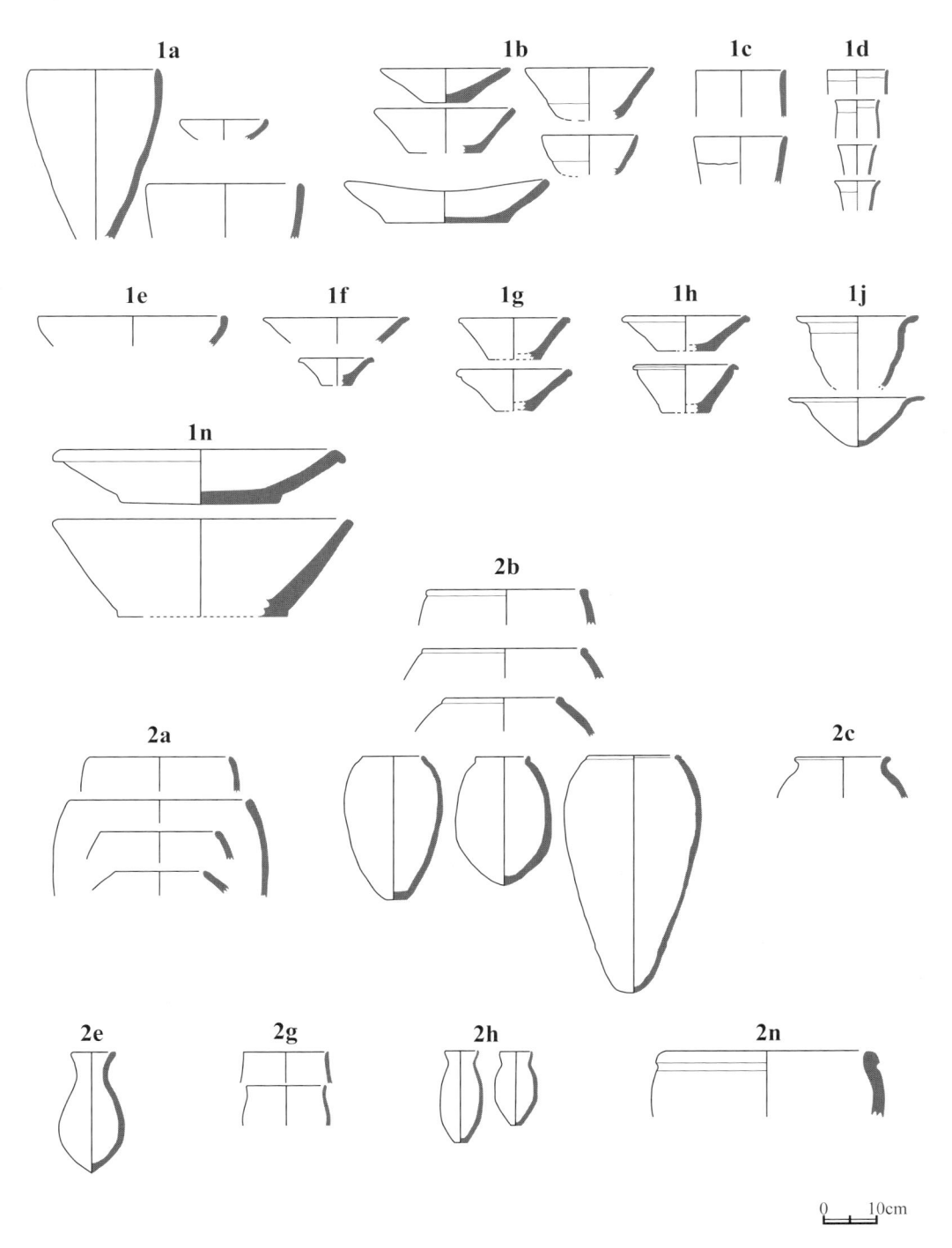

46 　第 2 章　土器の基礎的理解および分類と編年の研究史

第 6 図　ヒエラコンポリス遺跡における器形分類（Adams 2000: figs.6.4-9 を改訂）

細分される。

F1: 底部から胴部への器壁角度が 20〜40 度の平底。
F2: 底部から胴部への器壁角度が 50 度の平底。
F3: 底部から胴部への器壁角度が 60〜70 度の平底。
F4: 底部から胴部への器壁角度が 80〜90 度の平底。
F5: 底部から胴部が細身で小さい平底。
F6: 底部から胴部への器壁が内湾する平底。

R1: 幅広の丸底。
R2: 細身で断面形状が半球に近い丸底。

P1a:幅広で器壁が内湾する尖底。
P1b:細身で断面形状が逆三角形に近い尖底。
P2: 大型の碗または皿。

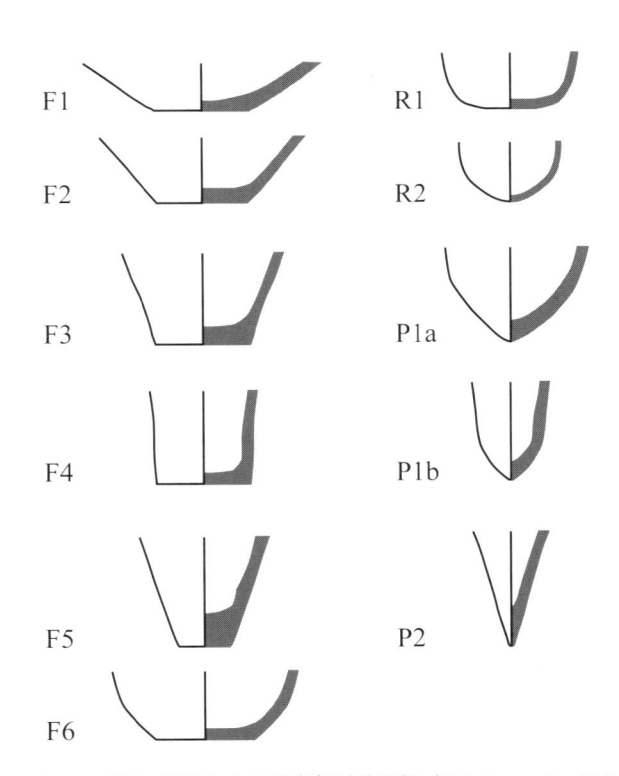

第 7 図　ヒエラコンポリス遺跡における底部形状分類（Friedman: fig. 6.19 を改訂）

第4節　土器編年の研究史

　先王朝時代の時間的かつ地域的な枠組みは，発掘資料の編年体系が構築されてはじめて捉えることが可能となった。特に文字資料のない先王朝時代では考古資料の編年基盤の確立が重要であり，事実，当該時代の研究は，編年の構築によって始まり，編年研究と共に歩んできた。その対象資料は主に，発掘調査で大量に出土する土器であり，当該時代の編年は土器編年ともいえる。先述したこれまでの土器の分類研究は，編年構築の基礎的作業として行われてきた側面が強い。

　よって編年研究でも出発点は，やはりピートリである。20世紀初頭に彼はS.D.法（Sequence-Dating System）を編み出し，それによってナカダ文化の相対編年が始めて構築された。S.D.法とはまず各遺物群のセリエーションを作り，このセリエーションを縦軸として共伴関係を頼りに横軸で繋ぎながら遺物群の相対的な位置を明らかにする方法である。ナイル渓谷に点在する遺跡は層位を形成することが稀であり，平面的に分布する墓は切り合いや重複関係を持つことも少ないため，遺物のみを扱うS.D.法は有効な手段である。

　ピートリの相対編年により，その後の膨大な発掘資料は体系化され，先王朝時代研究は飛躍的に前進したといえる。近年では，彼の基本的操作を踏襲しつつも，カイザー，そしてヘンドリックスによって改訂・修正され，現在，細かな編年区分の中で土器の時期を言及することが可能となっている。

　本論では，最も新しいヘンドリックスの編年に準拠するが，ここで，土器編年の研究史を概観し，現行の相対編年へと至る経緯と問題点を整理したい（第1表）。

1　ピートリの編年

　先王朝時代の編年体系を初めて形づくったピートリは，自ら発掘したナカダ遺跡やアバデイーヤ遺跡，フー遺跡等の膨大な土器資料を用いて，ナカダ文化内部を細分する編年を構築した（Petrie 1899・1901）。S.D.法によるその作業手順は，まず出土した土器を分類して，上述した9つのクラスを設定し，700を超える器形タイプの土器集成を作成した（Petrie 1921）[11]。そして，次に発掘した4000基の墓のなかで，5タイプ以上の土器を有する900基の未盗掘墓をカード化し，副葬された土器の情報をそこに記入した。そして，最後に土器タイプ等の類似性を基準としてカードを並べていった。ピートリはこの作業の段階で，主に2つの原理に基づいて序列を作っている。1つは，白色交線文土器（C-class）と波状把手付土器（W-class）の両者が相対的に共伴しない事実を突き止め，C-classを古い時期に，W-classを新しい時期にそれぞれ位置づけた。2つ目の原理は，W-classの波状把手が明瞭に突き出た把手から徐々に単なる装飾的ラインへと退化（痕跡器官）することと，それに伴い器形が球形から円筒形へと変化する傾向を発見し，W-classの新旧の序列をセリエーション全体の軸とした。W-classを含む墓をW-classのセリエーションに基づいて構築順に整理し，その後，W-classを含まない墓を，他クラスの各土器タイプの存続期間

第1表 相対編年の相関関係（Adams 1995: 25 をもとに作成）

	ピートリ S.D.	カイザー Stufen	ヘンドリックス Naqada	ウィルキンソン
第2王朝	85 83	IIIc3	IIID	
第1王朝	82 79	IIIc2	IIIC2 IIIC1	Armant 3
ナカダⅢ期	78 77 76 63	IIIc1 IIIb1-IIIb2 IIIa2 IIIa1	IIIC1 IIIB-IIIC1 IIIA1-IIIA2	
ナカダⅡ期	63	IId1-IId2	IID2 IID1 IIC	Armant 2b
	40/45	IIc	IIB IIA	Armant 2a
	40/45 38	IIb IIa		
ナカダⅠ期	38 30	Ic Ib Ia	IC IB IA	Armant 1
バダリ期	29 21			

が最も短くなるようにしながら，W-class を含む墓の間に挿入して全体のセリエーションを形成した。そして彼は，900 基のセリエーションを等分に任意の 51 グループに分け，各グループに古い順に 30 から 80 までの S.D. 番号を付した（第8図）。30 から始めたのは，後により古い時期の文化の発見を想定してスペースを残しておいたためである。また彼はこれと同時に，ナカダ文化を大きく 3 つの時期に区分し[12]，S.D.30〜37 がアムラ期，S.D.38〜60 がゲルゼ期，S.D.61〜80[13] がセマイネ期とした。

　ピートリの編年体系は，後の研究者によってさまざまな批判を受けることとなる。カイザーは，5 タイプ以上の土器を含む 900 基の墓は全体のわずか 25% しか満たしておらず，こうした限定的利用は編年を歪める結果になると指摘する（Kaiser 1956: 91-92）。また，編年の指標とした波状把手付土器はその初期の証拠が不十分であること，さらに，胴部が膨らんだ器形から円筒形へという一元的変化は必ずしも妥当ではないとする（Kaiser 1956: 92-95）。ヘンドリックスも，分類と編年が明確に区分されておらず，上述したように，セリエーション操作の根幹をなす土器のクラス分類とクラス内の器形分類を定義する基準や規則性にも欠けると批判している（Hendrickx 1996: 37）。

　こうした問題点を抱えていたものの，ピートリの編年は先王朝時代に初めて秩序を与え，後の研究を大きく発展させたとして高く評価される。後述するカイザーの編年案が打ち出される 1950 年代までの発掘報告では，すべてピートリの編年に準拠して遺跡の時期比定（Brunton 1937, 1948; Brunton and Caton-Thompson 1928; Mond and Myers 1937）がされ，現在でも S.D. 番号を併記す

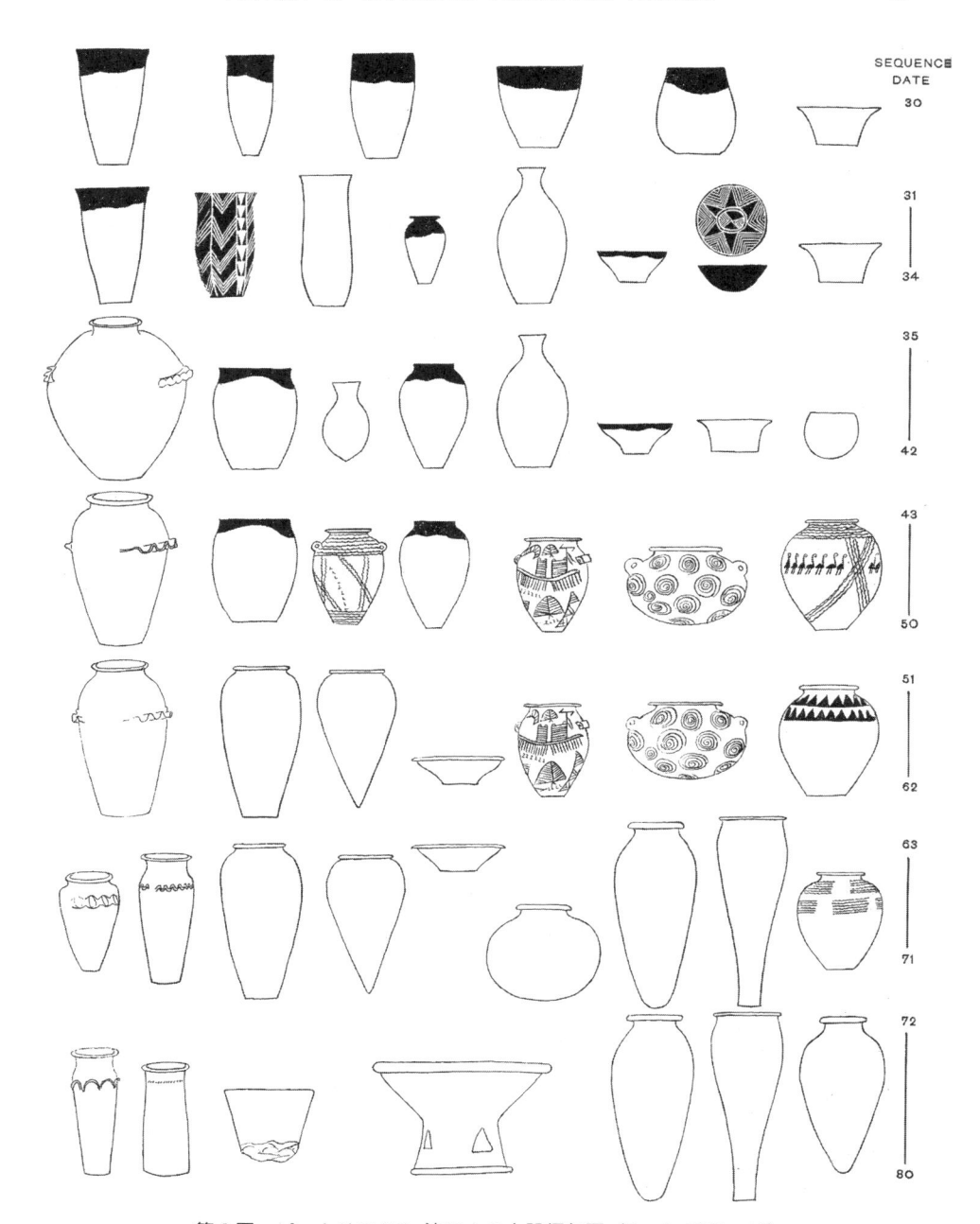

第 2 章　土器の基礎的理解および分類と編年の研究史

第 8 図　ピートリの S.D. 法による土器編年図（Petrie 1901: pl.2）

2 カイザーの編年

カイザーは，当時最も詳細に報告されていたアルマント 1400-1500 遺跡（Mond and Myers 1937）を利用し，遺物の平面分布という視点を加えて，先王朝時代の新たな編年体系を提示した（Kaiser 1957）。つまりピートリの研究で問題とされた，複数の墓地で限定的に墓を利用していたのに対し，カイザーは１つの墓地で出来る限り多くの墓を資料の対象としたのである。その方法は多すぎたピートリの器形タイプをまとめ，600以上出土しているアルマント遺跡の土器を 280 タイプに分けた。それを墓地の平面図にプロットし，黒頂土器（B-class），粗製土器（R-class），後期土器（L-class）がそれぞれ偏った分布傾向にあることから，それを時期的展開とみなし，3つの大きな編年的段階（Stufe I, II, III）として捉えた。この３つの段階をさらに細分して，全部で 11 の段階を提示した[14]。この細分の指標となったのは，新たな器形の出現と古い器形の消滅，それと全体的な傾向として看取される器形の漸次的変化（開いたものから閉じたものへ）である。さらに，段階設定の際に土器以外の遺物も扱い，パレット，石器や石製容器，さらには墓の規模や副葬された土器の多寡も加味している。

彼の編年体系は，土器のセリエーション情報だけではなく，墓地の平面分布という全く新しい分析方法を加えた点で，ピートリのいくつか問題点を解消したといえる。だが，これもまた問題を孕んでいる。アルマント遺跡は，そもそも初期の Stufen Ia-Ib と後期の Stufe IIIb 以降の資料に乏しく，この部分の段階設定は他の遺跡資料に基づいており，特に，後半の編年設定に改善の余地が多分に含まれていると言われる（Hendrickx 1996: 41-43）。また，カイザーはこの研究を通じてヌビアからデルタに及ぶナイル川下流域全体の編年体系を示したが，アルマント遺跡のみによる編年案を無批判に全地域に適応するのは問題との指摘もされている（Wilkinson 1996: 10）。

こうした問題はものの，カイザーはピートリの編年を大きく塗り替え，より洗練された分類体系を築いたと言えよう。それは次に述べる現行の体系の基礎となっている。

3 ヘンドリックスの修正

ヘンドリックスは，カイザーとほぼ同じ方法を，先王朝時代から初期王朝時代にいたる 14 遺跡において実践した[15]。つまり，それぞれの遺跡の遺構平面図に土器タイプの分布をプロットして，ピートリやカイザーによって作られた土器アッセンブリッジの平面的展開から編年考察を行ったわけである。その結果，ナカダ文化を大きく３時期に分け，さらに 11 に細分した。ヘンドリックスはこの３時期を Naqada I, II, III とし，細分の名称にはカイザーとの混同を避けるため，大文字を使って示している（例 Naqada IA）。区分数はカイザーと同じであるが，３時期の画期の置き方に違いがある。まず，最初の画期について，カイザーが区分した Stufe Ic と Stufe IIa よりも，Stufe IIa と Stufe IIb の間に求めるべきであると言う（Hendrickx 1996: 39）。なぜなら，カイザーが Stufe I の特徴とした黒頂土器の器形は，Stufe IIa でも依然多く，かつ Stufe II の特徴

とした粗製土器は Stufe IIb に入ってから台頭してくるからである。次の画期についても，Stufe IId2 と Stufe IIIa1 の間には土器アッセンブリッジに明瞭な差異がないとし，画期を与えるならば Stufe IIIa2 の前であるとする (Hendrickx 1996: 41)。

　彼が修正を迫るカイザーの問題点 Stufe IIa と Stufe IIIa1 は，ナカダ文化を3つに区分する画期であり，きわめて重要な問題であるが，近年，セリエーション分析を行ったウィルキンソンもヘンドリックスを支持している。彼は，初期国家形成過程の問題に対して社会経済的変化に注目し，墓地における副葬品数（土器）と墓の規模から分析研究を行ったが，その基盤作りとして，墓地ごとの相対編年を構築している (Wilkinson 1996: 31-65)。比較的詳細に資料が報告されている7つの遺跡（トゥーラ，タルカン，マトマール，モスタゲッダ，マハスナ，アルマント，ヒエラコンポリス）を利用し，ペトリーが提示した土器分類をクラス内でさらに大きくまとめ，コンピュータによるセリエーション分析を行っている。結果，ウィルキンソンもナカダ文化を3時期に区分した。カイザーとの関係においては，7遺跡において共通する最初の大きな区分点は Stufe IIa と Stufe IIb の間であり，第2の大きな区分点は Stufe IIIa1 と Stufe IIIa2 の間とし，さらに Stufe IIIa1 に対応する区分はないとする (Wilkinson 1996: 63)。つまりコンピュータによるウィルキンソンのセリエーション分析からも，ヘンドリックスの修正案は賛同されている。

4　ま　と　め

　このように最新のヘンドリックスの編年は出来る限り多くの遺跡を対象とし，カイザー編年の弱点であった初期と後期の資料も扱いつつそれを修正した点において，現状では最も優れた編年と評価できる。また，ヒエラコンポリス遺跡も含めて近年の調査隊では彼の編年案を採用していることからも，本論ではヘンドリックスの編年案に準拠して遺構・遺物の年代を記述する。

第5節　土器の編年的枠組み

　最後に，ヒエラコンポリス遺跡の分類体系をヘンドリックスの編年体系に当てはめ，ナカダ文化における各胎土クラスの出現と衰退，つまり編年的枠組みを把握しておきたい。なお，胎土に注目するのは，器形に比べてその歴史的背景や意味合いが強いと考えられるからであり，次章以降の考察でも胎土クラスの時期的推移が重要な視点となってくるからである。

1　資　料

　資料には，ヘンドリックスが作成したデータベースを用いる[16]。これは，1997年時点までに報告された先王朝時代と初期王朝時代の墓地を主体とする出土資料を全て収集したもので，土器のみならず石製容器やパレットなどほぼ全ての遺物が含まれ，総計33,399点がエントリーされている。土器資料については，時期はヘンドリックス自身の編年が用いられ，分類は主にピートリのタイプ番号が付記されている。

第 5 節　土器の編年的枠組み　53

第 2 表　ナカダ文化における土器の分類クラス組成

ピートリのクラス	P	B	C	R	D	W	L	合計
	点数	点数	点数	点数	点数	点数	点数	点数
ナカダ I 期	196	453	94	21	3	0	1	768
ナカダ II A-B 期	288	672	7	340	29	0	14	1350
ナカダ II C-D 期	830	328	0	1753	290	263	366	3830
ナカダ III 期	331	4	113	300	46	301	865	1960
合計	1645	1457	214	2414	368	564	1246	7908

　さて，この資料群ではピートリの分類体系に則しているので，ここで今一度，ヒエラコンポリス遺跡とピートリの分類の対応関係をおさらいしたい。ヒエラコンポリス遺跡の精製ナイルシルト胎土は，ピートリの赤色磨研，黒頂，白色交線文土器に，スサ混粗製ナイルシルト胎土は粗製土器にそれぞれ相当する。炭酸カルシウム混ナイルシルト胎土またはマール・ナイルシルト混合胎土は，いわゆるマールクレイであり，これは装飾，波状把手付，後期土器にほぼ相当する。

　ピートリの分類クラスにはこの他にも，刻文黒色土器と特殊土器があるが，その性格上，ヒエラコンポリス遺跡との対応関係が判然としないため，ここでは除外することとする。

　以上の視点によってヘンドリックスのデータベースから抽出したものが第 2 表となる。

2　胎土の時期的推移

　これを時期ごとにパーセンテージで表現したのが第 9 図となる。先ず精製ナイルシルト胎土に注目すると，赤色磨研土器はそれほど高い割合ではないものの時期を通じて 20％前後と安定しているが，黒頂土器はナカダ I 期では全体の半分以上（59％）を占めていたものの，時期を経ると極端にその割合が減少する。その一方で，スサ混粗製ナイルシルト土器（粗製土器）がナカダ II 期以降増加し，II 期後半にはその割合が全体の半分近く（45.8％）までに上昇する。マールクレイの炭酸カルシウム混ナイルシルト胎土は，装飾土器や後期土器などナカダ I 期や II 期前半にも存在するものの，その割合はきわめて低く，本格的に出現するのはナカダ II 期後半からであり，ナカダ III 期に至っては炭酸カルシウム混胎土の割合が全体の半分以上（61.8％）を占めるようになる。

　つまりナカダ文化全体の大きな流れとして，ナカダ I 期とナカダ II 期前半では黒頂土器を主体とする精製ナイルシルト胎土が優勢であったが，ナカダ II 期後半では，II 期前半から台頭するスサ混粗製ナイルシルト胎土にその主体が移る。そしてナカダ III 期になると，ナカダ II 期後半から現れるマール胎土が圧倒的となる構図が見てとれる。具体的にはマールクレイで最初につくられた装飾土器の初現はナカダ II B 期となる（Friedman 1994: 909）。

　なお，ヒエラコンポリス遺跡では上エジプト南方に特有の頁岩混粗製ナイルシルト胎土が存在するが，これはおおむねナカダ I 期を中心に II 期まで残るとされる（Buchez 2004a: 18, 2004b: 677; Friedman 1994: 669, 867）。

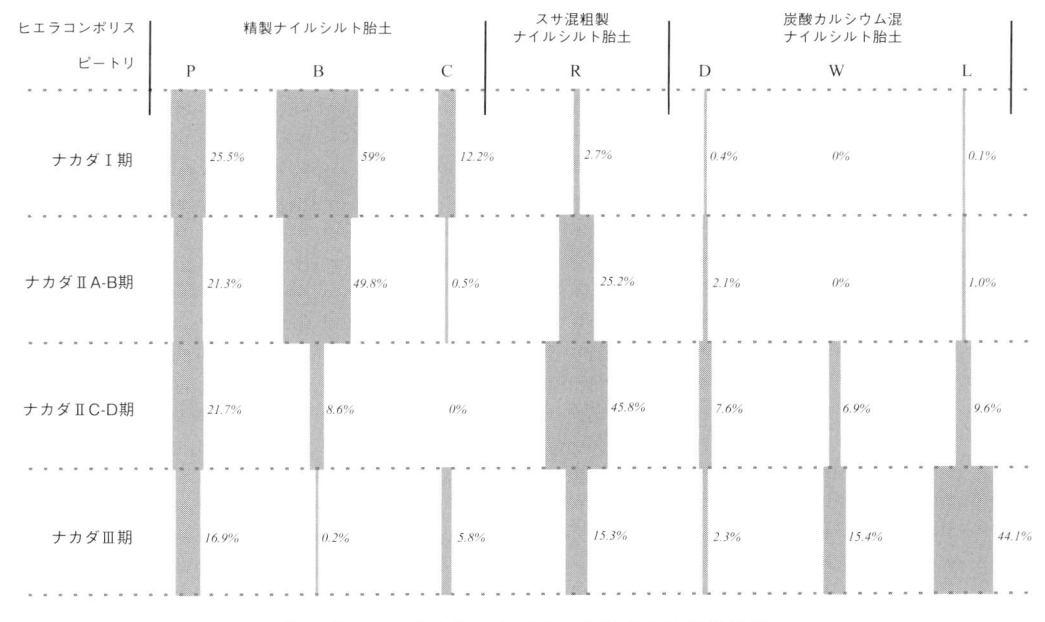

第2章 土器の基礎的理解および分類と編年の研究史

ヒエラコンポリス	精製ナイルシルト胎土			スサ混粗製ナイルシルト胎土		炭酸カルシウム混ナイルシルト胎土	
ピートリ	P	B	C	R	D	W	L
ナカダⅠ期	25.5%	59%	12.2%	2.7%	0.4%	0%	0.1%
ナカダⅡA-B期	21.3%	49.8%	0.5%	25.2%	2.1%	0%	1.0%
ナカダⅡC-D期	21.7%	8.6%	0%	45.8%	7.6%	6.9%	9.6%
ナカダⅢ期	16.9%	0.2%	5.8%	15.3%	2.3%	15.4%	44.1%

第9図 ナカダ文化における土器胎土の時期的推移

　こうした傾向は，これまでカイザーやヘンドリックスなどの編年研究者も示唆しているが，だが全体的な傾向を明示したものはなかった。しかし，土器に利用された胎土の時期的推移を明確に把握することは，製作技術の解明を主眼とする本論にとっては重要であり，この編年的枠組みを基礎として論じていくこととする。

註
1) おおむね0.002mm以下に設定している分類が多いが，ただこれは絶対的ではなく国や学会によって異なる（Rice 1987: fig.2.2）。ここではエジプト学で最も参照される分類基準を記載した（Nordström and Bourriau 1993: fig.1）。
2) 粘土の堆積岩の中で，層状に剥がれるものを頁岩，そうでないものを泥岩と呼び，両者に本質的な違いはない。
3) この両者の名称でシルトとクレイが使い分けられているが，鉱物学的な定義に基づいているわけではなく，慣例的にエジプト学で用いられている呼称であり，本論でもそれに倣うこととする。なおこの他，代表的な粘土として，アスワン近郊で採取されるカオリンクレイがあるが，その使用はローマ時代になってからである。これは水酸化鉄を豊富に含み酸化焔環境で明赤色に発色する（Nordström and Bourriau 1993: 160）。
4) ナカダ遺跡から約40km北西のナイル川が西方に蛇行する南岸に位置する。ここにはフゥ，アバディヤ，セマイネの3墓地が含まれる。
5) ケルマビーカーと言われ，ナカダ文化の土器とは若干異なり，極端に器厚が薄く黒色帯と赤色の境界に灰色帯を有するのが特徴である。

第5節 土器の編年的枠組み

6) 筆者はヒエラコンポリス遺跡でヌビアCグループの黒色刻文土器を実見したことがある。Cグループは第2中間期にあたるが、装飾は先王朝と極めて類似する。焼きも極めて甘く、焼結を向かえず脆い。こうした特徴も先王朝時代と同じであり、ヌビアでは土器伝統が長く続いていたことを想起させる。

7) この黒色土器の胎土は、概ね黒頂土器や赤色磨研土器と同じとされている（Friedman 1994: 95）。

8) アミランによると、穿孔突起は、被せた蓋を縛るためのループであり、よって装飾土器は蜂蜜など高価なものを運ぶための壺であったと述べている（Amiran 1992: 427）。

9) Class Aでは、A1は磨研されていない赤色、A2〜4はピートリの黒頂、赤色磨研、白色交線文に対応し、A5は暗紫色の非磨研、A6は暗紫色の磨研である。

10) 分類名称に2文字の略記が与えられているのは、ピートリのクラス名称と混同しないためである。

11) ここで言うタイプとは、器形のバリエーションである。

12) 彼は3時期区分を遺物の変化から導き出したが、当初、その変化の原因を他民族の侵入および民族の交替で説明しようとした（Petrie 1901, 1939）。

13) 後に原王朝の編年構築により、S.D.60〜75へと変更した（Petrie 1953）。

14) カイザーはその後、Stufeの修正版を報告しており、第1王朝の終わりまで編年を伸ばし、計15の細区分を提示している（Kaiser 1990）。

15) この研究は、ベルギー・ルーヴァンカトリック大学に提出された博士論文であり、オランダ語で書かれているため、ここでは英語による要旨を参照している（Hendrickx 1996）。

16) このデータベースは、2002年の国際学会後にヘンドリックスから提供を受けた。

第3章　土器製作技術の先行研究と課題

　ここでは，土器製作の工程ごとに技術に関する先学の研究史をまとめ，その現状と課題について述べることとする。古代エジプトの土器研究に関しては，アーノルドとボリオが編纂した名著（Arnold and Bourriau 1993）がある。先王朝時代の製作技術についても若干触れられている。また，先王朝時代の土器製作技術を扱った論考も少なからずあり，それはヒエラコンポリス遺跡の事例が多く，胎土分析なども実施されている。以下では，製作技術一般に関する欧米の研究事例も参照しながら，これらエジプトの先行研究の現状と課題を把握し，本論における技術研究の視点や方向性，分析方法を明示したい。

第1節　粘土採取

　土器づくりは粘土の採取に始まる。粘土の性質は最終的な土器の仕上がりを大きく左右し，かつ製作工程全体に影響を与えることから，粘土の選択は，土器製作の根幹とも言える。また粘土の採取は，工房の立地と密接に関係してくるので，採取地の特定も重要な課題となる。なぜなら，採取地と工房の位置関係を把握することは，工房がそこに所在する目的や意味を理解することにつながり，さらにそれは生産形態を推し量る1つの指標にもなる。つまり粘土採取に関しては，利用された粘土の特性を理解してその産地を特定すること，そして，工房の位置関係を検討することが課題となる。

　まず採取地の問題であるが，第2章で示したとおり，エジプトではナイルシルトとマールクレイが代表的な粘土とされるが，これらはどこでどのように採取されたのか。ナイルシルトはナイル川の沖積地，マールクレイはカルシウム質堆積岩の露頭またはその付近とされるが（Arnold and Bourriau 1993: 11-12; Bourriau, Nicholson and Rose 2000: 122），実際のところ，その正確な採取地点は明らかとなっていない。その理由は，ナイル川の運ぶ沖積土は，北から南までその性質がほぼ均一であり，またマールクレイも，露頭地域がエスナ付近からカイロ近郊までのナイル渓谷内と限定されてはいるものの，性質が均一なためか，化学分析でも正確な採取地点の特定には至っていない（Redmount 1996; Riederer 1992）。

　しかし，これまで粘土の採取場所が明確にされなかった理由は，こうした研究自体が少ないことと，エジプト全体というマクロ的視野で語られていたことに起因すると思われる。例えば数少ない研究の中で先駆的な例として挙げられるトビア等の研究では，アレキサンドリアから下ヌビアおよびオアシスに至る異なる地質の粘土サンプルと，初期王朝からプトレマイオス朝の土器片をそれぞれ化学分析で比較検討したが，結果，古代土器がおおむねナイル沖積土から作られてい

ることは判明したものの，採取地の特定にまでは至らなかった（Tobia and Sayre 1974）。つまり，対象が広すぎたのである。

よって，採取地の特定に必要なことは，ミクロな視野，つまり遺構，遺跡，地域などある程度範囲を限定することと考える。

ヒエラコンポリス遺跡では，すでに1980年代から土器製作に関する一連の理化学分析が行われ，採取地の問題もそのなかで取り上げられている。今述べたように，対象を遺跡内に地域を限定して，土器利用粘土の母岩を特定する試みも行われている。しかし，これまでのところ粘土採取地については意見の一致をみていない。アレン等の研究では，土器と粘土サンプルには出土地または採取場所の近いものどうしに鉱物組成の類似性がみられることから，粘土は製作場の近くで採取されたと述べる（Allen *et al*. 1982）。その後のハムルーシュによる分析では，出土場所に対応した相違点は見いだせないとする（Hamroush 1992）。なお，これは両者に言えることだが，粘土をサンプリングした場所が明示されていないため，追検証ができない問題もある。

このように，土器研究の進むヒエラコンポリス遺跡の事例でも，利用粘土の採取場所に関してはさらなる検討が必要な状況であり，本論で新たに分析を行う意義は大きい。

その分析方法であるが，序章で示したように粘土の特性は，母岩と生成過程に大きく左右されることから，その理解にはやはり，既往研究と同様，物理的・理化学的アプローチが有効である。具体的には，ヒエラコンポリス遺跡内に地域を限定し，その資源環境のなかで入手可能な粘土と，その範囲内で出土する土器の胎土を比較分析することで，粘土の採取地を特定する方法をとる。胎土分析の方法は，第5章で詳しく論じることにする。

さて，粘土採取地と関連して，次の課題は工房の立地である。これに関する問題は，考古資料に乏しいエジプトでは皆無であり，欧米の研究でももっぱら民族誌を活用した事例が多い。システム論的研究を展開したアーノルドは，資源獲得にかかる距離とコストと利益の関係に着目し，経済的に保たれる工房からの限界距離は，粘土では7km以内，混和材では6〜9km以内とするモデルを提示し，なかでも民族事例として最も多かったのが1km以内であると述べる（Arnold 1985: 32-60）。彼の理論的背景には，資源の獲得は自然環境への適応戦略とする環境決定論が強く影響しており，材料のある場所が工房の位置を決めると考えているようである。

これに対し，経済や社会の要因を強調する研究もある。例えばニクリンは民族事例において，環境資源の分布状況と工房に一定した関係は見られず，それよりも土器とその製作行為がもつ役割や意味，例えば交換やタブーといった経済的・社会的要素が大きく左右していると述べる（Nicklin 1979）。また，ライスは，社会的要因の中でも直接的に関係するのは，生産の規模と集約性であるとする（Rice 1987: 116-117）。

こうしてみると，工房の位置は，資源との関係のみならず，さまざまな要因が絡んで決定されているものと思われる。その要因を探る視点としては主に，環境，経済，社会の3つが挙げられる。環境的視点は，まさに自然環境から工房の置かれた要因を検討する見方である。自然環境には，粘土を産出する地質，燃料等に関連する植生，または風や地形や標高といった自然地理など

の要素が含まれる。経済的視点とは，資源獲得や流通・消費にかかるコストに着目したものである。例えば，工房と材料の獲得場所，または消費地との距離が近接していれば，コストを抑えるために選定されたと考えることも可能である。社会的視点とは，生産の形態や規模，マーケットの需要，陶工の社会的立場などから立地要因を探るものである。大規模生産であれば大量の材料が必要となり，工房はその獲得場所に隣接する可能性が考えられ，また逆に消費者のニーズ（例えばパトロンなど）に応える必要があれば，資源を産出する場所から離れることも考えられるであろう。

後述するように，近年ヒエラコンポリス遺跡で検出された土器焼成遺構は，沖積地から2kmほど離れた涸れ谷内という特異な場所に位置する。その目的と意味を探るのが本論の1つの課題でもあるが，それは陶工の生産形態とも絡んでくる問題であり，これには上記の複合的視点から検討を加える必要があろう。

第2節　素地づくり

採取してすぐに土器の素地として使える粘土は少なく，一般的には下準備が必要となる。素地の準備には，破砕，夾雑物の除去，混和材の添加，混練，ねかし，といった作業が含まれるが，その中でも素地の最終的な仕上がりを大きく左右するのが，夾雑物の除去と混和材の添加である（Rice 1987: 118）。

夾雑物の除去には様々な方法がある。最も単純には素手で取り除くだけで終わる。また，磨りつぶして篩いにかけることもある。確実に不純物を取り除き，かつ粘土のキメを揃える方法は水簸である。水簸とは水中における粒子の大きさによって沈殿速度が異なる現象を利用し，下層に沈殿する砂利や粗粒，不純物を取り除き，きめ細かい粒子だけを採取する方法である。粘土の質にもよるが，水簸は現在，素地づくりで一般的に行われる精製方法であり，それは現代のエジプトでもみることができる。管見によれば，ヒエラコンポリス遺跡近郊の土器工房では，轆轤のある作業小屋のすぐ隣の地面に直径2mほどのピットを掘り，そこで沖積地で採取したナイルシルトを水簸していた。また，マールクレイ土器の生産地として知られるバラースの工房でも，地面を掘って石を敷き詰めた直径2mほどの水簸槽を完備していた。ニコルソンによれば，ここでは水牛を歩かせて粘土と水を混練するようである（Nicholson and Patterson 1985: 225）。

それでは，古代においてもこうした水簸が行われていたのであろうか。現代エジプトにみられる水簸槽の存在が一つの判断基準となりそうだが，そのような遺構は，王朝時代の土器工房址でいくつか検出されている。第1中間期のアイン・アシル遺跡（Soukiassian et al. 1990: 46-48），新王国時代のアマルナ遺跡（Kirby 1989）とカルナック東遺跡（Redford 1981）では，表面が粘土膜で覆われたピットが工房近くで見つかっている。しかし，実際にこうしたピットで厳密な意味での水簸が行われていたかどうかは判断が難しく，ニコルソンは，単に粘土と水を混ぜて捏ねるための施設であったと指摘する（Nicholson 2007: 150）。その理由として，新王国時代の胎土にはそれほ

ど緻密な粘土が用いられていないことから、そもそも水簸する必要があるのかと懐疑する。確かに、ウィーンシステムにおいて、ナイルシルトの中で最も均質で緻密な胎土とされる Nile A は、王朝時代の土器にはあまりみられない。むしろ Nile A の胎土は先王朝時代の土器に中心的にみられる。

これまでのところ、先王朝時代で水簸施設の遺構は見つかっていないが、土器片の化学分析等からその存在が示唆されている。ヒエラコンポリス遺跡における一連の分析によれば、精製ナイルシルト胎土の土器は、粗製の胎土に比べて、含有する砕片鉱物粒（特に石英）が細かく均質であることから、水簸によって意図的に粗い破砕物が取り除かれたとされる（Allen *et al.* 1989: 55; Hamroush 1985: 278-281; Hamroush *et al.* 1992: 46）。また、精製の胎土にカルサイト等のカルシウムの含有量が比較的多く、その理由として、水簸による上層の粘土を得る際に比重の軽いカルシウムが自然と多く混入したためとする（Allen *et al.* 1989: 55）。

確かに先王朝時代の精製胎土土器は、破砕鉱物等の含有率が低く、基質も均質で緻密であることが最大の特徴であり、水簸によって素地が精製された可能性は極めて高い。一方、スサや頁岩を混和した粗製ナイルシルト胎土の土器は、基質に破砕鉱物が多く、その大きさも不均一とされ、水簸の工程を経ずに素地がつくられたとも考えられる。第2章で述べたように、精製と粗製は同じナイルシルトを母体としていることから、両者の違いを生み出す最初の分岐点が水簸工程の有無と思われ、この解明が素地づくりに関する最初の課題となる。

次に、素地づくりでもう一つの重要な点が、混和材である。混和材には一般的に、砂粒（石英など）や破砕鉱物、貝、スサや灰、獣糞、などさまざまな物質が用いられる（Rice 1987: 118）。その目的は、粘土本来の質にもよるが、主に素地の粘性の調整と均質さの低減である。粘性を調整することで、成形を容易にし、型くずれを抑えられ、また均質さを低減することで、乾燥時のひび割れや焼成時の破損を防ぎ、さらに焼成時間の短縮も期待できる。また用途も混和材の選択に強く関わってくる。例えばスサなどの混和は、上記の製作時の効果のみならず、焼成によりスサが焼失するため土器が軽くなり、運搬用に適した容器となる（Skibo *et al.* 1989）。また、ヒエラコンポリス遺跡にみる頁岩混粗製ナイルシルト胎土土器は、頁岩片の含有により熱に強く、調理用の土器とみなされている（Buchez 2004b: 678; Friedman 1994: 260）。

つまり混和材の選択は、製作時の効果を求めた陶工による判断と、用途や機能を求めた社会的要求によって決定され、これを念頭に置きながら混和材の意味を検討する必要がある。

以上のように、素地づくりの工程では水簸と混和材が大きなテーマとなるが、ここでさらに注目されるのが、精製と粗製の生産体制である。つまり、両者の土器は同一の生産者によるものなのか、それとも別の生産者がそれぞれ製作していたのか、という問題である。素地づくりの段階で水簸され、または混和材を加えたかどうかの差は、最終的な仕上がりを左右するだけではなく、成形や焼成など後の製作工程にも大きく影響を与えてくる。もし、同一生産者が精製と粗製の両者を製作していたとなれば、彼らは平行した2つの生産ラインを同時に持っていたとも考えられる。その逆であれば、同じ粘土を共有しつつも、それぞれ異なる生産グループが存在したことに

なる。

このように素地づくりの問題は生産体制にまで絡んでくる大きな課題である。これについては，第5章の胎土分析において理化学的な視点から素地の性質を理解し，それを足がかりに第7章で生産形態の議論を進めることとする。

第3節　成　形・調　整

　胎土の素地ができたら，容器を形づくる成形の工程へと移る。民族事例でも明らかのように，土器の成形技法は多岐にわたるが（小林 2005），それを知ることは陶工が有する技術の歴史的背景や地域性，または生産形態と社会や経済の関係などを理解する重要な手掛かりとなる（Sinopoli 1991）。

　成形方法のバリエーションには一般的に，手捏ね（pinching），板づくり（slab building），型づくり（molding），紐づくり（coiling or ringing），轆轤挽き（wheel throwing）があるとされる（Rye 1981: 66-83）。これらは容器の祖形を作る1次成形技法と呼ばれ，叩きなどは2次成形技法となる。このレパートリは古代エジプトでもほぼ同じとされるが，アーノルドによると，これら成形技法の出現時期はそれぞれ異なるようである（Arnold and Bourriau 1993: 15-83）。以下，これらの成形技法の詳細と時期をみてみよう。

　最初の手捏ねは，粘土塊を指で摘み上げたり押し広げたりして成形する技法であるが，この最も単純な技法の歴史は古く，メリムダやファイユーム等の新石器時代の土器がこれによって作られていることが確認されている（Arnold and Bourriau 1993: 16）。また，民族誌によると，現代でもこの成形技法はエジプトで見られるようである（齋藤 2005）。おおむね小型の土器の製作に用いられている。

　板づくりとは，平たい板状にしておいた粘土を丸める，または小さな粘土板をパッチ状に繋ぎ合わせるなどして成形する技法であり，大型の土器を素早く成形するのに適した方法とされる（Rye 1981: 71）。古くから採用されていたようであり，メリムダやナカダⅠ期の土器で板づくり技法が確認されている。ただこの技法は特定が難しく，それは粘土板が小さければ，後述する紐づくり成形と似た器面を呈するからとされる（Arnold and Bourriau 1993: 28-29）。

　型づくりは，木製や土製の型または籠や地面の窪みなどに粘土を貼り付けた後，型を抜いてつくる技法である。古王国時代以降に存在が顕著となるパン型土器やいわゆるメイドゥーム・ボールがその代表とされる（Arnold and Bourriau 1993: 20-22）。

　この型づくりに近い技法の1つに叩き成形がある。これは工具を用いて器面を叩くことで成形していくものである。その方法は多様で，型づくりのように地面の窪みを利用して土器の内面を叩いて伸ばしていくものや，手や工具で器面を押さえつつ逆の面から叩く方法等がある。窪みを使う前者は，主にヌビアCグループの土器の成形に利用されおり，現在でもファイユームやバラースの一部でみられる（Arnold and Bourriau 1993: 17-18; Nicholson 2002; van der Kooij and Wendrich

2002)。一方，後者の叩き成形は後述する紐づくりによって作られた祖形を整える際に用いるなど，主に2次的な成形技法とされる（Rye 1981: 84）。ナカダ文化からすでにこの技法は採られていたようで，黒頂土器等の内面には工具で叩かれた長円形の痕がしばしばみられるとのことである（Arnold and Bourriau 1993: 17）。

紐づくりは細長く紐状にした粘土を使って成形する技法である。この成形技法には，輪状の粘土紐を一段ずつ積み上げてゆく「輪積み法」と，長い粘土紐をぐるぐると巻き上げてゆく「巻き上げ法」の2つの技法がある（可児 2005: 54）。この2つの技法は，準備する粘土紐の長さやその積み上げの仕方が異なることから，日本の研究者は峻別するが，欧米ではあまり意識されていないようである[1)]。いずれにせよ，こうした紐づくり技法はナカダ文化の時期から既に採用されていたようで，それは土器の内面に粘土紐を圧着して接合した痕跡により確認される（Arnold and Bourriau 1993: 33-34）。また，紐づくりでは上記の板づくりや叩き技法が併用されるだけでなく，遠心力を生み出す回転台を利用して成形されたとの指摘もある（Bourriau, Nicholson and Rose 2000: 125）。

最後の轆轤挽きであるが，これは主軸に平たい円盤を据えた回転装置を用い，その回転力を利用して円盤上の粘土塊を指で挽き上げて容器を成形する技法である。ここでいう轆轤とは水挽き成形を可能とする高速回転轆轤であり，同じ遠心力を活用しつつも紐づくり等で併用される低速の装置を回転台と呼ぶ。古代エジプトの轆轤にはいくつかの異なる構造が存在するが，水挽きにおいてはある程度の大きさと重さが必要となり，この点は構造上共通している。また，回転の動力には手回しと足蹴りがあるが，エジプトでの手回し轆轤（第10図）の利用開始は，主に図像資料により，古王国時代からとされ，一方蹴轆轤は末期王朝以降とされる（Arnold and Bourriau 1993: 41-83）[2)]。なお土器にみられる轆轤成形の痕跡としては，底部外面の糸切り痕（第11図），

第10図 手回し轆轤の図像資料（左：第5王朝ティイ墓，右：第12王朝ジェフティヘテプ墓）
（Arnold and Bourriau 1993: figs.42, 68）

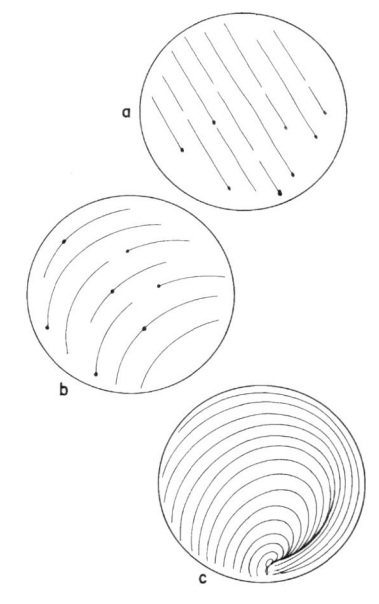

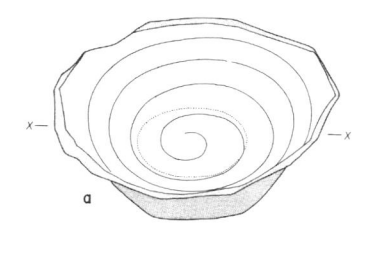

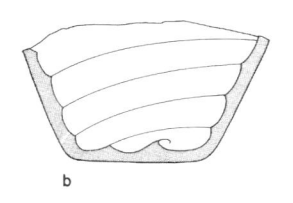

第11図　糸切り痕（Rye 1981: fig.68）　　第12図　とぐろ状の成形痕（Rye 1981: fig.68）

または底部内面のとぐろ状の成形痕などが挙げられる（Rye 1981: 74-80）（第12図）。

　以上のようにアーノルドの研究によれば，先王朝時代の土器成形には，手捏ね，叩きを含む型づくりと，紐づくりの技法が存在していたようだ。確かに，当該時代の遺跡を近年調査している研究者も，これらの技法を組み合わせて成形しているとし，底部は型づくり，胴部は紐づくり，口縁は回転台の利用によるものと指摘している（Butchez 2004a; Friedman 1994: 236）。この技法は，胎土の差を問わずナイルシルトとマールクレイでも同じく用いられている（Bourriau 1981: 44-51）。加えて，精製ナイルシルト胎土の黒頂土器では，内面に長円形の痕があることから，器面を薄く平滑にするために叩き技法が併用されたと示唆されている（Friedman 1994: 237）。

　このようにこの時代の成形技法は，他の製作工程よりも比較的明らかになっているが，ただこれまでの研究の問題は，観察した土器資料の点数や器形等の詳細な情報が提示されていない点である。こうした研究では，一定の資料を定量的な分析が不可欠であろう。それにより，普遍的にみられる技法または定型化された技法を把握することができ，それは技術の地域性や技術史の変遷の理解にもつながると考える。よって本論では，一群の資料を対象に定量的分析を実施することを目指す。その分析方法であるが，成形技法を解明するにはできるだけ完形に近い資料を対象とし，器表面に残る成形の痕跡を丹念に観察することである（Shepard 1961: 183-186）。観察項目はこうした祖形をつくる成形方法のみならず，それに続いて行われる調整方法や施色も対象とする。調整は器表面の平滑化と均一化を図る成形工程の総仕上げを目的とした作業であり，その方法には一般的に，ナデ，土器片や貝殻，丸石等の工具を用いた掻きや削り，そして磨研と磨きが含まれる（Rye 1981: 84-88）。磨研（burnishing）とは固い材質の道具によるもので，磨き（polishing）とは軟らかい材質によるものである。これらの調整方法にスリップなども項目に加えて，そのバリ

エーションや方法およびタイミングについても明らかとしたい。

　さて，こうした成形技法は土器の生産形態をも推し量る重要な手掛かりとなる。常木晃氏は，専業化の指標となる成形工程の技術として，製陶工具と轆轤を挙げている（常木2005）。

　上述したように，水挽きを可能とする轆轤の開始は古王国時代以降とされるが，近年の研究ではさらに遡る可能性が示唆されており，初期王朝時代の土器の底部外面に糸切り痕が確認されている（Köhler 1997: 85）。今のところ先王朝時代では轆轤の存在を示す資料はないが，同じ遠心力を持つ回転台の利用は多くが認めるとろである。確かに，轆轤挽きとは成形方法は全く異なるが，ナカダⅡ期以降の土器には，口縁付近に水平方向の明瞭なナデ痕が認められることから，回転台は土器片や籠を使った簡易的なものではなく，比較的回転力の強い装置であったと考えられている（Arnold and Bourriau 1993: 36）。こうした回転台の利用は，均整の取れた器形や規格性の高い土器の生産を可能にし，さらには生産量の増加をも促すことも予想される。つまり回転台の利用は後に導入される水挽き轆轤の先駆と位置づけられ，この回転台からも専業化の問題にアプローチできると考える。回転台の考古資料はまだ確認されていないが，これについては土器の製作痕の分析から迫りたいと思う。

　製陶工具については，土器片や木片などが用いられていたとの示唆はあるものの（Friedman 1994: 235），これまで具体的な考察は皆無であった。幸いにして，ヒエラコンポリス遺跡では製陶工具と思われる摩耗痕のある土器片が大量に出土しているので，その分析を通じて機能を推定し，専業化を考える資料としたい。

第4節　焼　　成

　土器製作の最終工程となる焼成には，窯などの施設が必要不可欠となる。以下，一般的な焼成方法のレパートリを概観したい。

　考古資料および民俗誌によれば，土器の焼成方法は一般的に，「野焼き」と「窯焼き」に大別される（Miller 1997: 42-43; Rye 1981: 25）。両者の区分は土器と燃料の位置関係にあり，前者は土器と燃料が接触する焼成環境で，後者は燃焼室と焼成室が分離するいわゆる「構造的な窯」で，そこでは燃焼室で発生した焔が焼成室へと移動し，土器を舐めるようにして焼かれる（佐々木 2001: 88-89）。さらに両者はそれぞれバリエーションを持つ。「野焼き」では最も単純な「開放型野焼き（open bonfire）」（第13図1）と簡易的な被覆を持つ「覆い型野焼き（bonfire with covering）」（第13図2）に区分され，かつこれらはピットや壁の有無によってもさらに分けられる（Gosselain 1992）。一方「窯焼き」では焔の流れる方向により，主に「昇焔式窯（updraft-kiln）」（第13図4）と「降焔式窯（down-draft-kiln）」に区別される（Rye 1981: 96-100）。この他にも，「単室窯（simple chamber-kiln or screen kiln）」（第13図3）がある。これは構造的な壁体を有するものの土器と燃料が接する環境にあり，「野焼き」と「窯焼き」のいわば中間的な存在として捉えられる。

　古代エジプトの土器焼成に関しても，この類型の範囲にほぼ収まる。ニコルソンは古代エジプ

1　開放型野焼き　　　　　　　　　　2　覆い型野焼き

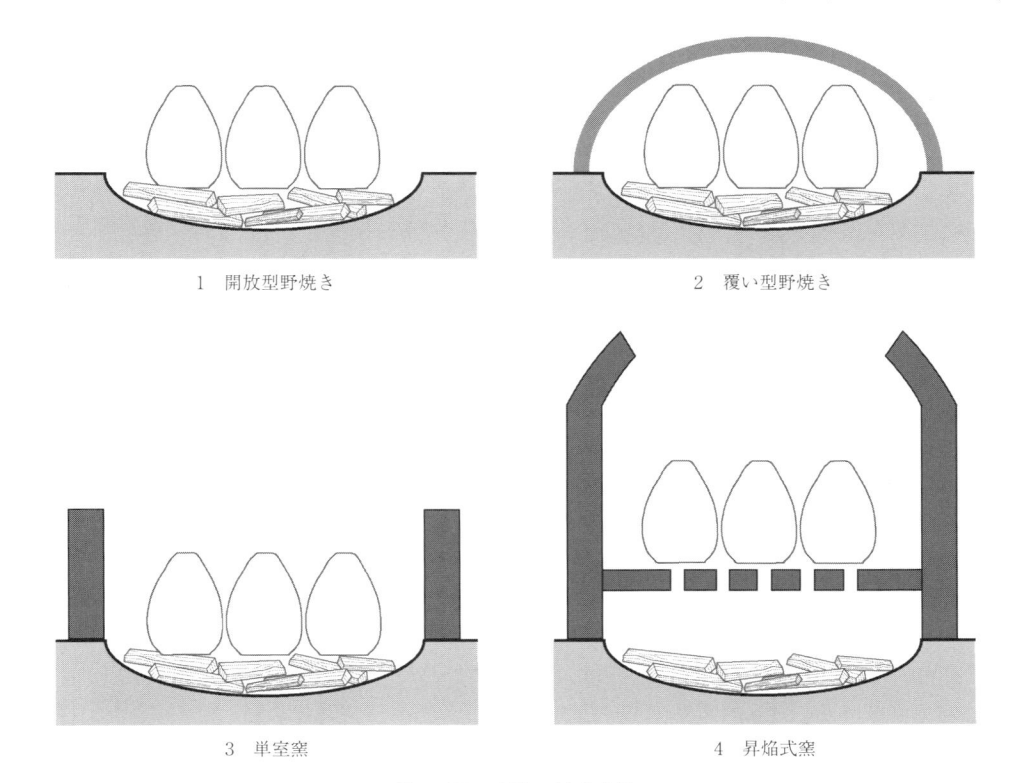

3　単室窯　　　　　　　　　　　　　4　昇焔式窯

第13図　土器の焼成方法

トの焼成方法を3タイプに分類している（Nicholson 1993: 108）。タイプ1は，開放型野焼きであり，これにはピットや保護壁などの構築物を一切伴わない最も単純な方法とする。タイプ2は，ピットや保護壁などの簡易な施設を伴う焼成方法であり，タイプ1よりも焔のコントロールに優れた構造を成す。これは燃料と土器が同じ空間に置かれることから，いわゆる単室窯と言えよう。そしてタイプ3が昇焔式窯である。なお，降焔式窯はエジプトでは確認されていないとする（Nicholson 1993: 107）。

　ホルツァーは考古資料と図像資料を集成して焼成窯の分類を行っている（Holthoer 1977: 34-37）。彼は焼成窯の構成要素を4つ（焚口，燃焼室，焼成室，通煙孔）挙げ，それに基づいて4つに分類している。1つはポット・キルン（pot-kiln）で，残り3つは昇焔式窯を構造的に詳しく分類したものである。ポット・キルンとは，底部を欠いた大型土器を逆さに据えて焼成するもので，ニコルソンによれば，彼の分類ではタイプ2に含まれる（Nicholson 1993: 108）。なお，アーノルドも考古学的資料と図像資料にもとづき，構造的観点から古代エジプトの土器焼成窯を，単室窯，昇焔式窯，円筒形窯の3種類に分類している（Arnold 1986: 619-620）。

　これら先行研究の分類をまとめると，古代エジプトの土器焼成方法としては，開放型野焼き，単室窯，昇焔式窯の3種類が存在していたといえる。なお，覆い型野焼きはエジプト学では言及されていないが，被覆方法によっては，その焼成環境は単室窯に近い。

時期的変遷に関しては，ニコルソンのみが述べており，開放型野焼きが最も古く，その後に単室窯[3]と昇焰式窯を位置づけているが，明確な時期の比定はしていない[4]。それはおそらく昇焰式窯以外の焼成施設では明瞭な考古的痕跡が残りにくいからであろう。一方昇焰式窯は比較的多く報告されており，それは一般的に燃焼室と焼成室の空間が火格子や火床によって上下に仕切られる2室構造を成す。こうした構造的に複雑な窯が遺構または図像資料の中で確認されるのは古王国時代以降とされる（齋藤 1998: 126-127）。

では，その前の先王朝時代ではどのような焼成方法が存在したのであろうか。ヒエラコンポリス遺跡で調査を行ったハーランや，マハスナ遺跡のガルスタングは大型甕を土製支脚で支える構造の遺構を検出し，それを昇焰式窯であると報告している。第4章で詳述するが，近年の研究ではこれら遺構はビール醸造の施設と解釈されている。つまり，これまでのところ先王朝時代には昇焰式窯の考古学的証拠はない。近年の調査ではその一方で，ブト遺跡では野焼き的なピット窯が検出され（Faltings 2002: 169），また黒頂土器の焼成実験では単室窯的なスクリーン・キルンの利用が示唆されている（Hendrickx *et al.* 2000）。土器の焼成施設がすべて1つの進化論的発展過程を辿るものとは決して言えないが，当該時代の焼成方法は，開放または覆い型の野焼き，そして単室窯の段階にまではすでに達していたようである。

以上のように，これまでの研究からは単室窯または野焼きの段階は示唆されるものの，窯址の考古資料が極めて少ないので，その具体的な構造に迫ることは困難な状況にある。筆者が調査するヒエラコンポリス遺跡で土器焼成施設と思われる遺構が検出された。やはりその残存状況は悪く，具体的な焼成方法の理解には全体構造の復原が必要である。そこで重要な視点となるのが，土器にみられる焼成痕の分析である。日本考古学では，縄文や弥生土器の焼成方法の復原にこの焼成痕分析が用いられており，その分析方法も確立している（第6章参照）。よって本論では，遺構の状況と土器の焼成痕分析の両者から，先王朝時代の焼成方法の復原を試みたい。

註

1) 英語表記では，「輪積み法」は ring building，「巻き上げ法」は coiling となる。しかし，この区分は厳密ではなく，輪積み法であっても紐づくりはおおむね coiling とされる（Arnold and Bourriau 1993: 33-36; Rye 1981: 67）。

2) ちなみに現在エジプトで見られる一般的な陶工の工房では蹴轆轤が主流である（Ellis-Lopez 1997: 39-44）。

3) 具体的な例としては，エレファンティネで第4王朝から第5王朝にかけての単室窯と思われる窯址が検出されている（Kaiser *et al.* 1982: 298）。それは日乾煉瓦で壁体が構築された洋なし型の形状を呈し，北側に開口部を持つ。また，アブシールのケントカウエスのピラミッド複合体内でも単室窯が見つかっている（Verner 1992）。日乾煉瓦製で，楕円形プランを呈し，北側に焚き口らしき開口部が設けられている。内部にレンガの構築物がないことから，単室窯と考えられる。ここでは窯から若干離れた場所に柵で囲われた工房址も検出され，土製の轆轤や作業台などが出土している。

4) ニコルソンは，タイプ1の最も古く単純な方法は家内生産として息づいていたであろうし，洗練され

た昇焔式窯を必要としない土器に対してはタイプ2の単室窯でも十分にまかなえたであろうことから，全てのタイプは王朝時代を通じて併存していたとも述べている（Nicholson 1993: 108）。

第4章　ヒエラコンポリス遺跡の調査

　本章では、ヒエラコンポリス遺跡におけるこれまでの調査成果と、筆者が実施したHK11C SquareB4-5での発掘調査の概要を述べ、次章からの分析および考察の主たる資料を提示することを目的とする。まずは遺跡の立地環境および調査略史を概観し、中でも本論で特にかかわってくる土器焼成遺構とビール醸造址の熱利用施設の検出状況を詳しく述べる。それをもとにSquare B4-5の遺構の評価を行うこととする。

第1節　遺跡の立地と古環境

　ヒエラコンポリス遺跡は、エジプトの首都カイロから約650km南方のナイル川西岸に位置し、対岸のエル・カブ遺跡とちょうど対をなすような場所にある（第14図）。遺跡の総面積は144km²にも及び、これまで発見された先王朝時代の遺跡で最大規模を誇る。遺構は、ナイル沖積地である緑地帯の小高い丘「ネケン（Nekhen）」と、その後背地にあたる低位砂漠の縁辺部、そして巨大な涸れ谷（ワディ・アブル・サフィアン）内の3箇所に主に分布する（第15図）。ヒエラコンポリスという名はギリシャ語で「タカの町（City of Hawk）」を意味し、厳密には初期王朝時代から古

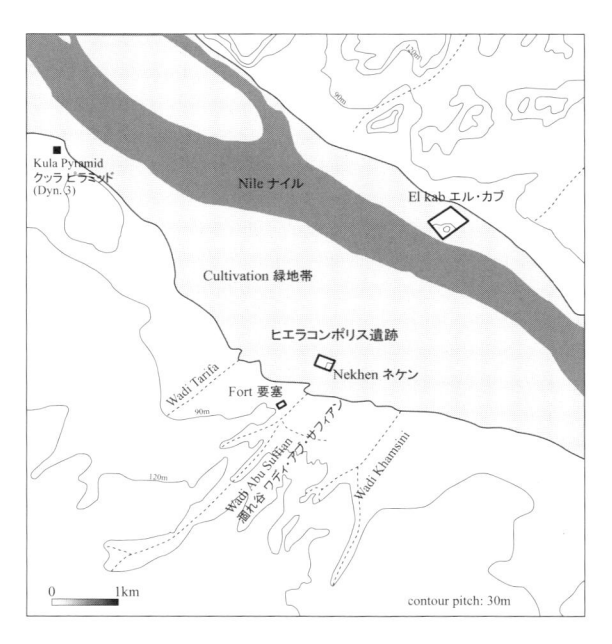

第14図　ヒエラコンポリス遺跡の位置（Adams 1995: fig.4 を改変）

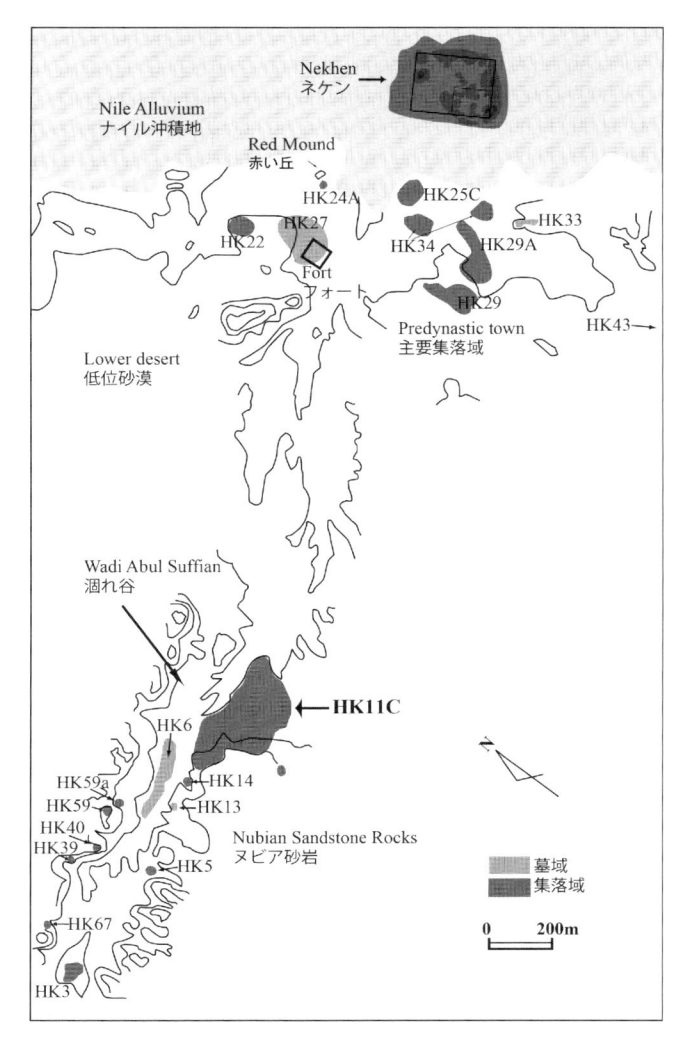

70　第4章　ヒエラコンポリス遺跡の調査

第15図　ヒエラコンポリス遺跡の遺構分布（Adams 1995: fig.5 を改変）

王国時代に営まれたネケンの町を指す。ネケンの丘は，宅地・農地化の波に押されて，今ではその様相を窺い知ることはできないが，かつては丘全体を囲むように城壁が巡らされ，その内部に神殿を擁する都市であったとされる（Adams 1995: 54-80）。

　一方，低位砂漠では，緑地帯に接する縁辺部とその2km奥の巨大な涸れ谷に先王朝時代の遺構が数多く存在する。低位砂漠の遺構は特に保存状況が良く，そこでは墓地のみならず住居址や生産活動に関連した集落址の遺構も検出されている。エジプトでは，集落は主にナイル川の氾濫原付近に営まれたために検出して発掘することが困難であり，集落に関する情報が著しく欠如している。そうした意味で，ヒエラコンポリスは墓地と集落の両者が検出される稀有な遺跡であり，当時の文化や社会の様相を具体的に知るには欠かせない存在となっている。

　さて，当遺跡の古環境についてであるが，現在，涸れ谷を含む低位砂漠は砂礫が広がる不毛地

帯となっているが，第1章でも述べたように，当時は比較的湿潤で植生もより豊かであったとされる。ハディディによる植物遺存体の分析では（Hadidi 1982），低位砂漠の縁辺部のみならず涸れ谷内にも緑が茂り，タマリスクやアカシアの低灌木，またはイチジクやナツメなども涸れ谷内に自生していたことが明らかとなっている。

ちなみに，かつてのナイル川の増水を知る現地の方に話をうかがったところ，涸れ谷の入り口付近まで河水が入り込む年もあったようである。おそらくこの状況はナイルの水位が若干高かったとされる先王朝時代でも同じであったであろう。

第2節　調査略史

それでは以下，低位砂漠と涸れ谷を中心に，調査史を紐解きながら遺構の分布とその特徴を概観していく。なお，本論が特に関係する土器焼成遺構およびビール醸造址などの熱利用施設については，後で詳述するのでここではそれ以外の遺構を中心に言及する。

1　低位砂漠縁辺部

ヒエラコンポリス遺跡の調査は長い歴史を有する（Adams 2000: 1）が，最初の科学的調査はイギリス人研究者キベルとグリーンによる19世紀末に遡る。1897～1899年の調査では，ネケンの神殿址での，ナルメル王の儀式用巨大棍棒頭（メイス・ヘッド）や化粧板（パレット）を含む「メイン・デポジッド」の発見があまりにも有名であるが，それに先立ち彼らは，低位砂漠の縁辺部の調査を行っていた。現在，緑地帯を抜けて低位砂漠に入ると「赤い丘（Red mound）」にあたるが，これはコム・エル＝アハマルと呼ばれ，ヒエラコンポリス遺跡の現地名となっている。丘が赤いのは土器の累積によるもので，キベルとグリーンはここで日乾煉瓦造りのドーム型天井をした穀物倉庫を確認した（Quibell and Green 1902: 25）。彼らは古王国時代の穀物倉庫と報告したが，近年では先王朝時代と考えられている（Geller 1992a: 92）[1]。

「赤い丘」の背後には，いわゆる要塞（フォート）が鎮座する。これはアビドスに立ち並ぶ初期王朝時代の周壁と同じ構造をなす（O'Connor 1989）。日乾レンガで築かれたこの要塞は，平面規模が67×57m，高さは9mにも達し，砂漠にそびえ立つその巨大な建造物は，現在この遺跡のランドマークとなっている。キベルとグリーンもここで調査を行ったが，彼らに続いてランシングが実施した1934年の調査で，北側の入り口近くで銘文帯を持つ花崗岩製のまぐさ石が発見されたことにより，第2王朝最後の王カセケムイの葬祭周壁とみなされるようになった（Lansing 1935: 42-44）。アビドスに続いて彼の2つめの葬祭周壁となる。

この要塞は先王朝時代の墓地（HK27）の上に築かれたようで，キベルとグリーンの調査時に既にその存在は確認されていたが，引き継いで1905年に実施されたガルスタングの調査により，周壁内にてナカダⅡ期後半からⅢ期を中心とする188基の土壙墓が検出された（Adams 1987; Garstang 1907）。墓の分布はさらに北に広がっており，先王朝時代後半の大規模な墓地を形成し

ている。

　そこから南方の低位砂漠縁辺部には，ナカダⅡ期を中心とする大規模な集落域が広がる。キベルとグリーンはその南端の HK33 にて，学史的に有名な彩色墓（100号墓）を発見した（Quibell and Green 1902: 25）[2)]。これは地下に掘り込まれた矩形の墓坑の壁面にプラスターを塗り，そこに狩猟の場面や舟などが描かれている（Kemp 1973; Payne 1973）。エリート層の墓と考えられるこの彩色墓はナカダⅡC-D期に比定されるが，こうした彩色画をもつ墓は先王朝時代では他に例がなく，また墓坑の内貼りと間仕切りに日乾煉瓦が使用されている点においてもこの時期ではきわめて稀な例である。

　19世紀末のこうした調査があったものの，この広大な集落域における本格的調査は，1978年以降のホフマンを隊長とするアメリカ調査隊によって始まった（Hoffman 1980）。それは地質学，動・植物学，形質人類学などの研究者を取り入れたエジプト学で最初の学際的調査団であり，後述する涸れ谷内も含めた低位砂漠全体の生態学的古環境と遺構分布の把握を目的としたものであった。この集落域における彼らの調査でまず注目されるのが，そのほぼ中央に位置する HK29A 初期神殿の発見である（第16図）。初期神殿は，全長40mにもおよぶ楕円形の中庭を中心に据え，その北側は溝を掘って作られた柵が囲い，南側は直径1mほどのレバノン杉の柱が4本立ち並んでいたとされる（Friedman 1996: 17）（第17図）。北の柵の外側には，石器やビーズづくりの工房が並び，

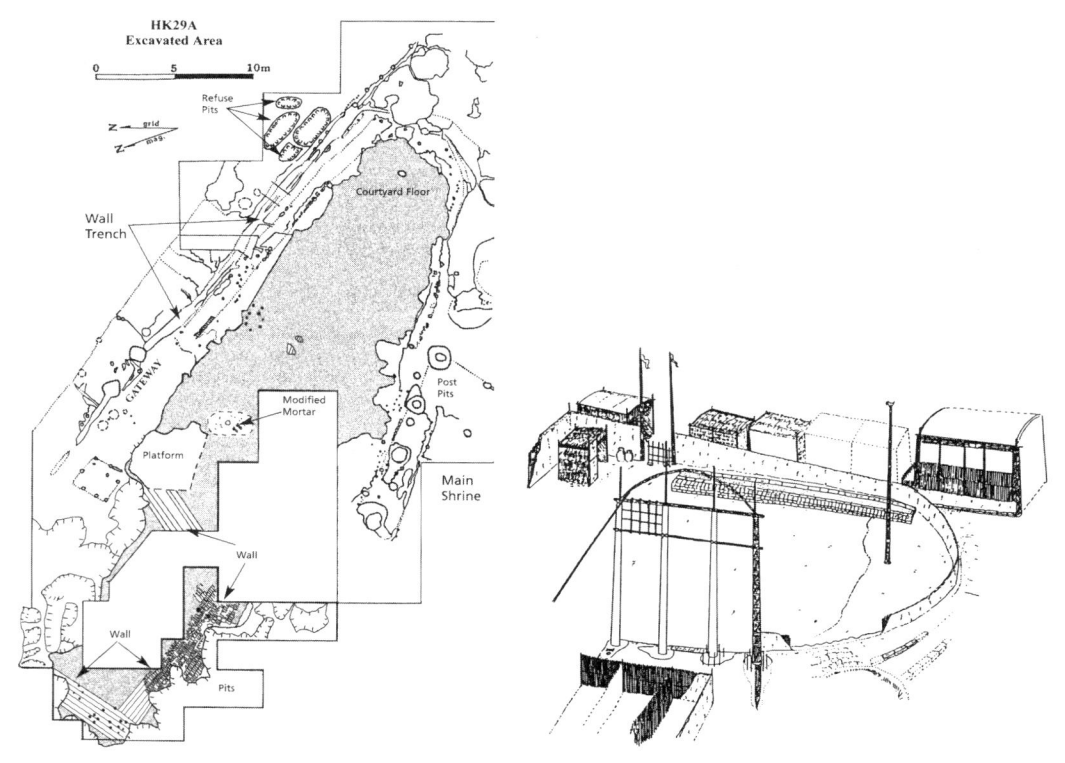

第16図　HK29A 初期神殿プラン（Friedman 2003）　第17図　HK29A の復原図（Friedman 1996: fig.11a）

そこでは東部砂漠やレバントなどの遠隔地から運び込まれた貴石を用いた生産活動が行われていたようである（Holmes 1992b: 39-44）。南の4本の柱は中庭に付随する祠堂のファサードであり，幅13mほどのこの祠堂は木材等の有機物で築かれ，王朝時代の図像や文字にある上エジプトの祠堂ペル・ウルの形状であったと考えられている（Friedman 1996: 33）[3]。中庭では儀礼的屠殺が行われていたようで，それは野生の若い獣類が多く，またカメやワニ，巨大なナイルパーチなど珍しい淡水性の動物であったことが指摘されている（Linseele and van Neer 2003）。中庭の西側にはプラットフォームがあり，最近の調査ではそれに付随する日乾煉瓦の壁体の存在が確認されている（Friedman 2003）。プラットフォームを持つ楕円形の中庭は，ナルメル王の棍棒頭に描かれた図像と極めて類似しており，それはまさに事実を物語っていたようである。初期神殿の時期は，ナカダⅡB-C期からⅡD期であり，そして第1王朝時代に再利用されたようである（Friedman 2003）。

　ホフマンの調査隊はこの他，初期神殿の南で土器焼成施設とそれに伴う焼失家屋（HK29）を検出し，また赤い丘と要塞のほぼ中間でビール醸造址（HK24A）とそれに関連する遺構（HK25D）が調査隊員のゲラーによって発見・調査された。そして近年では，フリードマンによって，集落域の南端に位置するHK43の墓地が調査されている。南の涸れ谷に接するこの墓地は，近年の農地開拓による破壊を受けた緊急調査として始まった。500基近くの墓が確認されたが，そのすべてが砂を浅く掘って副葬品と伴に遺体を埋葬した比較的質素なもので（Friedman 2004a; Friedman et al. 2002: 62-67），骨の分析からは，労働者階層の人々が埋葬された墓地であったことが明らかとなっている（Rose and Maish 2003）。

2　涸れ谷内

　ワディ・アブル・サフィアンの涸れ谷内でまず注目されるのが，その中心に位置するエリート層の墓地HK6である。ここではホフマン率いる調査隊が科学的な調査を開始し，その後アダムスそして現在ではフリードマンが発掘を進めている（Adams 2000; Friedman 2004c; Hoffman et al. 1982）。墓地はナカダⅠ期末からナカダⅢ期のエリート層が造営した墓が並ぶが，墓は時期を経るごとにおおむね南から北に向かって広がっていったようである（第18図）。墓は地下を掘り込み，日乾煉瓦で縁取りされた構造をなし，最大のものでは長さ6.5m，幅3.5m，深さ2.5mの規模を有する（1号墓，ナカダⅢB期）。これら墓の地上面にはそれを囲む木杭の列が確認されることから上部構造を伴っていたのは確かであるが，近年のフリードマンの調査により，その全体像がより明瞭になってきている。それは，墓地のほぼ中央に位置する23号墓においてである（第19図）。ナカダⅡA-B期頃に比定されるこの墓は，地下の墓坑が長さ5.4m，幅3.1m，深さ1.17mもあり（Friedman 2006），これだけの規模を有する墓の中では最古の例となる。日乾煉瓦は使用されていない。墓は，アカシアの柱で組まれた上部構造を持ち，前面には礼拝室があったと考えられる。されにその周囲には，木杭の柵で囲まれた大小さまざまな矩形の部屋が伴い，それら部屋の内部は木柱が整然と並ぶ列柱室となっている（Droux and Friedman 2007）。柵の付近からは，カバ牙の

第18図　HK6 エリート墓地[4]

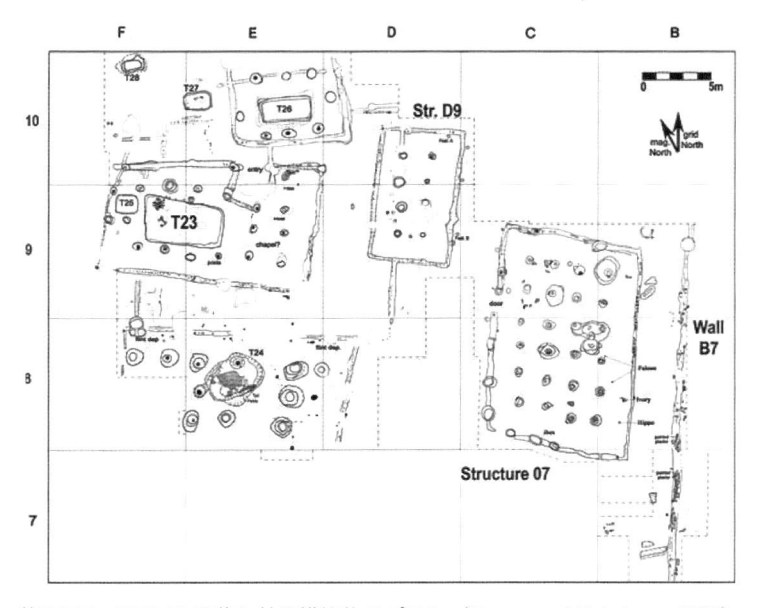

第19図　HK6 23号墓と付属構築物のプラン（Droux and Friedman 2007）

小像や紅海の貝などを含む埋納が見つかっている。加えて，23号墓の南にはアフリカ象の墓（24号墓）が伴っている（Friedman 2004c）。これら構造物を大きく取り囲むような溝状の柵も南北に走り，驚いたことにそれは彩色プラスターで飾られていた（McNamara and Droux 2006）。この外周の柵は，墓域全体を囲っていた可能性がある。

このように，23号墓の被葬者は，その規模から推測されるに王とも呼べる人物であり，墓とそれに付随する構造物はまさに王朝時代のピラミッド・コンプレックスを彷彿とさせる。ピラミッド・コンプレックスでは王の葬送儀礼やその後に継続される王のカルトが行われるが，ここでも同様な儀式が行われていた可能性は高く，HK6は王朝時代の祭祀活動の起源となる重要な資料と評価される（Friedman 2008a）。

第2節 調査略史

　この墓地を見下ろす涸れ谷北側の谷の中腹には，赤色磨研土器を専門的に焼成していたとされる土器焼成地点が点在する（HK39, 40, 59, 59A, 67）。そして，その対岸にあたる南側には微高地が広がり，そこにHK11Cと名付けられた集落域が存在する。HK11Cは敷地面積が68,000㎡にも及び，筆者が調査を進めるSquare B4-5はこの一角に位置し，その他にもこれまでさまざまな遺構が検出されている（第20図）。最初の科学的調査は，1978〜1979年にホフマンの指揮のもとハーランが行った調査であり，Square 0N-6Eの家畜用の飼い葉おけ，Square 0N-0Eの木杭の柵と木柱を取り囲む落ち込み，マウンドAのTest AトレンチやTest Bトレンチのゴミ山（Hoffman et al. 1982: 14-25）など，当時の生活を示す遺構が検出された。さらに，土器焼成施設と解釈されたSquare 6·5N-21Wの遺構の調査も行っている。近年では，さらに東のSquare Gで，柵で囲われた長方形の住居址が検出されている（Friedman et al. 2002: 55-62; Watrall 2000, 2001）。

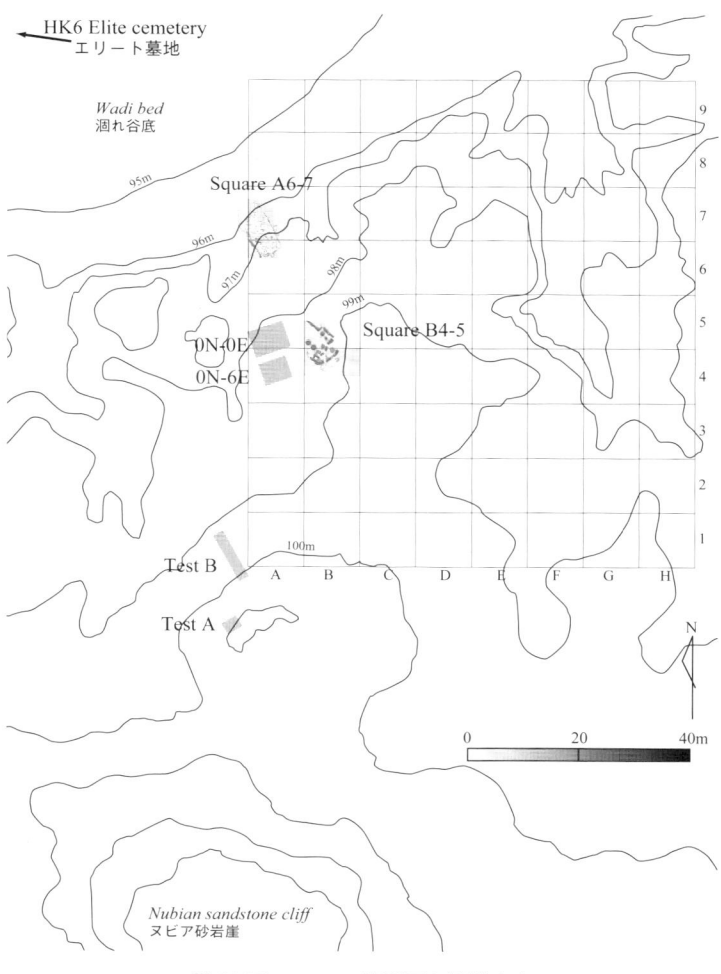

第20図　HK11C地形図と遺構分布

これら遺構の時期はおおむね，ナカダⅠC期からⅡA-B期とされるが，中でも興味深いのがSquare Gの住居址であり，ここではナカダⅠC-ⅡA期からⅡC期までの6つの明瞭な層位が確認され，そこで使用された土器の時期的変化を掴むことができた（Friedman *et al.* 2002: 59-60）。それによると，ナカダⅠC-ⅡA期の第1層では，赤色摩研や黒頂土器の精製胎土（クラス2）が42％を占め，スサ混粗製胎土（クラス1）は40％，頁岩混粗製胎土（クラス7）などは18％であった。それが第3層になると，スサ混粗製胎土が73％を占めるようになり，ナカダⅡC期の最上層（第6層）では全体の85％にまで上る。つまり粗製胎土が徐々に精製胎土を凌駕していき，かつ粗製の中でもスサ混が頁岩やグロッグ混に取って代わる状況が層位的に確認されたのである。

第3節　熱利用遺構の詳細

それでは次に土器焼成およびビール醸造の遺構について詳しくみてみたい。土器製作に関連する遺構は，1978年にホフマンが低位砂漠全体の踏査を行い，15地点にて土器焼成遺構を確認している（Hoffman 1982a: tableVI.2.）[5]。だがそのほとんどが表面観察のみに拠るもので証左に欠けるため，ここでは実際に調査された遺構のみに焦点を絞り，かつ熱利用施設としての大枠の中で，土器焼成遺構とビール醸造址の検出状況とその様相を述べ，各遺構の特徴を抽出して評価を加えてみたい。

1　土器焼成遺構

A. HK29

上述したように，ここは1978～1979年にかけてホフマンによって発掘調査が行われ，焼失家屋に付属するかたちで土器焼成遺構が確認されている（Hoffman *et al.* 1982: 7-14）（第21図）。陶工が居住していたと考えられている家屋（4×3.5m）は，半地下式の構造を成し，焼失したために保存状態がきわめて良好で，復元図が作成されている（Hoffman 1982a: fig.VI.4.）。HK29は陶工の家と共に見つかっていることや，出土した土器の分析も行われている点において（Friedman 1994: 651-652; Hoffman and Berger 1982: 66-85），学史上重要な資料として位置づけられる。焼成遺構は直径6mほどの円形を呈する赤く焼き固まったプラットフォームが残存するのみであるが，その上面には直径50～80cm，深さ5～15cmの浅いピットが8つ残っていた（Hoffman *et al.* 1982: 12）[6]。出土土器としては，スサ混粗製土器が全体の96％にものぼり，器形は2bタイプのモデルド・リム壺が全体の67％を占める（Friedman 1994: 653-658; Hoffman and Berger 1982: 72）。また，直径60～80cmの大型甕（2nタイプ）の破片がこの焼成遺構と焼失家屋のみにて出土しているのが特徴である（Hoffman and Berger 1982: 72-80）。特筆すべき点は，土器片に粘土が付着している例が多く見つかっていることである。調査を行ったホフマンはこれら粘土付着土器片と，過焼成によって変色した土器片や炭化した藁などが見つかっていることを根拠に当遺構を土器焼成施設とし，後述するSquare 6・5N-21Wと同様，大型甕を下から熱してその中で土器を焼成していたと解釈して

第 3 節　熱利用遺構の詳細　77

いる（Hoffman and Berger 1982: 81; Hoffman *et al.* 1982: 12）（第 22 図）。

　出土土器から，この遺構はナカダⅡ期前半からⅡ期中葉とされる（Friedman 1994: 653, 663）。

B. HK25D

　HK25D は，後述する HK24A ビール醸造址から南に 80m ほど離れた小さな丘に位置し，1988 年にゲラーによって調査された（Geller 1992a: 94-104）。ここでは土を盛って作られた直径 4m ほどの円形状のプラットフォームが検出され，その上面には直径 1m 弱，深さ 10～20cm のピットが 6 つ残っていた（第 23 図）。ピットはどれも被熱によって赤くなり，内 4 つのピットでは，それを囲むように土器片を内包する粘土の縁取りが部分的に残存していた。またその一部と思われる粘土の付着した土器片もプラットフォーム上で大量に出土した。

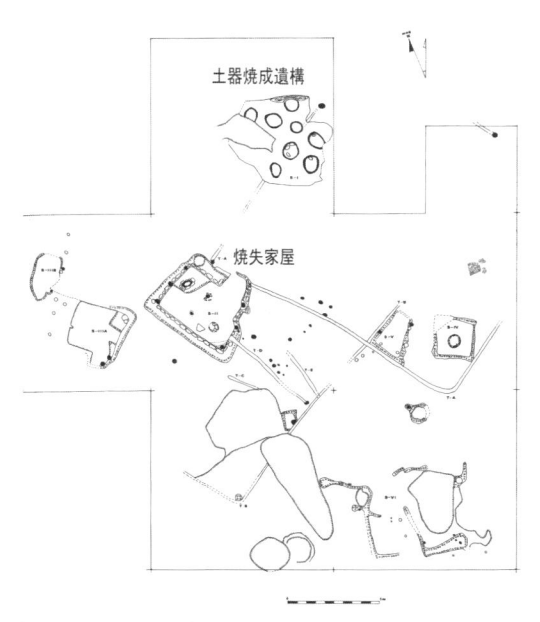

第 21 図　HK29 プラン（Hoffman et al. 1982: fig.1.2）

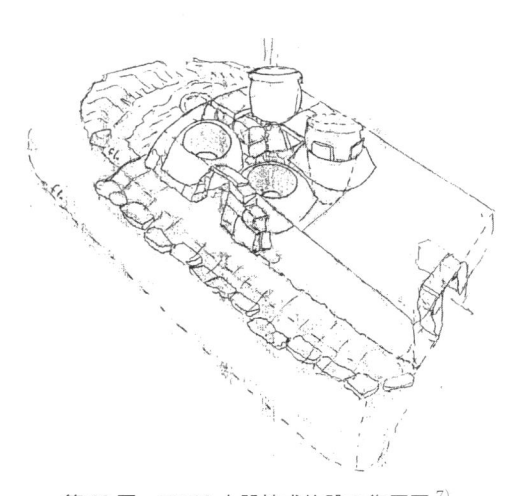

第 22 図　HK29 土器焼成施設の復原図[7]

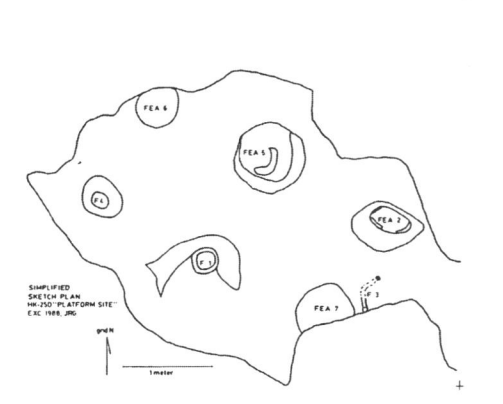

第 23 図　HK25D プラン（Geller 1992a: fig.4）

第 24 図　赤色磨研土器焼成窯の立地

ゲラーは，粘土の縁取りが炭化した黒色であったことから，温度の比較的低い熱利用と考え，これらピットはHK24Aのビール醸造址に供給するためのパンを焼くオーブンであったと解釈した（Geller 1992b: 23）。だが近年，出土土器の再検討を行ったフリードマンはパンではなく土器の焼成施設である可能性を示唆している（Friedman 1994: 674-676）。その根拠としては，パンづくりに必要な石臼などの製粉具やパン焼き土器が一切見つかっていないこと，そして出土した土器全体の66%がスサ混粗製ナイルシルト胎土の土器で，そのほぼ全てがモデルド・リム壺であることから，HK25Dではビールを入れる容器としてモデルド・リム壺が焼成されていたのではないかと述べている（Friedman 1994: 676）。

時期は土器により，ナカダⅡB期頃とされる（Friedman 1994: 665）。

C. HK39, 40, 59, 59A, 67

通称「赤色磨研土器焼成窯群（Red ware kiln sites）」と呼ばれるHK39, 40, 59, 59A, 67の5地点は全て，涸れ谷奥の北岸に位置し，興味深いことに谷底から24〜28mの涸れ谷中腹に点在する。ここはヌビア砂岩フォーメーションの浸食された岩肌が荒々しく露呈し（第24図），赤色磨研土器焼成窯とされる5地点は，その浸食によって形成された浅い窪み内で確認されている。どの地点においても，精製胎土による磨研土器の破片が集中的に散布しており[8]，また過度の熱を受けて捻れたり変色した土器片が比較的高い割合で見つかっている（Geller 1984: 44, table3-2）。このことから，調査を行ったゲラーは，これらの地点を赤色磨研土器を専門的に製作していた場所と解釈している（Geller 1984: 43-44）[9]。また，その焼成方法については，岩の割れ目をファンネルとして利用し，吹き抜ける北風をうまく取り入れて焼成を行っていたのではないかとする（Geller 1984: 100-101）。

磨研土器の器形は，ビーカーと碗が大部分を占め（Geller 1984: table5-3），時期としては，ナカダⅠ期後半からⅡ期中葉におさまる（Geller 1984: 92）。

2　ビール醸造址

A. HK24A

HK24Aは低位砂漠縁辺部の「赤い丘」の近くに位置し，1988年にゲラーによって発掘調査が行われた。その成果は博士論文として結実していることから，先王朝時代のビール醸造址の中で最も詳しい情報を得ることができる遺構である（Geller 1992a）。検出された遺構は，粘土と土器片で築かれたプラットフォーム状を呈し，少なくとも6つの大型甕が2列に並んだ構造を成している（第25図）。プラットフォーム全体は熱を受け，赤色または黒色を帯びる。スサ混粗製胎土の大型甕は，口径が約55cm，器高は推定70〜100cm程と極めて大型であり，粘土と土器片で固めて据えられている（Geller 1992a: 107-108）（第26図）。ゲラーは出土状況の観察から，プラットフォーム全体が覆われた構造であったと想定している（第27図）。また，深鉢の内部には残滓が残っていたが，その付着状況から，アビドスの例と同様に本来は深鉢の底に皿形土器が入れ子のように置かれていた可能性も示唆している（Geller 1992a: 108）。大型甕内に残った残滓分析では，エンマー

コムギとオオムギ，そしてナツメヤシの内果皮とブドウの種などが検出された（Geller 1992a: 110）。出土土器は他の遺構に比べて精製胎土土器の割合が高く，また一般的には少ない頁岩混粗製胎土土器の割合も高いことが特筆される（Friedman 1994: 666）。

時期は土器の特徴などからナカダⅡ期前半とされる（Friedman 1994: 665）。

B. Square 6・5N-21W と Square A6-7

Square 6・5N-21W は 1978～1979 年にハーランによって調査され，昇焔式窯であるとの解釈が提示されたことで有名な遺構である。この遺構は HK11C 西側の涸れ谷縁辺部に位置する，幅 2m，奥行き 7m，深さ 0.5～1m ほどの矩形を呈する溝が地面に穿たれ，溝の縁は長さ 20cm ほどの土製ブロックや土器片を並べて壁が築かれ，北面のみ涸れ谷に向かって開放された構造を成す。遺構の床面にはタマリスクやアカシアの炭化物と灰が 20cm ほど堆積し，その直上には焼けた粘土が覆っていた。注目すべき点は，溝の中で土製支脚が立った状態で発見されたことである（Hoffman *et al.* 1982: 24）。支脚は約 15～25cm の高さで，互いに粘土プラスターで固定されて鉢状の窪みを形成している。このことからハーランは，HK29 のホフマンの解釈と同様，北風[10]を取り込むよう北面を開放した囲いの中に土製支脚で支えた大型甕を設置し，その中に土器を入れて下から焚くといった昇焔式の土器焼を想定した（Hoffman *et al.* 1982: 23-24）。

だが近年，この遺構に異なる見解が出されている。2003 年から開始された高宮氏の再発掘（Square A6-7）でその全貌が明らかとなり，土器焼成ではなくビール醸造址である可能性が高いことが示された（Takamiya 2008; Takamiya and Aoki 2005; Takamiya and Baba 2004）。ハーランが掘り残した南側を調査したところ，矩形の溝の全容は，幅 3m，長さ 7m であり，土製支脚が円形

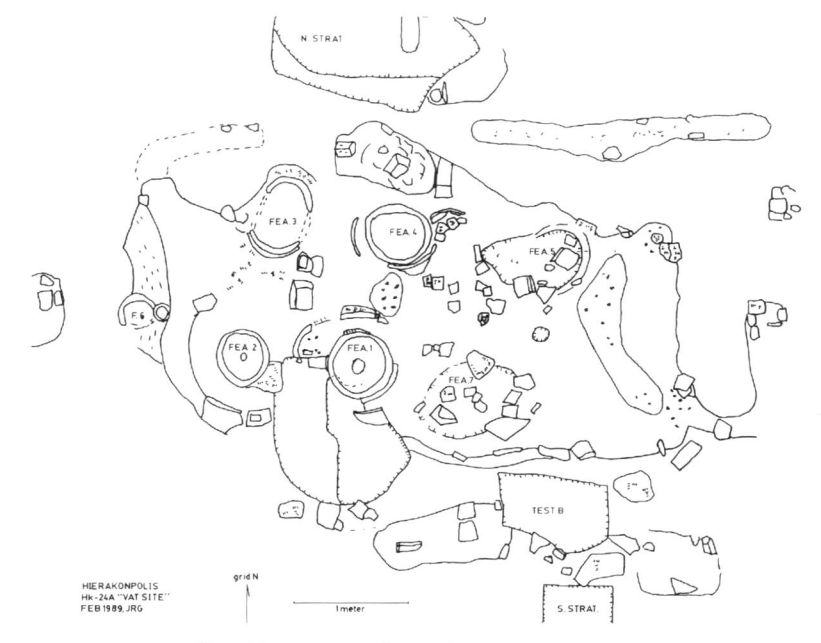

第 25 図　HK24A プラン（Geller 1992a: fig.2）

第 26 図　HK24A 検出状況（Geller 1992b: Fig.3） 　　第 27 図　HK24A の復原図（Geller 1992b: fig.4）

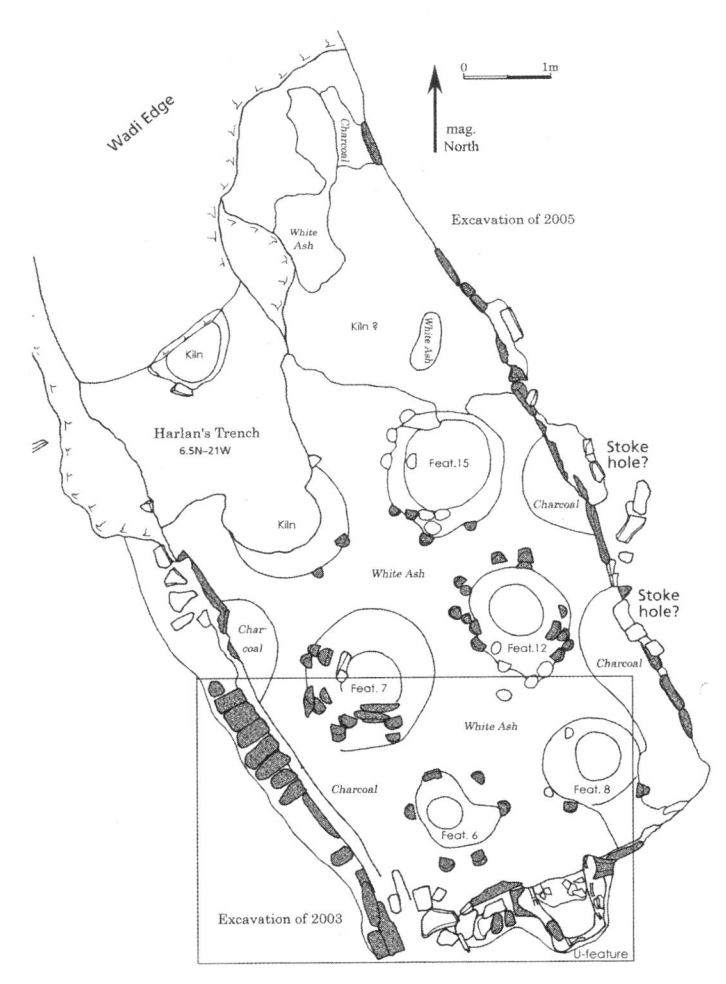

第 28 図　Square A6-7 プラン（Takamiya and Aoki 2005: 18）

に配された窪みが少なくとも6基確認され，床面の灰の状況などから本来は10基が並ぶ構造であったことが新たに判明した（第28図）。地中に突き刺さった長さの異なる土製支脚は全てやや内側に傾斜していることからも，ハーランが想定したように本来は大型甕が設置されていたと考えられる。また，支脚は過度の被熱によって赤紫色に変色・硬化し，地面の窪みも熱を受けて明赤色を呈する。ただ，壁体も同様に過度の被熱を受け，その近くに炭化物が集中することから，壁体のそばで燃焼されたと思われる。

時期に関しては土器によりナカダⅡ期中葉頃とされる（Takamiya 2005）。

3 土器焼成施設とビール醸造址の遺構的特徴

以上，ヒエラコンポリス遺跡でこれまで検出された土器焼成施設とビール醸造址について述べてきたが，ここで遺構の特徴と問題点を整理したい。

まず土器焼成施設についてであるが，これら3つの遺構のうち，赤色磨研土器焼成遺構群は他と様相が全く異なり，涸れ谷中腹という特異な場所にある。現場を実見したところ，確かに，焼成遺構であるとの根拠となった過焼成土器片と磨研土器片は集中的に散布しているものの，それ以外，何ら構造物の痕跡はない。また，土器焼成では必ず排出される灰や炭化物も全く見あたらない[11]。さらに，ゲラーは岩の割れ目を吹き抜ける風を利用して焼成していたと考えているが，これを支持する積極的な証拠はなく，現段階では推論の域を出ていないと言える。筆者の見解としては，土器焼成ではなく，その立地環境からHK6エリート墓地の祭祀活動に関連した熱利用の場であったと推測している。

さて次にHK25DとHK29であるが，両遺構の特徴は，プラットフォーム状を呈し，そこに窪みまたはピットを備えている点で共通する。HK29のプラットフォームを実見すると，砂漠上に土を盛って築かれ，幾層にも人工的に粘土が積み重ねられた状況が断面から観察された。土器の焼成施設と認定するには，昇焔式窯のような典型的な構造が確認されない限り困難ではあるが，赤く焼けたプラットフォームの周囲には，大量の土器片とともに過焼成または焼き損じの土器片や粘土付着土器片，炭化物や灰，さらには工具と思われる摩耗痕付土器片が観察されることからも，HK29が土器焼成施設である可能性は高いと言えよう。HK25Dも検出状況は似ており，フリードマンが指摘するように，同じく土器焼成施設と考えられる。

つまり，HK29とHK25Dにみられる土器焼成施設の遺構的特徴としては，プラットフォームとそれに付随する複数のピットといえる。そして両者に共通する出土土器の傾向として，スサ混粗製胎土のモデルド・リム壺の出土量が圧倒的である点が挙げられる。

ここで問題となるのが，ホフマンおよびゲラーが提示した「大型甕の中で小型の土器を焼く」という焼成方法である。この問題に対して筆者は焼成実験を通じて検証を行ったが（馬場 2004），実験の結果，大型甕内の温度は300℃を超えることがなく，土器焼成に必要な温度には達しなかった。つまり，この構造では土器を焼成するのは不可能であり，異なる焼成方法を検討する必要があろう。

さて次にビール醸造址であるが,ここで取り上げた2の遺構は,構造に若干の差異があるものの,大型甕を備え付ける点において共通している。HK24A は大型甕を土器片と粘土で固定する構造であるが,Square 6・5N-21W と Square A6-7 では土製支脚を円形に配して大型甕を支えていたと想定される。後者の遺構では大型甕は残存していなかったものの,同様な構造は他に類例があり,アビドス遺跡 D 地区(Peet 1914: 7-9; Peet and Loat 1913: 1-7)やマハスナ遺跡(Garstang 1902)では,長さの異なる土製支脚が大型甕を支える構造が明瞭に残っている(第29図・第30図)。さらに近年ではテル・エル=ファルカ遺跡(Chlodnicki and Cialowicz 2002: 91-92; Cichowski 2008)でも同じ構造の遺構が報告されており,近年の研究では,その残滓の特徴からも,こうした構造はビール醸造址であると解釈されている(Kubiak-Martens and Lange 2008; Samuel 2000: 540-541)。

第29図　アビドスの遺構(Peet and Loat 1913: fig.2)

第30図　マハスナの遺構(Garstang 1902: 39)

よって，ビール醸造址の遺構的特徴としては大型の甕の設置，そしてそれを支脚または粘土や土器片で支える構造にあるといえる。土器に関しては精製胎土と頁岩混粗製胎土の割合が高いことが特徴として挙げられる。その理由としては，特に頁岩混の胎土は熱に強いことから，加熱を必要とするビール醸造の場で選択的に用いられたとされる（Friedman 1994: 669）。確かに，上述したHK11C Square Gの住居址に見るように，一般的に頁岩混胎土は減少する傾向にあるが，スサ混粗製が台頭した後も，熱利用に特化したかたちで使われ続けていた（Friedman 1994: 669）。

第4節　HK11C Square B4-5 土器焼成遺構の調査概要

1　調査の経緯と遺構の位置

以上のように，これまでヒエラコンポリス遺跡では土器焼成施設とされる幾つかの遺構が検出されているが，明瞭な構造はなく，具体的な焼成方法も判然としない。この状況を打開するには新たな遺構の発見と発掘が必要とされ，1999年，最も保存状態の良いHK11Cにおいて磁気探査が実施された（Herbich and Friedman: 1999）（第31図）[12]。その解析結果を受け，反応が強く有望な2地点が選定され，2003から2004年にかけて発掘調査が開始された。その内1つがSquare A6-7で，そしてもう1つが以下詳述するSquare B4-5である。調査の結果Square B4-5では，磁気探査で映し出された輪郭と全く同じ形状の遺構が，土器片が厚く堆積する地表面下から姿を現したのである[13]。

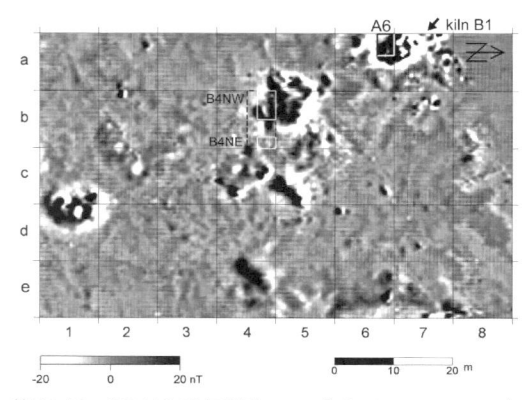

第31図　HK11C 磁気探査マップ（Friedman 2004b）

HK11C Square B4-5の位置は，ハーランがかつて調査したSquare 0N0Eと0N6Eの東隣であり，高宮氏が発掘したSquare A6-7から南に10mほどの場所になる（第20図）。ここの地形は西から東に向かってなだらかに上る傾斜面であり，その先はHK11Cで最も標高が高い小山となる。涸れ谷底とはおよそ2～3mの標高差である。

2004年の第1次調査から2009年現在まで計5回の発掘調査を行い，約12×11mのグリッドが開けられた。なお，各年次調査の概要はNekhen Newsに掲載している（Baba 2004, 2006, 2007, 2008a, 2009; Friedman 2004b）[14]。

2　調査方法と層位

発掘調査の方法は，表層から数cmづつ平面的にはぎ取りながら進め，1回の剥ぎ取り面を1フェイズとし，出土遺物を取り上げた。そして堆積土の色調や含有物の変化をもってフェイズを1つ

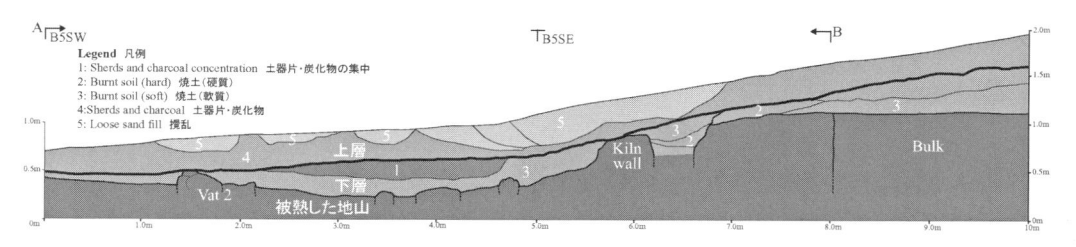

84　第 4 章　ヒエラコンポリス遺跡の調査

第 32 図　HK11C Square B4-5 セクション

の層にグルーピングし，セクション面で確認しながら層位を確定していった。第 32 図に示したセクションは発掘区域の中央で東西に切ったものだが，地表面からの攪乱はあるものの，明瞭な層位を確認することができた。こうした層序を留めている例は，この時代ではきわめて稀である。各層位は，遺構と覆土の様相の大きな変化をもって，上層と下層の 2 層に大別される。なおレヴェルに関しては，海抜標高ではなく，Square A6-7 付近の基準点を 0 標高とした相対的数値を用いている。

3　検出遺構

A. 上層（第 33 図）

　上層では，B4 グリッドの北西の表層下 35cm のレヴェルにて検出されたプラットフォーム状の遺構が特筆される（第 34 図 1）。Kiln A としたこの遺構は硬く焼き締まった粘土と土器片によって構築されており，その規模は 1.7 × 1m，高さは 30〜40cm ほどである。縁に沿って直径 1m ほどのピットが 3 つ設けられており，これらピットの内面から土器片と粘土，灰と炭化物が層状に重なり合っている状況が観察されることから，度重なる土器の焼成を経た結果，その残滓が積み上がって Kiln A のプラットフォームは形成されたものと考えられる。その南側にはほぼ同じレヴェルで続く炭化物と土器片の集中が確認され，ちょうど馬蹄形を呈して東側に広がっている。これは恐らく Kiln A での土器焼成で排出される炭化物や灰，焼き損じの土器を捨てた場所，つまり灰原であったと考えられる。そのさらに北東側には，直径 20cm ほどの穴と，プラスター状の粘土が幾層にも重なって張り付いた直径 50cm ほどの円形の窪みが検出された。この窪みについては，土器粘土の混練や精製を行った場所と考えられる。プラットフォームの北西側には締りの弱い焼土が広がり（feat.1），その中央を東西方向に走る浅い溝が設けられている。Square 0N0E と 0N6E に向かっていることからそことの関連が想起されるが，性格は不明である。

　さて，これら遺構の北側 B5 グリッドでは様相の異なる遺構が検出された。先ず挙げられるのが L 字状に掘られた溝である（第 34 図 2）。溝の中には直径 2〜8cm の木杭が 24 本連続して並ぶ（第 34 図 3）。当遺跡ではこうした木杭の検出はしばしばみられ，それはタマリスクまたはアカシアの木材を用いた柵とされる[15]。おそらくこの遺構も同じく，木杭に藁と泥を貼って作られた柵で囲われていたと思われる。北側にも，溝は掘られていないものの木杭が並び，L 字遺構の開いた側の柵を形成しているようであり，その形状からここが柵で囲われた家屋であったことは確か

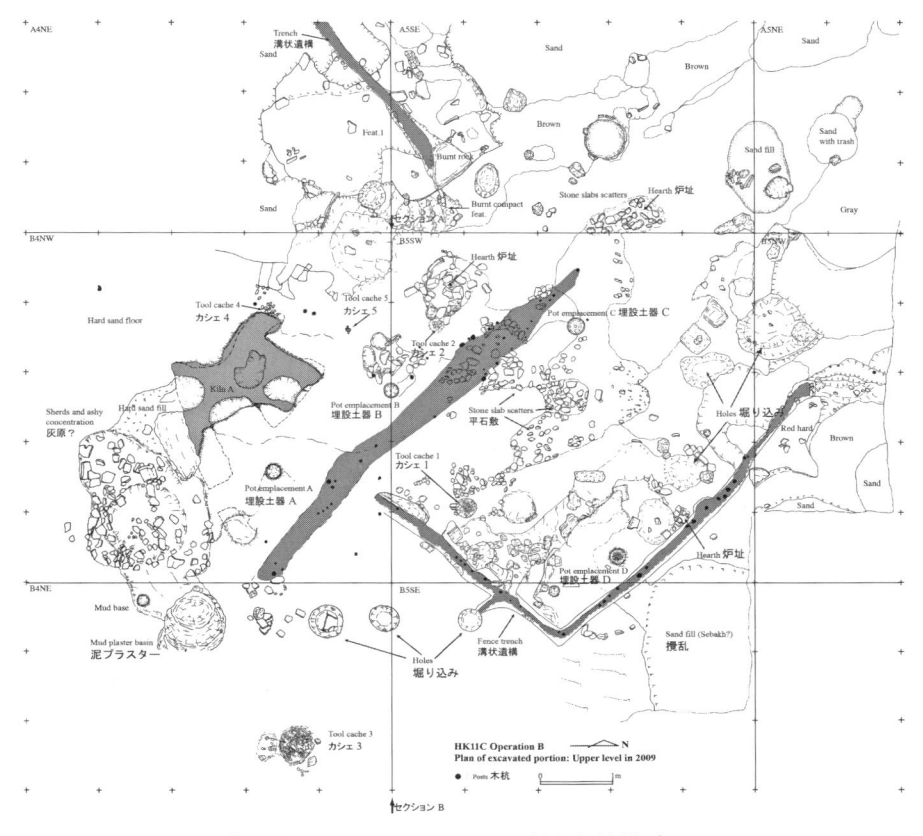

第 33 図　HK11C Square B4-5（上層）遺構プラン

であろう。その内部には平石が敷かれて，家屋の内外には 2 つの炉址が検出された。東の炉址では炭化物が強く集中し，西の炉址ではそれに加えて土器片と平石が円形状に配置され，その内外からは魚や獣類の動物骨が散乱していた[16]。加えて家屋付近では，地面を掘って据え置かれた 4 つの埋設土器も検出された（第 34 図 4・5）。埋設土器はどれもほぼ完形に近い状態で残り，その内 3 つは中に摩耗痕付土器片と表面が滑らかな砂岩が入っていた。さらに，「カシェ」と名付けた摩耗痕付土器片の集中も 4 箇所で見つかった。カシェ 1 は掘り込んだ穴の中に納められており，カシェ 3 では，同じく掘り込んだ穴であるが，そこに少なくとも 3 つの壺形土器が覆い重なるようにしてつぶれ，その中に 554 点の摩耗痕付土器片が含まれていた（第 34 図 6）。

B. 下　　層（図版 1-1・第 35 図）

下層になると，覆土は焼土による赤みが一層増し，土器片と炭化物の量もさらに増加する。下層でまず特筆すべきは，遺構全体を囲む壁体である。北側が開放されたコの字状のプランを呈する。壁体は核となる大岩に土器片と粘土を貼って作られ，焼成により固められている。南側の壁体は間隔を置いて北東に向かって 2 列に並び，大きさは幅 130cm，高さは 40cm ほどである。特に北面に粘土と土器片の付着が多く，かつ過度の被熱を受けている。一方，逆側の南面は全く熱を受けていない。また壁体北側周辺に土器片の散乱が激しい。各壁体の北西側にはそれぞれピット

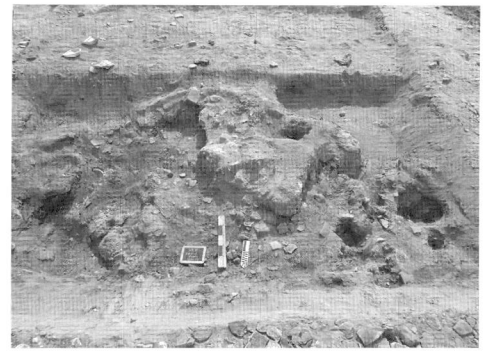

86　第4章　ヒエラコンポリス遺跡の調査

1　プラットフォーム Kiln A（上層）	 2　L字の溝状遺構（上層）
 3　L字遺構内の木杭（上層）	 4　埋設土器D（上層）
 5　埋設土器C（上層）	 6　カシェ3（上層）

第34図　上層で発見された遺構

が穿たれ（Kiln feature），それらはおおむね直径が60〜70cm，深さ30〜40cmである（第36図・第37図）。こうした壁体を伴うピットが5箇所で確認されたが，各ピットの周囲は灰と炭化物の集中が強く，内部には炭化物の黒色層と土器片，焼土の赤色層および焼土塊（焼成粘土）による赤褐色層がほぼ交互に包含されている。このことから上層のプラットフォーム Kiln A と同じく，これら Kiln feature も土器焼成の場であった可能性が考えられる。Kiln feature 1 はピットの縁にそって並べられた土器片が一部残り，ピット内の中央には平石が置かれていた。Kiln feature

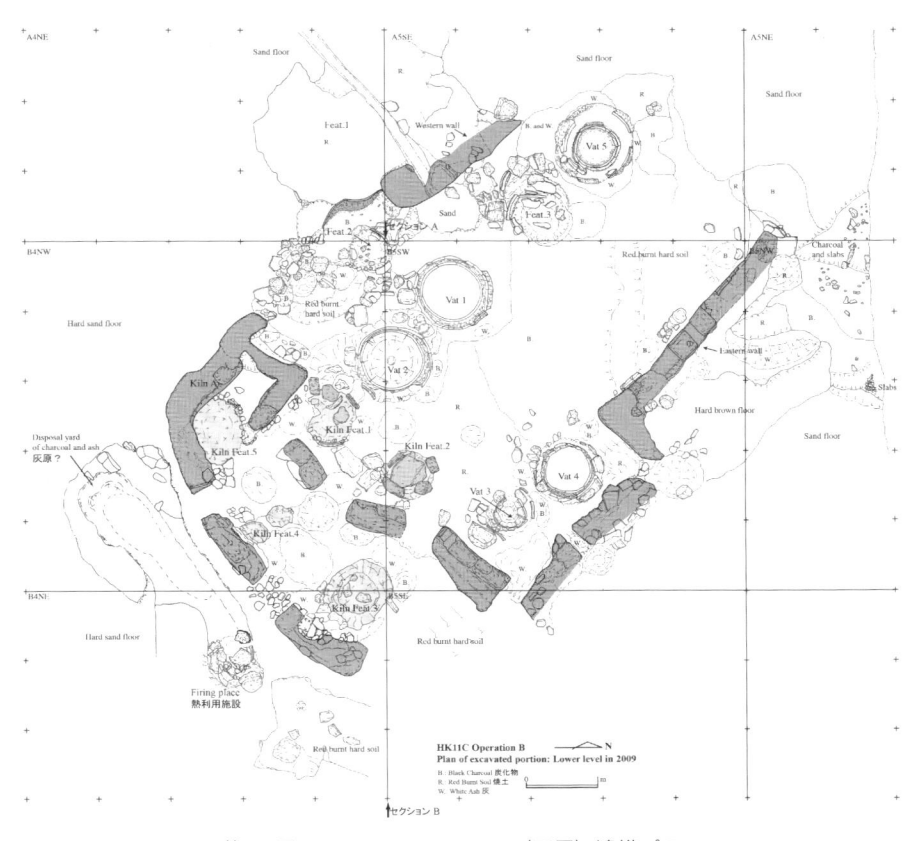

第 4 節　HK11C Square B4-5 土器焼成遺構の調査概要　87

第 35 図　HK11C Square B4-5（下層）遺構プラン

第 36 図　Kiln features（下層）　北から

88　第4章　ヒエラコンポリス遺跡の調査

Kiln Feature 1

3: 赤色焼土層
2: 黒色炭化層
1: 暗褐色層（炭化物、土器片、被熱粘土塊）

Kiln Feature 2

4: 赤色焼土層
3: 赤色土器片集中
2: 黒色炭化層
1: 灰色灰層

Kiln Feature 3

3: 暗褐色層（炭化物、土器片、被熱粘土塊）
2: 赤色焼土層
1: 黒色炭化層

Kiln Feature 4

4: 暗褐色層（炭化物、土器片、被熱粘土塊）
3: 灰色灰層
2: 黒色炭化層
1: 赤色焼土層

Kiln Feature 5

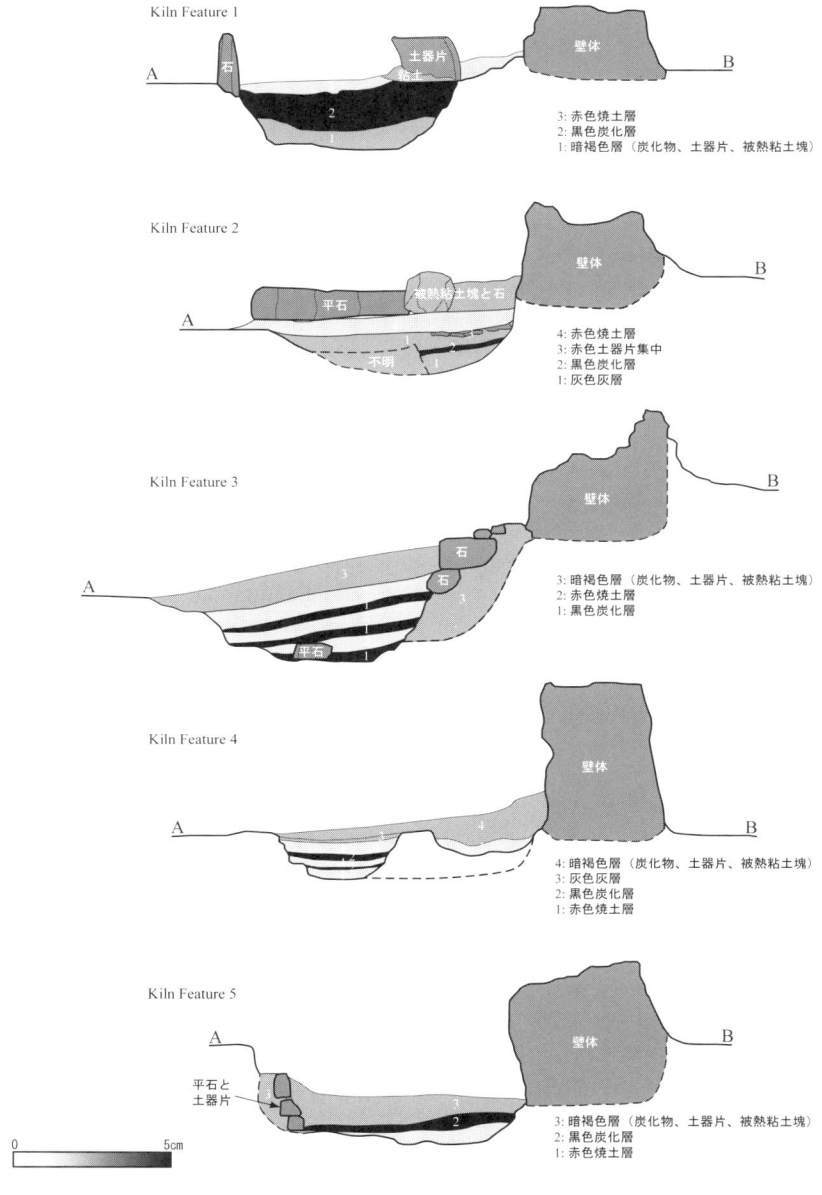

3: 暗褐色層（炭化物、土器片、被熱粘土塊）
2: 黒色炭化層
1: 赤色焼土層

第37図　Kiln features（下層）セクション

3でも同じく平石が配されていた（第38図）。Kiln feature 3でも同じく平石が配されていた。Kiln feature 2ではピットを囲むように4つの平石が縁に並べられ，その中央にも平石が据えられている。ただ，この中央の平石はピット上面レヴェルにあることから，他の目的で再利用されたと思われる。これら Kiln feature の壁体の北東側には遺構はなく，赤く焼けた地山面が地形に沿って上っていくだけである。

第4節　HK11C Square B4-5 土器焼成遺構の調査概要　89

第38図　Kiln features 3（下層）　東から

第39図　熱利用構築物（下層）のスケッチ 　　　第40図　熱利用構築物（下層）　西から

　壁体の南東側の背後には，上層の灰原と同じく馬蹄形をした炭化物と灰の集中が検出された。この場所は恐らく，下層から継続して灰原として使われていたようである。灰原が続くその東端では，小さな構築物が未攪乱の状態で検出された（第39図・第40図）。これは逆さまに据えられた土器の周りを土器片と石そして粘土で固定したもので，全体が被熱で赤くなっている。中央の土器は西面をカットして間口を作り出し，中には炭化物が大量に残っていた。この構築物の用途は不明だが，隣の土器焼成から火をもらって調理したか，あるいは逆に土器焼成のために火種を維持していたとも考えられる。
　さて，これら Kiln feature の北西側では，Vat と名付けた5つの遺構が検出された（図版1-2）。これは大型の甕（2nL タイプ）を地山に埋めて土器片と粘土で固定したもので，Vat 3以外はどれも極めて保存状態が良好である（第41図・第42図）。なお，Vat 5の隣にある feat.3 も vat が崩壊

90　第4章　ヒエラコンポリス遺跡の調査

したものと思われる。甕の最大直径は Vat 1 と 2 で 85cm，Vat 4 は若干小さく 70cm，3 と 5 はさらに小さく 50〜60cm ほどである。現存する器高は 30〜60cm ほどであるが，口縁部が欠損しているので本来は 1m ほどであったと思われる。甕は大型の土器片と粘土で包まれ，さらに外周を土器片と粘土で囲って甕との間に空間を作り出している（第 43 図）。甕の内部および外周壁の外面は煤の黒色である一方，空間の内面は高温で被熱された赤色であり，さらに空間内には灰や炭化

第 41 図　Vat 1, 2（下層）

第 42 図　Vat 3, 4（下層）南から

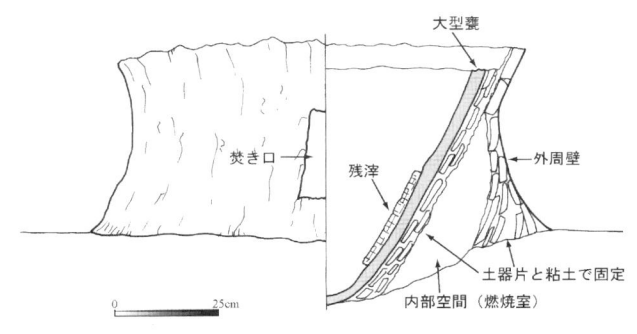

第 43 図　Vat 2（下層）セクション

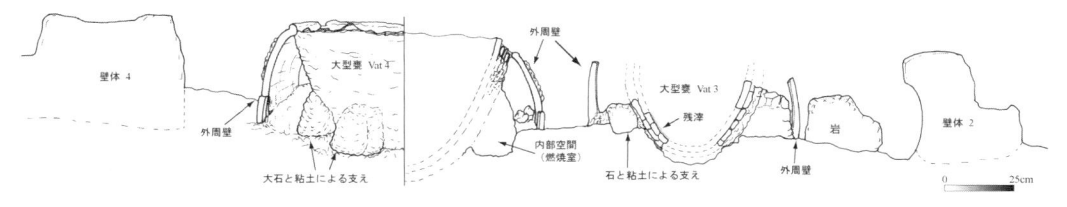

第 4 節　HK11C Square B4-5 土器焼成遺構の調査概要　91

第 44 図　Vat 3, 4（下層）セクション　南から

物が詰まっていることから，空間内部で火を焚いたと考えられる。その焚き口として，Vat 1 と Vat 2 では北側にスリット状の開口部が設けられている。Vat 4 は外周壁の一部が破損していたが，そのため内部が確認することができ，土器片と粘土だけでなく大石を用いて 3 点で甕を支える構造が観察された（第 44 図）。なお，これら大型甕の内面には，液体が凝固したような黒色で光沢のある残滓が付着して残っていた。

Vat 3 と 4 は北東側の 3 面を壁体で囲まれ，壁体はさらに北西方向に直線的に伸びている。この壁体は，矩形の岩を並べて粘土と土器片で固められたもので，上面と内面（南西側）は焼けて赤くなっている。壁体の高さはおおよそ 30〜40cm である。Vat 1 と 2 の背面も，崩壊してはいるが，同じような形状の壁体であったと考えられる。

これら下層の遺構は，堆積状況等を詳細に観察すると，すべて同時に構築されたのではなく若干ではあるが時期差があることがわかった。最も古いのが Wall 1 と 2，つまり Kiln features であり，それとほぼ同時期に Vat 1 と 2 が構築されている。その後に Wall 3 と 4 が付け加えられており，Vat 3 と 4 もその際に構築されたようである。Vat 3 は他に比べて規模が小さいが，壁体の構築順序と平面プランから考えると，ここは元々壁体を伴うピットであり，それを再利用するかたちで vat の甕が据えられたと思われる。Kiln feature 2 も再利用されたと述べたが，それは Vat 3 と 4 の構築と同じ時期であったと推測される。

4　出土遺物

これまでの発掘調査では，土器，石器と石製品，そして動植物遺存体を主体とした遺物が大量に出土した。ここではその内，出土件数が最も多く，整理・資料化が完了した土器および土製品を中心に報告する。

A. 土　器

観察項目

出土した土器は数例を除いてほぼ全て破片の状態であるため，器形を特定できる口縁部と底部の断片を対象として全点の資料化を行った。資料化にあたっての観察項目は，第 2 章で示したヒエラコンポリス土器分類システムに準拠して，胎土と器形を第 1 義とし，2 義的に器表面内外の仕上げ方法（スリップや磨き等），口径，器壁の厚さといった製作技術の属性も観察対象とした。観察した土器片の総点数は 1499 点を数える。

胎　土

破片資料の胎土についてであるが，HK11C Square B4-5では，スサ混粗製ナイルシルト（クラス1），精製ナイルシルト（クラス2），頁岩混粗製ナイルシルト（クラス3）の3種類が確認され，炭酸カルシウム混ナイルシルト（クラス5）のいわゆるマールクレイは1点のみであった。主要胎土3種の内，スサ混粗製ナイルシルトが最も多く，全体のおおよそ82％を占め，それは層位別にみてもほぼ同じである。一方，精製ナイルシルトは262点（17.5％），頁岩混粗製ナイルシルトにいたっては僅か12点（0.8％）ときわめて少なく，当遺構ではスサ混粗製の胎土が圧倒的に多いことがみてとれる（第3表）。

第3表　HK11C Square B4-5 胎土頻度

胎土クラス	全体 点数	%	表層 点数	%	上層 点数	%	下層 点数	%
1	1225	81.7	185	79.7	489	77.5	551	86.6
2	262	17.5	47	20.3	138	21.9	77	12.1
3	12	0.8	0	0.0	4	0.6	8	1.3
合計	1499	100.0	232	100.0	631	100.0	636	100.0

第4表　HK11C Square B4-5 器種組成

		胎土クラス1：スサ混粗製ナイルシルト								胎土クラス2：精製ナイルシルト								胎土クラス3：頁岩混粗製ナイルシルト							
		表層		上層		下層		全体		表層		上層		下層		全体		表層		上層		下層		全体	
		点数	%	点数	%	点数	%	点数	%	点数	%	点数	%	点数	%	点数	%	点数	%	点数	%	点数	%	点数	%
	合計	170	100	452	100	490	100	1112	100	42	100	116	100	63	100	221	100	0	100	4	100	6	101	10	100
口縁タイプ	1a	4	2.4	23	5.1	15	3.1	42	3.8	11	26.2	33	28.4	14	22.2	58	26.2	0	0.0	3	75.0	0	0.0	3	30.0
	1b	9	5.3	18	4.0	5	1.0	32	2.9	4	9.5	11	9.5	6	9.5	21	9.5	0	0.0	0	0.0	0	0.0	0	0.0
	1c	0	0.0	1	0.2	0	0.0	1	0.1	5	11.9	22	19.0	14	22.2	41	18.6	0	0.0	0	0.0	0	0.0	0	0.0
	1d	0	0.0	1	0.2	0	0.0	1	0.1	13	31.0	29	25.0	15	23.8	57	25.8	0	0.0	0	0.0	0	0.0	0	0.0
	1e	4	2.4	2	0.4	1	0.2	7	0.6	0	0.0	0	0.0	0	0.0	0	0.0	0	0.0	0	0.0	0	0.0	0	0.0
	1f	3	1.8	4	0.9	4	0.8	11	1.0	0	0.0	0	0.0	1	1.6	1	0.5	0	0.0	0	0.0	1	25.0	1	10.0
	1g	2	1.2	4	0.9	0	0.0	6	0.5	0	0.0	0	0.0	0	0.0	0	0.0	0	0.0	0	0.0	0	0.0	0	0.0
	1h	0	0.0	2	0.4	0	0.0	2	0.2	0	0.0	0	0.0	0	0.0	0	0.0	0	0.0	0	0.0	0	0.0	0	0.0
	1j	3	1.8	0	0.0	2	0.4	5	0.4	0	0.0	0	0.0	0	0.0	0	0.0	0	0.0	0	0.0	0	0.0	0	0.0
	1n	5	2.9	10	2.2	10	2.0	25	2.2	0	0.0	0	0.0	0	0.0	0	0.0	0	0.0	0	0.0	0	0.0	0	0.0
	2a	10	5.9	31	6.9	46	9.4	87	7.8	5	11.9	4	3.4	3	4.8	12	5.4	0	0.0	1	25.0	2	50.0	3	30.0
	2b	96	56.5	261	57.7	327	66.7	684	61.5	3	7.1	14	12.1	7	11.1	24	10.9	0	0.0	0	0.0	0	0.0	0	0.0
	2c	4	2.4	4	0.9	1	0.2	9	0.8	0	0.0	1	0.9	1	1.6	2	0.9	0	0.0	0	0.0	1	25.0	1	10.0
	2d	0	0.0	0	0.0	0	0.0	0	0.0	1	2.4	0	0.0	0	0.0	1	0.5	0	0.0	0	0.0	0	0.0	0	0.0
	2e	5	2.9	8	1.8	0	0.0	13	1.2	0	0.0	0	0.0	1	1.6	1	0.5	0	0.0	0	0.0	0	0.0	0	0.0
	2g	0	0.0	0	0.0	0	0.0	0	0.0	0	0.0	1	0.9	1	1.6	2	0.9	0	0.0	0	0.0	0	0.0	0	0.0
	2h	0	0.0	0	0.0	1	0.2	1	0.1	0	0.0	0	0.0	0	0.0	0	0.0	0	0.0	0	0.0	0	0.0	0	0.0
	2n	25	14.7	80	17.7	80	16.3	185	16.6	0	0.0	0	0.0	0	0.0	0	0.0	0	0.0	0	0.0	0	0.0	0	0.0
	不明	0	0.0	1	0.2	0	0.0	1	0.1	0	0.0	1	0.9	0	0.0	1	0.5	0	0.0	0	0.0	2	50.0	2	20.0
		点数	%	点数	%	点数	%	点数	%	点数	%	点数	%	点数	%	点数	%	点数	%	点数	%	点数	%	点数	%
	合計	15	100	37	100	61	100	113	100	5	100	22	100	14	100	41	100	0	100	0	0	2	100	2	100
底部タイプ	F	3	20.0	23	62.2	55	90.2	81	71.7	5	100.0	18	81.8	9	64.3	32	78.0	0	0.0	0	0.0	1	50.0	1	50.0
	R	10	66.7	4	10.8	1	1.6	15	13.3	0	0.0	0	0.0	0	0.0	0	0.0	0	0.0	0	0.0	0	0.0	0	0.0
	不明	2	13.3	10	27.0	5	8.2	17	15.0	0	0.0	4	18.2	5	7.9	9	4.1	0	0.0	0	0.0	1	50.0	1	50.0

器形と技術的特徴

次に器形についてであるが，器種組成は第4表および第45図・第46図に示した通りである。ここでは胎土ごとに代表的な器形と2義的属性である製作技術上の特徴を掴んでみたい。

先ず，スサ混粗製ナイルシルト胎土では，2bタイプのモデルド・リム壺が最も多く全体の61％強を占める。埋設土器は全てこれにあたる。層位ごとにみてもその傾向はほぼ同じであるが，下層においてはその割合が若干高く67％弱にまで上る。モデルド・リム壺は，器壁外面にはセルフスリップが塗布されナデ調整されるのが一般的である。また，器壁厚や口径値にも規格性が看取され，器壁厚は口縁部付近で8～10mmに集中し，口径値についてはおおよそ14～20cm内にまとまる。轆轤を用いない当時の土器として，こうした統一性が生じることは，同一の陶工または専業化の存在を示唆するものと思われる。これについては第7章にて詳しく扱うこととする。また，しばしば頸部近くにポット・マークを持つ例がある（第47図）。これらマークは主に口縁下の肩部にあり，焼成前に指または工具で施されている。同様なマークは同遺跡HK29でも確認さ

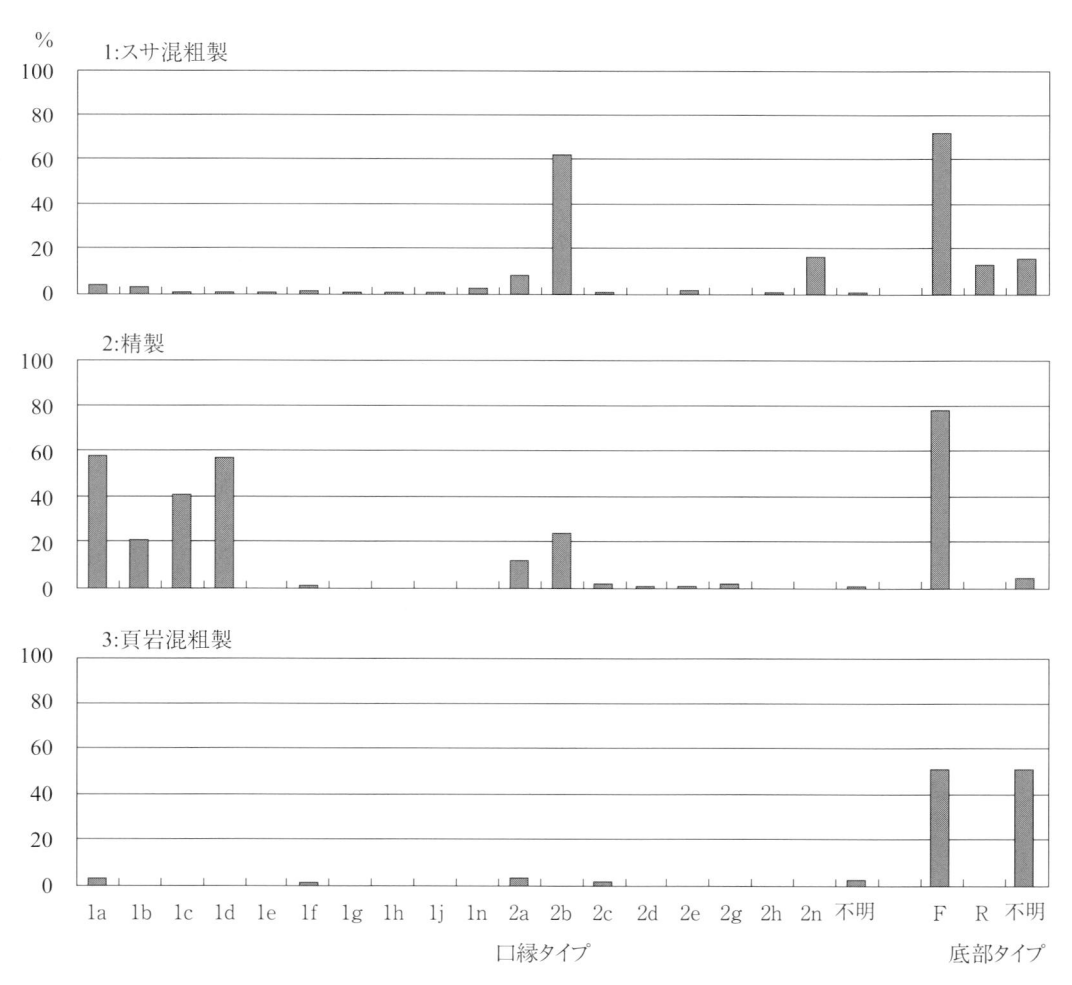

第45図　破片資料による器種組成

94　第4章　ヒエラコンポリス遺跡の調査

スサ混粗製ナイルシルト胎土

精製ナイルシルト胎土

頁岩混粗製ナイルシルト胎土

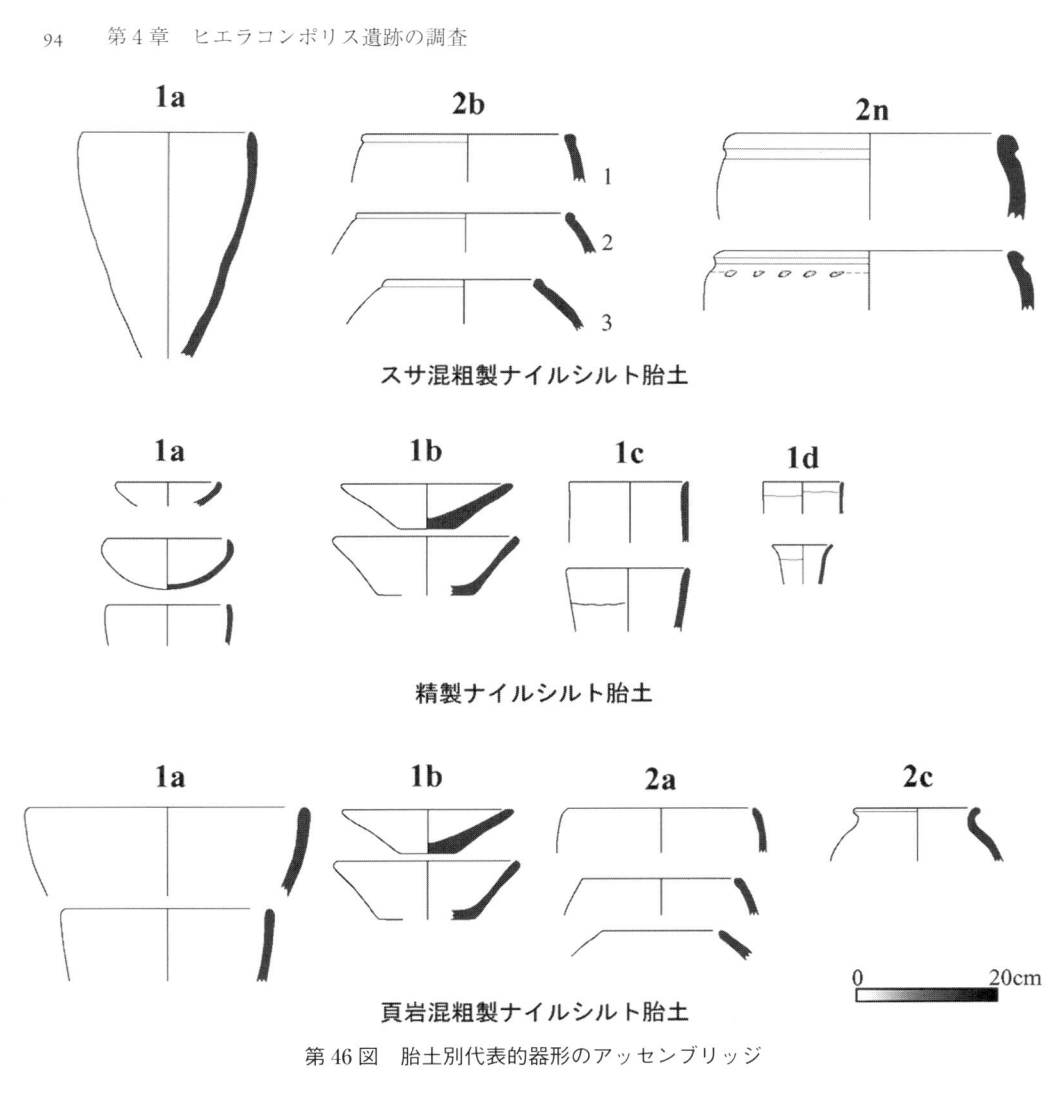

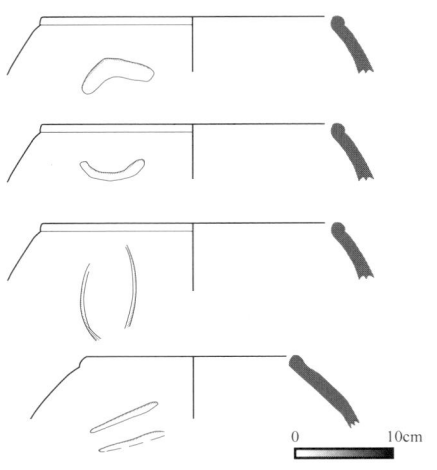

第46図　胎土別代表的器形のアッセンブリッジ

第47図　スサ混粗製胎土土器のポット・マーク

れており (Friedman 1994: fig.9.15)，確かなことは言えないが，土器の内容物または，これも製作者である陶工の帰属を示すものなのかもしれない。

　2bタイプの次には，割合は低いが，2nタイプの甕が続く。特に大型の2nLタイプが多く，口径の平均値は70cm弱を計り，中には1mを超える破片も多く存在する。下層のVatで使われている大甕がこれにあたる。器壁は内外面ともにセルフスリップの塗布と指ナデ調整が基本であり，口縁下部に指を押して付けた圧痕の装飾（thumb impression）を持つものが多い。器壁厚は概ね2～3cmである。そして3番目が2aタイプの深鉢となる。

　精製ナイルシルト胎土においては，1aから1dタイプの開いた器形の深鉢からビーカーが中心であり，それは上層も下層もほぼ同じ傾向にある。器面は，赤色および黒色またはその両者の色調を帯び，入念な磨きによって光沢を放つ。ただし，鉢や碗では全体が赤色磨研に限定され，一方ビーカーでは赤色と黒色の両者をもついわゆる黒頂土器である傾向が強い。器壁厚は平均6～7mmであるが，器形によって幅があり，小型のビーカーには3mmときわめて薄いものもある。

　頁岩混粗製ナイルシル胎土は，1aと1bタイプの深鉢または碗，そして2aや2cタイプの壺に限定される。器壁はナデ調整が基本であるが，目にみえるほどの頁岩粒の混入により比較的粗い雰囲気を呈する。器壁も10～12mmと厚い。口縁部の破片は僅か10点のみであるが，内6点が下層からの出土で，それはVat 4の付近に限定されることが特筆される。これについては以下で解釈を加えることとする。

B. 摩耗痕付土器片

　上記の土器片以外にも，縁に摩耗痕を持つ土器片も数多く出土した（第48図・第5表）。摩耗痕付土器片の主な用途は工具，具体的には土器製作用の製陶工具と考えられるが，その詳しい考察は第6章で詳しく行うこととし，ここでは出土の概要について報告する。

　まず注目したいのが，上層で検出された「埋設土器」および「カシェ」の埋納である。埋設土

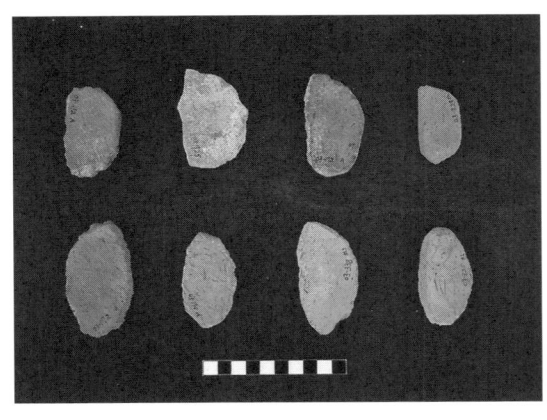

1　土器片の一例　　　　　　　　2　土器片の縁

第48図　摩耗痕付土器片

第5表　摩耗痕付土器片の出土傾向

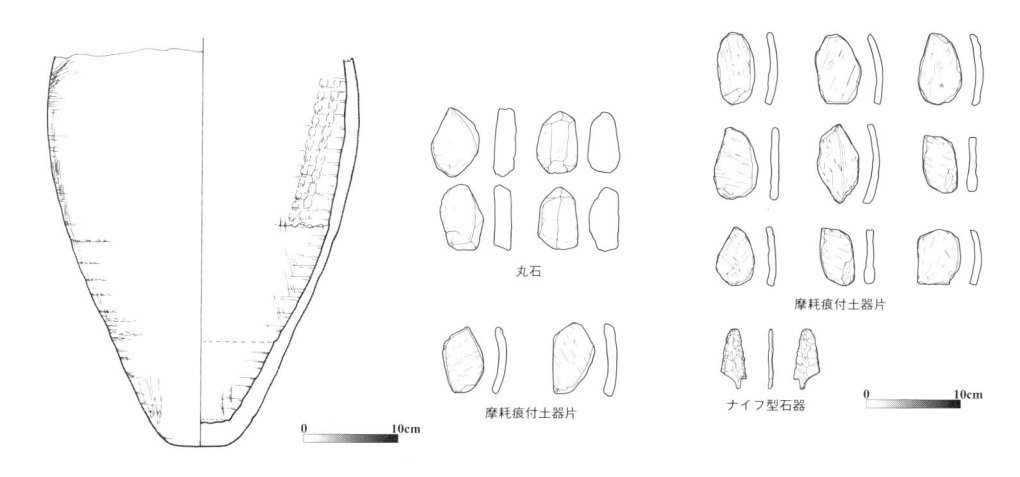

出土場所	グリッド	摩耗痕付土器片	石	石器
カシェ1	B5	47	2	0
カシェ2	B5	173	1	0
カシェ3	B4	554	2	0
カシェ4	B4	13	4	0
カシェ5	B4	9	0	1
埋設土器B	B5	11	1	0
埋設土器C	B5	89	1	0
埋設土器D	B5	6	38	0
合計		902	49	1
表層	B4 B5	243		
上層	B4 B5	348		
下層	B4 B5	26		
合計		617		
総計		1519		

第49図　埋設土器Dと埋納物の一部　　　第50図　カシェ5の埋納物

器はどれも大型で細身のモデルド・リム壺であり，検出された5つの内3つに摩耗痕付土器片が含まれていた。埋設土器Cにおいては，89点を伴っていた。一方，床面で集中して検出されたカシェに関しては，カシェ2では173点，カシェ3においては554点も含まれていた。これらは穴を掘って納められたものだが，後者のカシェは3つのモデルド・リム壺が横向きに折り重なるように穴に納まっていたので，1つの壺に含まれていたのはおよそ180前後であったと思われる。なお，カシェ5も土器底部の断片にのった状態であった。

　これら埋納でさらに注目されるのが，摩耗痕付土器片と伴に納められた石である。石は平滑面をもつ砂岩の丸石で，ほぼすべてにおいて含まれており，なかでも埋設土器Dでは38点と摩耗

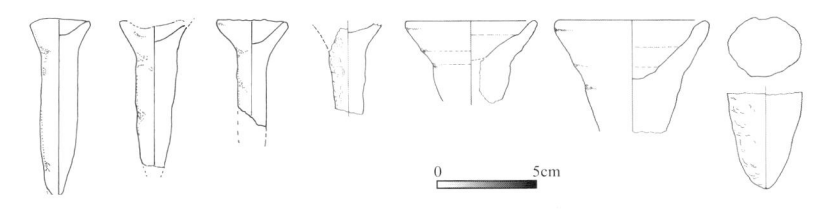

第4節　HK11C Square B4-5 土器焼成遺構の調査概要　　97

第51図　クレイ・ネイル

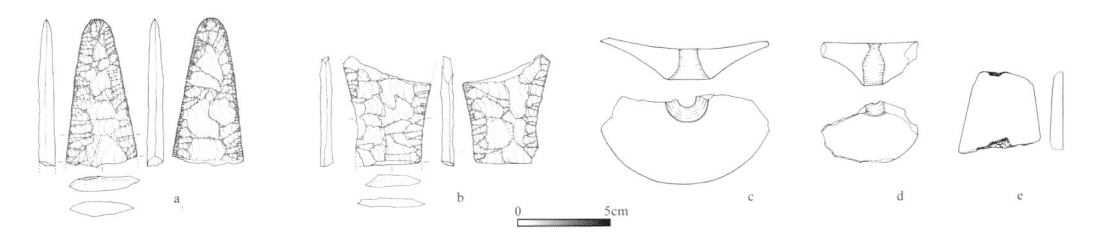

第52図　石器および石製品の一例（a・b　ナイフ型石器，c・d　棍棒頭，e　化粧板）

痕付土器片よりも多く含まれていた（第49図）。また，カシェ5では両面押圧剥離のナイフ型石器も共伴していた（第50図）。このことから，摩耗痕付土器片と丸石または石器は，ここで生産活動を行っていた工人が保有する道具のセットであったと考えられる。

　さて，これら埋納以外にも，摩耗痕付土器片は平面発掘中にほぼすべての層位で一定量出土した。表層および上層は極めて多く，上層では348点を数える（第5表）。ただ，それに比較して下層では少なく，わずか26点である。この大きな出土傾向の差は，上下層における主たる遺構の性格が異なることに起因しているのかもしれない。下層はほぼ全面に熱利用施設が広がるが，上層ではそれは南西部のプラットフォーム（Kiln A）に限られ，溝状遺構の家屋が中心を占める。摩耗痕付土器片を工具と考えれば，それを使った生産活動は主に家屋内とその周辺であったであろうことは容易に察しがつき，それが出土傾向に現れたものと考えられる。なお埋設土器の検出がすべて家屋内とその周囲であるのもそのためなのかもしれない。

　C．クレイ・ネイル

　いわゆるクレイ・ネイルも数点出土した。形態には若干のばらつきがあるが，全体的にはゴルフのピンのような形状であり（第51図），スサ混粗製と同じ胎土を捏ねて製作されている。これまで7点が出土したが，それは全て表層および上層である。なお，HK11Cでは，Square Gの住居址からも2点出土している（Friedman 2000b）。

　クレイ・ネイルは，メソポタミア建築にみられるモザイク装飾と同じ機能を有し，当地からの強い影響を受けた遺物であるとブト遺跡の研究者から指摘されている（von der Way 1992）。ただ，メソポタミアのシュメールでは，日乾煉瓦建造物の壁面に彩色されたクレイ・ネイルを嵌め込んで装飾するのだが，ヒエラコンポリス遺跡での出土コンテキストには日乾煉瓦の存在はなく，指摘されるような用途は想定しづらい。フリードマンも示唆するように，集落一般にみられる生活

98　第4章　ヒエラコンポリス遺跡の調査

に密着したもの，または生産活動に必要なものであったかもしれない（Friedman 2000b; Friedman *et al.* 2002: 59 55-62.）[17]。

D. 石器と石製品

土器と同じく石器も大量に出土したが，整理が未だ終了していないので，ここでは特徴的な石器と石製品を報告するに留める。

石器では，両面が押圧剝離で加工された2点のナイフ型石器の破片が特筆される。暗灰色のフリント製で，両者とも下層から出土した（第52図a・b）。内1点（第52図b）では，縁部全面が細かな鋸歯状二次加工でおおわれ，形状の特徴からもこれはいわゆる「フィッシュテイル・ナイフ」であると考えられる（Payne 1993: fig. 66）。

石製品では，13点の棍棒頭が挙げられる（第52図c・d）。上下両層から出土しており，全て断片である。また内12点が閃緑岩製の円盤形（disk-shape）で，1点が洋ナシ形（pear-shape）であり，どちらも中央に棒を指す穴が穿たれている（Payne 1993: fig. 60）。この他，上層では泥岩製のパレット（化粧板）の一部も出土している（第52図e）。

こうした押圧剝離石器や棍棒頭などは，その製作に時間と労力，そして技術を必要とすることから，価値の高い希少品または威信財とされ，一般的に副葬品とみなされている。そのすべてが破片であるものの，この遺構でこうした威信財的な製品が出土することは，より実用的な解釈を含めた再考が必要なのかもしれない。

5　時期推定

それでは，Square B4-5 の時期について，上層と下層に分けて出土土器の類例からその時期を推定してみたい。まず上層であるが，ここではナカダⅡC期の指標とされる点状文様や格子文

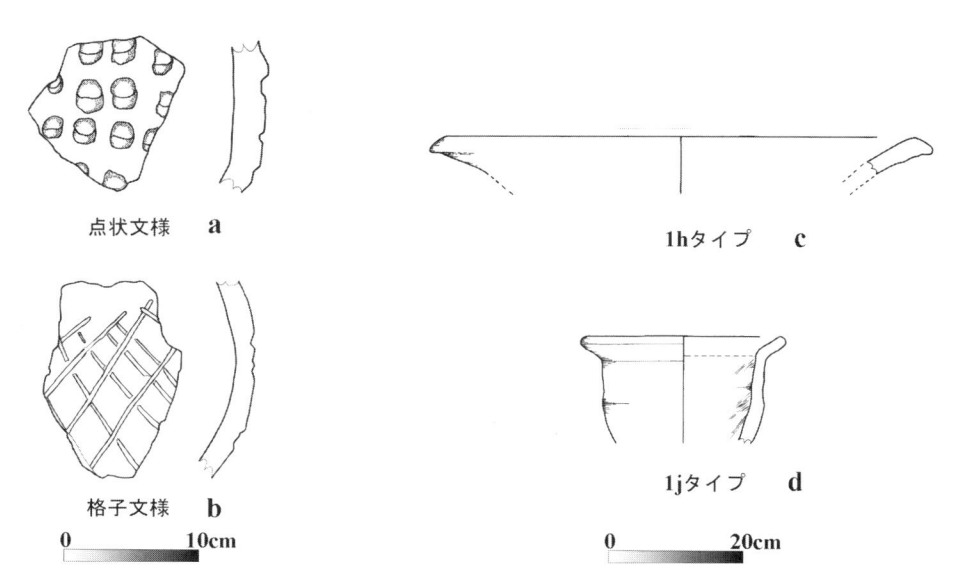

点状文様　a

1hタイプ　c

格子文様　b

1jタイプ　d

第53図　Square B4-5 上層出土の時期マーカー土器

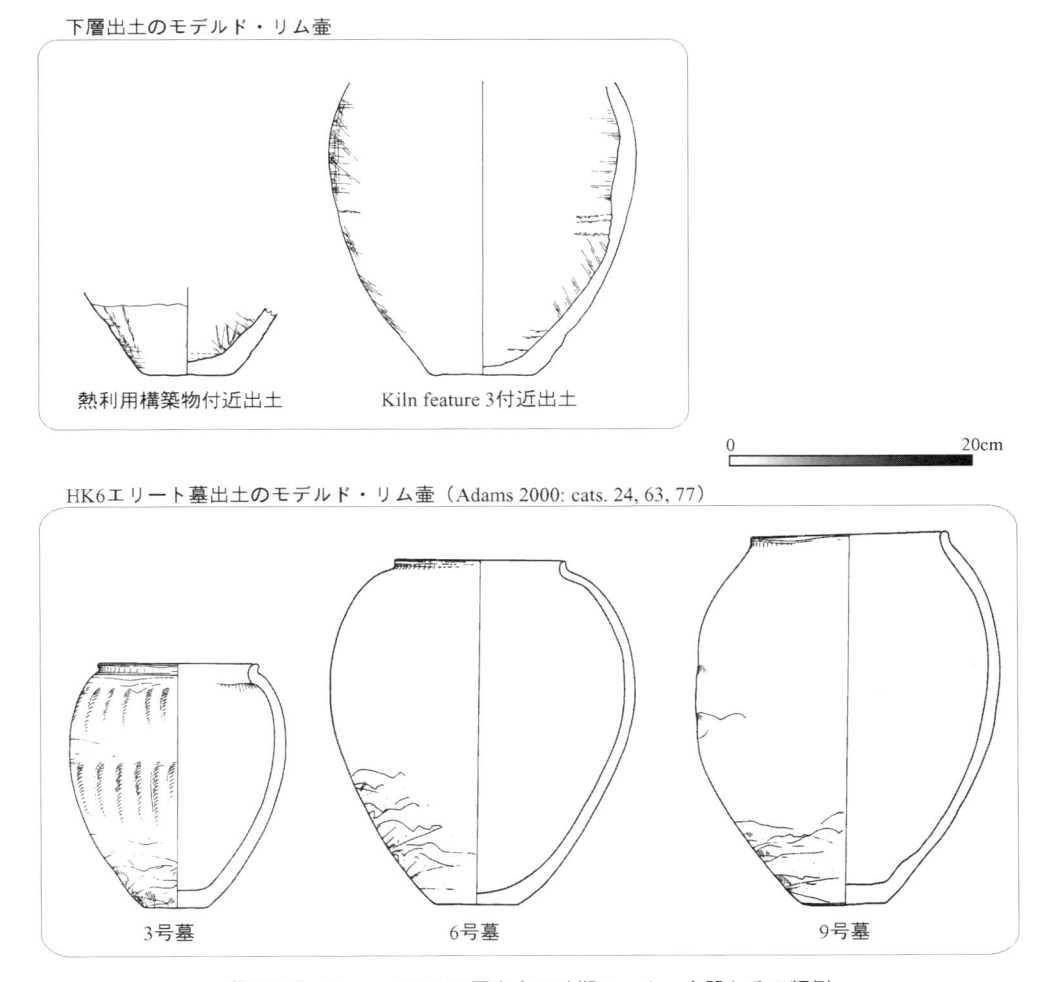

第 4 節　HK11C Square B4-5 土器焼成遺構の調査概要　99

下層出土のモデルド・リム壺

熱利用構築物付近出土　　Kiln feature 3 付近出土

0　　　　　　　20cm

HK6 エリート墓出土のモデルド・リム壺（Adams 2000: cats. 24, 63, 77）

3号墓　　　6号墓　　　9号墓

第 54 図　Square B4-5 下層出土の時期マーカー土器とその類例

様のスサ混粗製胎土土器が出土している（Friedman 1994: 714）（第 53 図）。また，スサ混粗製の土器には，口縁部が外に突き出る碗形の 1h タイプや，その丸底となる 1j タイプが含まれているが，これもナカダ中期後半以降に特徴的な器形とみなされている（Friedman: pers. comm.）。つまり，上層はナカダⅡC期またはそれ以後に比定できる。だが，第 3 章で示したように，ナカダⅢ期にその数を増やすマール胎土の土器はここでは一切出土しないことから，その上限はナカダⅡD期と考えてよいであろう。

　一方，下層の時期推定では，スサ混粗製胎土土器のモデルド・リム壺が注目される。Kiln feature 3 および Vat の付近では，平底で比較的横広の中型壺の胴部が見つかっているが（第 54 図），この器形は HK6 エリート墓地の 3 号墓，6 号墓，9 号墓（Adams 2000: 179）および 23 号墓（Friedman 2008c: 1166）に類例を求めることができ（Adams 2000: figs.18-19），それらの墓はナカダⅡA期とされる。またこれと類似した器形は 16 号墓と 18 号墓の覆土からも出土しており，ヘンドリックス

第6表　モデルド・リム壺および底部破片の出土傾向

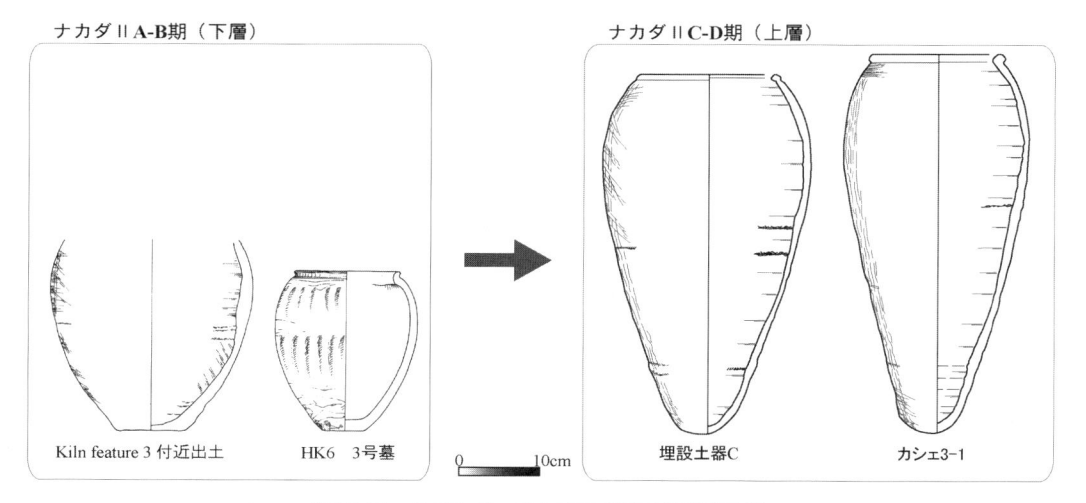

		上層		下層		
		点数	%	点数	%	合計
口縁タイプ	合計	256	100.0	325	100.0	581
	2b1	26	10.2	28	8.6	54
	2b2	128	50.0	224	68.9	352
	2b3	102	39.8	73	22.5	175
		点数	%	点数	%	合計
底部タイプ	合計	36	100.0	61	100.0	97
	F（平）	28	77.8	60	98.4	88
	R（丸）	8	22.2	1	1.6	9

ナカダⅡA-B期（下層）　Kiln feature 3 付近出土　HK6 3号墓

ナカダⅡC-D期（上層）　埋設土器C　カシェ3-1

第55図　モデルド・リム壺の器形の時期的変化

によれば，ナカダⅡA-B期とされる（Hendrickx 2005）[18]。なお，粗製の土器は集落址ではバダリ文化期から既に出土土器の大部分を占めているが，墓地での利用はナカダⅡA期以降とされる（Hendrickx 2006: 77）。そうした中で，規格性のあるモデルド・リムのような壺形土器は，上エジプトの墓地ではナカダⅡC期にその利用が増加するとされるが（Hendrickx 2006: 79），ヒエラコンポリス遺跡ではそれに先んじて生産が開始されたのであろう。

以上のことから，当遺構の時期は，下層はナカダⅡA-B期，上層はナカダⅡC-D期であると考える。

ちなみに，この上下層の時期が確定されたことにより，この遺構で最も出土点数の多いスサ混粗製胎土のモデルド・リム壺の器形の時期的変化についても特定することができる。上述したように，下層では平底で太身の中型壺が特徴であったが，上層になると，カシェや埋設土器にみられるような丸底で細身，そして高い位置に頸部をもつ大型壺が特徴的となる[19]。この傾向は全体の器種組成からも追認できる。モデルド・リム壺にあたる2bタイプは，頸部から口縁にかけ

ての内湾角度により主に3つに細分されるが（第46図），その内，内湾角度45度以下の2b3タイプは，細身の大型壺に多い特徴であり，その出土傾向をみると（第6表），やはり2b3タイプの割合が約30%から45%へと下層に比べて上層のほうが高くなっている。また，底部形状についても，丸底の割合が2%から21%へと上層において高い傾向を示している。このことから，モデルド・リム壺の器形は，平底で太身の中型から丸底で細身の大型へと変化する傾向にあり，その変化の画期がナカダⅡ期前半のA-B期から後半のC-D期にかけて起こったと判断される（第55図）。確かにこれまでもスサ混粗製胎土の壺形土器がこうした器形の変化を辿ると示唆されてはいたが（Hendrickx et al. 2002: 293-294），だが層位が明瞭に確認できる当遺構からそれを確定し，その変化の画期がナカダⅡ期中葉であることを明らかにできたのは大きな成果である。

6 遺構の機能

　以上，Square B4-5 の出土遺構と遺物の報告を行ったが，最後に，上述した他の熱利用施設を参照しつつ，Square B4-5 遺構の機能を今一度検討してみたい。

　まず，上下両層から検出されている土器焼成施設と思われる遺構についてであるが，上層のプラットフォーム Kiln A では直径1mほどのピットが伴っており，そのプランは HK29 と HK25D と極めて酷似している。かつ，プラットフォーム内部またはその周辺では，過焼成または焼き損じの土器片や粘土付着土器片，炭化物や灰などといった土器焼成の残滓が集中してみられることからも，土器焼成場と評価できるであろう。ただ，HK29 や HK25D ではプラットフォームは粘土を盛って築かれているが，Kiln A は焼成残滓が積み上がったものなので，その形成過程は異なっている。この点は下層の状況が左右していると思われる。

　その下層では壁体を伴う5つのピット遺構（kiln feature）が検出されているが，これらは HK29 や HK25D のようなプラットフォームの形成はしていないものの，ピットを伴う点では共通する。また，ピット内外の残滓や被熱状況，そして何よりも土器片の出土が集中することから，上層の Kiln A と同じく，ここも土器焼成場であったとみなせるだろう。なお，壁体前のピット周囲には焼成残滓が積み重なる状態が確認された（第38図）が，これは残滓が完全に除去されることなく次の焼成が行われたためと考えられ，上層のプラットフォーム Kiln A は，kiln feature 5 におけるその積み重ねによって形成されたものといえる。

　このように，プラットフォーム Kiln A および kiln feature は土器焼成施設と判断されるが，そこに共通する遺構的特徴はピットである。これは HK29 や HK25D においても同じである。つまり当時の主な焼成方法として，ピット窯が想定されるのである。その具体的な焼成方法は6章にて土器の焼成痕観察等を加えて復原を試みるが，ここで付記しておきたいのは，ピット付近では一般的な土器片とは別に，焼成粘土が付着した土器片も大量に出土していることであり，これは焼成時に使用されたものと考えられ，復原する際の重要な資料となる。

　また，出土土器の傾向をみても HK29 や HK25D と同じく，上下両層にてスサ混粗製胎土のモデルド・リム壺が大多数を占め，それは全体の60%以上に達する。よって，ここではモデルド・

リム壺が専門的に製作されていたといえる。

さて，Square B4-5 ではこれら土器焼成以外にも注目される遺構が存在する。上層では，溝状遺構の家屋，粘土の混練場と思われる窪み，そして工具と考えられる摩耗痕付土器片を大量に含む「カシェ」や「埋設土器」に特徴づけられる。これらも土器製作との強い関連性が想定されることから，上層の遺構は，焼成場と作業場をもつ土器製作の工房址であったと推測される。

一方下層において注目されるのが大型甕（vat）である。これは，これまでヒエラコンポリス遺跡で検出されているビール醸造址と大型甕を用いる点で構造的に類似する。ただ，既往のビール醸造遺構は土製支脚等で固定された甕が複数並び，その全体が覆われる構造であったとされるが，ここでは甕は外周壁で囲われてそれぞれ独立しており，異なる構造を成している。その違いがビール醸造工程における機能差を反映していることも考えられるが，アビドスとテル・エル＝ファルカがナカダ III 期の遺跡であることから，ここでは時期差による構造の違いと考える。構造的特徴からだけではその使用目的は特定できないが，植物遺存体の分析では，大型甕周囲の土壌サンプルに麦芽のエンマーコムギが確認され，さらに甕内に残った残滓からは粗く砕いたエンマーコムギの麦芽が検出されていることからも[20]，ビール醸造に関連した施設であった可能性は高い。なお，HK24A のビール醸造址では頁岩混粗製ナイルシルト胎土土器の割合の高さに特徴付けられるが，ここでも，点数は僅かではあるがこのクラスの出土が大型甕の周囲にほぼ限定され，この点もビール醸造址とする１つの補強材料になろう。

第 5 節　小　　結

本章では，ヒエラコンポリス遺跡の既往調査を概観し，HK11C Square B4-5 の調査成果を報告した。Square B4-5 で検出された遺構は土器焼成の施設であると考えられ，遺構の特徴からその焼成の形態はピット窯であったと想定された。そして，その主な製品がスサ混粗製ナイルシルト胎土のモデルド・リム壺であったことも推察された。なお，Square B4-5 の下層はナカダ II A-B 期に比定されることから，当遺跡の HK29 とともに，エジプトで最古の土器焼成遺構となる。さらに，この下層は熱利用に特化した場所であったようで，土器焼成遺構と並んで検出された大型甕（Vat）遺構はビール醸造に関連する施設であると考えられた。ビール醸造址であれば世界最古の例となる。

前章で述べたように，先王朝時代における土器製作技術の研究は，その資料的制約によりこれまで十分に行われてこなかったが，こうした近年のヒエラコンポリス遺跡の調査は，研究の現状を打開し，具体的な分析・考察を行うに耐えうる情報を提供している。

次章からは，このヒエラコンポリス遺跡の資料をもとに，粘土採取から焼成に至る一連の土器製作技術を詳しく検討していく。

註

1) さらに最近の予備調査により，穀物倉庫は筒型の形状で，かつ天井までがほぼ完全に残っている状態であることがわかっている（Friedman: pers. comm.）。
2) 残念ながら，現在その正確な場所は不明となってしまっている。
3) フリードマンはその類例として，サッカラのジェセルのピラミッド・コンプレックス内にある「南の家」を挙げ，石造で築かれるようになるその原型にあたるという（Friedman 1996: 33-34）。
4) この遺構図はフリードマンから提供を受けた。
5) ホフマンによって同定された土器焼成窯は15地点に及ぶが，その根拠として，土器片が集中散布していること，焼き損じの土器片や焼成残滓の密度が比較的高いこと，そして中には塚状に盛り上がっているものもあることを挙げている（Hoffman 1980: 56）。しかし，今回紹介する遺構以外は，実際に発掘されておらず，現段階では土器焼成窯である確証は低い。
6) ホフマンの報告では，プラットフォーム状遺構の上面は一様に火を受けているとしか記述されていないが（Hoffman et al. 1982: 12），その縁辺部は若干の立ち上がりを見せており，壁とまではいえないが，ある程度風を制御するための構造を成していたと想定される。
7) この復原図は公開されておらず，ホフマンが遺した一次資料をフリードマンから提供受けた。
8) 精製胎土を使った赤色磨研土器の他にも，スサ混粗製土器も見つかっているが，その比率は約76対24と精製土器が圧倒的に多い（Geller 1984: 44, table3-1）。
9) これらの地点の下方にHK6エリート墓地が広がっていることから，この墓地における副葬品を供給するために赤色磨研土器がここで製作されていたとも考えられている（Friedman 1994: 646）。
10) 上エジプトでは高気圧帯の影響によりほぼ年間を通じて北風が吹いている。
11) ゲラーの報告書（Geller 1984）においても，灰や炭化物に関する言及はない。
12) 磁気探査は地下に眠る遺構を最も正確に把握できる方法として近年注目され，エジプト各地の遺跡で成果を出している（Herbich 2004）。
13) なお，この近隣には更に幾つかの反応地点が確認されており，それらも同様に土器焼成遺構である可能性が高い。
14) 第1次調査は，ヒエラコンポリス遺跡の調査隊長であるフリードマンが指揮を執り，第2次以降は分担調査として筆者が発掘を行った。
15) 例えば当遺構のすぐ西側のSquare 0N-6Eで検出された直径2.5～5cmの木杭は，タマリスクと同定される（Hadidi 1982: 106）。さらに，HK6で近年発見された墳墓（23号墓）を取り巻く大型遺構も同様に，アカシアまたはタマリスクの木杭に植物とプラスターを貼った柵で囲まれて，さらにここの柵は彩色まで施されていたとされる（Friedman 2006, 2008c: 1161-1170; McNamara and Droux 2006）。
16) 動物遺存体は現在分析中であるが，骨の形状から，魚類は主にナマズやナイルパーチといった大型の淡水魚であったと判断される。
17) 近年では，製塩に用いられた道具であったとの解釈も提示されている（Wilde and Behnert 2002）。
18) 16および18号墓の土器に関しては，第6章の分析対象資料として扱うこととなるので，器形の詳細は6章を参照されたい。
19) この器形は，ピートリの集成ではR81に相当する（Petrie 1921: pls.XLI-XLII）。
20) 植物遺存体分析は現在，ヘルワン大学ファハミー教授によって進められており，まだ予備分析の段階である。

第5章 胎土分析からみた技術
（粘土採取・素地づくり・焼成温度）

　前章ではヒエラコンポリス遺跡の土器焼成遺構等について報告したが，その製作址で用いられた土器づくりの技術を理解するため，この遺跡出土の土器片資料を対象に胎土分析を実施した。分析手法は，土器薄片の偏光顕微鏡観察（thin-section）による岩石学的分析，誘導結合プラズマ発光分光分析（ICP-AES）による化学組成分析，そして走査型電子顕微鏡（SEM）観察の3つからなる。具体的な手続きは，まず胎土分析による分類を行い，岩石学的および化学的な特徴を明らかにする。そして，その基礎データをもとに粘土採取，素地づくり，焼成温度といった製作技術を考察する。

第1節　分析資料

　胎土分析に用いる資料は，大英博物館に保管される35点の土器片である（第7表）。これは，1970年代にホフマンを中心とする調査隊がヒエラコンポリス遺跡での発掘および表採した資料の一部である。これら資料群はエジプト政府から分配されてアメリカに運ばれたが，その後，現調査主任のフリードマンが大英博物館の研究員となるにあたりイギリスに移管された。彼女の許可を得て，カーデフ大学歴史・考古学科の実験室で各種分析を実施した。

　35点中25点はHK11CのマウンドA Test Aトレンチ（遺構の場所は第20図を参照）から得られたもので，残りは，HK29土器焼成遺構やHK29A初期神殿遺構の発掘資料，およびHK11Cやフォート付近の表採資料である。

　第7表に記載した胎土タイプは，現行のヒエラコンポリス遺跡の分類基準に準拠した肉眼観察によるものである。時期については，マウンドAの遺構は報告者によってナカダⅠ期とされているが（Harlan 1985: 181; Hoffman et al. 1982: 16），スサ混粗製土器も含まれていることから，その時期幅は少なくともナカダⅡ期まで続くもの考えられる。HK29A出土のBM25（砂混粗製）はフリードマンによるとナカダⅡ期後半とされる（Friedman 1994: 156）[1]。HK29出土のBM31，BM32は土器焼成遺構の比定時期に基づき，ナカダⅡ期前半とした。その他の表採資料については，第2章で示した土器編年に従って時期を比定した[2]。

　加えて，粘土採取地等の検討のため，ヒエラコンポリス遺跡およびバラースで採取された粘土サンプルも比較資料として用いる。詳細は後述する。

第7表　分析対象資料（大英博物館所蔵）

資料	地点	HK 胎土タイプ		部位	HK 器形タイプ	外面仕上げ	時期
BM1	HK11C M.A.	クラス2	精製ナイルシルト	胴部		赤色摩研	ナカダ I-IIAB
BM2	HK11C M.A.	クラス1	スサ混粗製ナイルシルト	胴部			ナカダ I-IIAB
BM3	HK11C M.A.	クラス1	スサ混粗製ナイルシルト	胴部			ナカダ I-IIAB
BM4	HK11C M.A.	クラス2	精製ナイルシルト	胴部		赤色摩研	ナカダ I-IIAB
BM5	HK11C M.A.	クラス1	スサ混粗製ナイルシルト	口縁部	1-2b1	ナデ	ナカダ I-IIAB
BM6	HK11C M.A.	クラス2	精製ナイルシルト	胴部		赤色摩研	ナカダ I-IIAB
BM7	HK11C M.A.	クラス3	頁岩混粗製ナイルシルト	口縁部	3-1n?	ナデ	ナカダ I-IIAB
BM8	HK11C M.A.	クラス2	精製ナイルシルト	口縁部	2-1b1	赤色摩研	ナカダ I-IIAB
BM9	HK11C M.A.	クラス7	スサ混粗製ナイルシルト?	胴部		赤色ナデ	ナカダ I-IIAB
BM10	HK11C M.A.	クラス2	精製ナイルシルト	底部	2-F1	赤色摩研	ナカダ I-IIAB
BM11	HK11C M.A.	クラス7	頁岩混粗製ナイルシルト?	口縁部	27-1a?	黒色ナデ	ナカダ I-IIAB
BM12	HK11C M.A.	クラス1	スサ混粗製ナイルシルト	口縁部	1-2?	赤色ナデ	ナカダ I-IIAB
BM13	HK11C M.A.	クラス3	頁岩混粗製ナイルシルト	口縁部	3-1n?	ナデ	ナカダ I-IIAB
BM14	HK11C M.A.	クラス1	スサ混粗製ナイルシルト	底部	1-F1		ナカダ I-IIAB
BM15	HK11C M.A.	クラス1	スサ混粗製ナイルシルト	口縁部	1-2b1	セルフスリップ・ナデ	ナカダ I-IIAB
BM16	HK11C M.A.	クラス2	精製ナイルシルト	胴部		赤色摩研	ナカダ I-IIAB
BM17	HK11C M.A.	クラス3	頁岩混粗製ナイルシルト	口縁部	3-1?	ナデ	ナカダ I-IIAB
BM18	HK11C M.A.	クラス1	スサ混粗製ナイルシルト	口縁部	1-1?	ナデ	ナカダ I-IIAB
BM19	HK11C M.A.	クラス2	精製ナイルシルト	胴部		赤色摩研	ナカダ I-IIAB
BM20	HK11C M.A.	クラス2	精製ナイルシルト	胴部		黒色摩研	ナカダ I-IIAB
BM21	HK11C M.A.	クラス1	スサ混粗製ナイルシルト	口縁部	1-?	ナデ	ナカダ I-IIAB
BM22	HK11C M.A.	クラス1	スサ混粗製ナイルシルト	口縁部	1-1?	ナデ	ナカダ I-IIAB
BM23	HK11C M.A.	クラス2	精製ナイルシルト	胴部		赤色摩研	ナカダ I-IIAB
BM24	HK11C M.A.	クラス3	頁岩混粗製ナイルシルト	胴部		ナデ	ナカダ I-IIAB
BM25	HK 29A	クラス9	砂混粗製ナイルシルト	口縁部	9-2b		ナカダ IICD
BM26	HK11C S.	クラス5	カルシウム混ナイルシルト	口縁部	5-2c	ナデ	ナカダ IICD-III
BM27	HK11C S.	クラス1	スサ混粗製ナイルシルト	口縁部	1-2b2	セルフスリップ・ナデ	ナカダ I-II
BM28	HK11C S.	クラス1	スサ混粗製ナイルシルト	口縁部	1-2b3	セルフスリップ・ナデ	ナカダ I-II
BM29	HK11C S.	クラス2	精製ナイルシルト	口縁部	2-1a1 bowl	赤色摩研	ナカダ I-II
BM30	HK11C S.	クラス1	スサ混粗製ナイルシルト	口縁部	1-2b2-3	セルフスリップ・ナデ	ナカダ I-II
BM31	HK29	クラス1	スサ混粗製ナイルシルト	口縁部	1-2b2	セルフスリップ・ナデ	ナカダ I-IIAB
BM32	HK29	クラス2	精製ナイルシルト	胴部		赤色・黒色摩研	ナカダ I-IIAB
BM33	フォート S.	クラス5	カルシウム混ナイルシルト	胴部		ナデ	ナカダ IICD-III
BM34	フォート S.	クラス12	マール・ナイルシルト混合?	胴部		ナデ	ナカダ IICD-III
BM35	フォート S.	クラス12	マール・ナイルシルト混合?	胴部		ナデ	ナカダ IICD-III

M.A.：マウンド A
S.：表採

第2節　分析方法と手順

1　胎土分析について

　土器の胎土分析には様々な方法が用いられているが，基本的には岩石学的方法と化学的方法に分けることができる。岩石学的方法とは粘土と含有物の鉱物組成を特定するもので，化学的方法は胎土の化学組成を把握するものである。前者で最も一般的な手法が偏光顕微鏡による薄片分析である（Freestone et al. 1982; Peacock 1970: 379; Reedy 1994; Stoltman 2001）。その長所は，土器の胎土基質に含まれる鉱物等の含有物を直接観察できる点にあり，その種類と多寡といった鉱物組成の把握から胎土分類を行うのに優れた方法といえる。また，含有物の性質を詳しく観察することができるので，そこから製作技術の問題にも切り込むことも可能となる。一方，後者の化学的手

法であるが，これは土器胎土を構成する主要元素や化合物を同定しそれを数量的に把握できるため，定量的な胎土分析が可能となる。また元素レベルでの分析値が得られることから，特に産地同定の検討に有効性を発揮する。

胎土分析には，これら岩石学的方法と化学的方法の両者を併用することが望ましい。なぜならどちらの分析方法も長所と短所を併せ持っているからである。薄片分析では，混和材等の含有物の同定にはきわめて有効であるが，基質そのものの同定は難しい。それとは逆に，化学組成分析では粘土の性質はかなり明瞭に把握できるものの，含有物の種類や量，混和材の有無といった胎土全体の気質を知ることは不可能である。特に，本論が目的とする製作技術の理解には，両者の分析を取り入れた方法論が必要となる。

エジプト学でもこうした胎土分析は比較的古くから行われており，偏光顕微鏡による薄片分析は，ノードストロームによるヌビア新石器時代（Aグループ）の土器研究（Nordström 1972）をその嚆矢とし，近年ではボリオ等のウィーンシステムの確立者によって精力的に行われている（Bourriau and Nicholson 1992; Bourriau, Smith and Nicholson 2000）。また，化学分析を取り入れた有機的な研究も一定の蓄積があり，彩文土器の製作技術に着目した研究（Noll 1981），胎土の化学組成の理解を目的とした研究（Desmond et al. 1986; Hope et al. 1981; Mallory-Greenough et al. 1998; Strouhal et al. 1986），その他にも現代の土器や粘土サンプルを用いて材料の起源を検討した研究（Hancock et al. 1986; Redmount 1996; Tobia and Sayre 1974）などが挙げられる。

先王朝時代の土器を扱った研究はそれほど多くはないが，薄片分析ではリーダラーによるミンシャット・アブ・オマル遺跡の石灰質胎土の観察（Riederer 1992）や，ガリーが行ったヘマミエ出土土器の研究（Ghaly 1986），ポラートによるパレスティナ地域との関係を模索した研究（Porat 1989）などが挙げられる。特にガリーの研究は，バダリからナカダ文化期にいたる出土層位が明確な資料を扱って土器胎土の変遷を示した注目すべきものである。また，化学分析を併用した研究としては，近年のボリオ等による胎土分類（Bourriau et al. 2004）や，ヒエラコンポリス遺跡資料を扱ったハムルーシュの研究も，粘土の起源や製作技術を検討した大変興味深いものである（Hamroush 1985）。ヒエラコンポリス遺跡ではこの他にも，岩石学的分析と化学的分析の両者を利用した土器胎土研究が行われており（Allen et al. 1989; Allen et al. 1982; Hamroush 1992; Hamroush et al. 1992），先王朝時代では最も先学の研究成果が充実している。これら先行研究の内容については逐次触れていくが，ただ，その多くは一般的な胎土分類に留まり，まとまった資料群を詳細に分析した製作技術の研究例はきわめて稀である。また，分析結果の詳細なデータを開示した例も極めて少なく，そのため比較検討することが難しい。そうした意味において，本論における胎土分析では，技術論まで深く切り込み，できるだけ詳細な情報を提示することに努め，この時代の土器研究に貢献したいと考える。

さて，本論における胎土分析の手順としては，はじめに薄片分析によって岩石学的な胎土グループに資料を分類し，その鉱物組成を明らかにする。そして，この胎土分類を化学分析から比較検討するとともに，各グループの化学組成の特徴を浮き彫りにする。これらのデータを基礎として，

製作技術の考察を行う。なお，SEM は焼成温度の推定に用いる。

それでは以下，具体的な分析の原理と手順について述べる。

2　岩石学的分析

偏光顕微鏡による土器薄片の岩石学的分析の原理は，以下の通りである。普通の光はあらゆる方向に振動している光の混合であるが，それに対して偏光は特定の方向にしか振動していない光である。偏光顕微鏡はこの偏光特性を利用したもので，試料に偏光をあて各鉱物が発する特有の輝度または色の変化から種類を特定するのである。偏光顕微鏡には，試料をのせるステージの上下に2枚の偏光板があり，上方の偏光板は可動式となっている。上方の偏光板を外し下方1枚のみは開放ニコル（PPL），両方付けた場合は直交ニコル（XPL）と呼ぶ。後者では光が干渉しあうため試料は干渉色を呈する。鉱物はそれぞれ光学特性が異なるため，開放と直交ではそれぞれ見え方に違いがあり，その特徴から種類を同定することが可能となる。例えば石英や長石は自然光下では白色透明にみえるが，偏光をあてると直交ニコルでは結晶の方向にしたがった減光がみられ，ステージを回転させると90度ごとに色が変化する特性をもつため，鉱物の特定が可能となる。また色の変化以外にも，特有の形状や結晶構造からも鉱物を同定することができる。

さて，実際の分析手順であるが，分析に用いる薄片は，35点の資料のうち小さな土器片であったBM16を除く34点を対象とし，0.03mmの薄さにスライスしたものをエポキシ系接着剤でスライドガラス上に固定させて作成した[3]。偏光顕微鏡はライカ社DMEPを用い，主に40倍の倍率で観察した。

分析においては，まず胎土基質の色調と複曲折または等方性の状況[4]，含有物の均質性（sorting），鉱物組成とその含有量（quantity），および粒子の形状（roundness）と大きさを主たる観察項目とし，岩石学的な胎土分類およびその特徴の把握を目的とした[5]。また，有機物の消失による孔隙（void）も同じく観察対象とした。表記方法については，主要鉱物の均質性と粒子形状はペティジョン等（Pettijohn *et al*. 1973: figs.A-1, 2）（第56図）に，各鉱物の含有量はレスター大学地質学部が配布したスケール（第57図）に準拠した。ただ実際には同定が困難な鉱物もあり，その際，半透明で色の変化を持つものは重鉱物（heavy minerals）とし，不透明で色が変化しないものはオパーク鉱物（opaque minerals）とした。

この薄片分析は胎土分析方法のなかでも直接観察できる点で精度が高く優れた方法であるが，ただ問題もある。これは常に指摘されていることである（鐘ヶ江 2007: 32; 西田 1984: 5）が，偏光顕微鏡では薄片というきわめて狭い範囲内での観察となるため，土器1個体の全体的傾向を表しているとは限らない。また，径が砂粒以上の鉱物やスサなどの比較的大きな含有物は薄片のみでの把握が難しいこともある。そこで，必要に応じて資料全体の肉眼観察および実体顕微鏡を併用した。

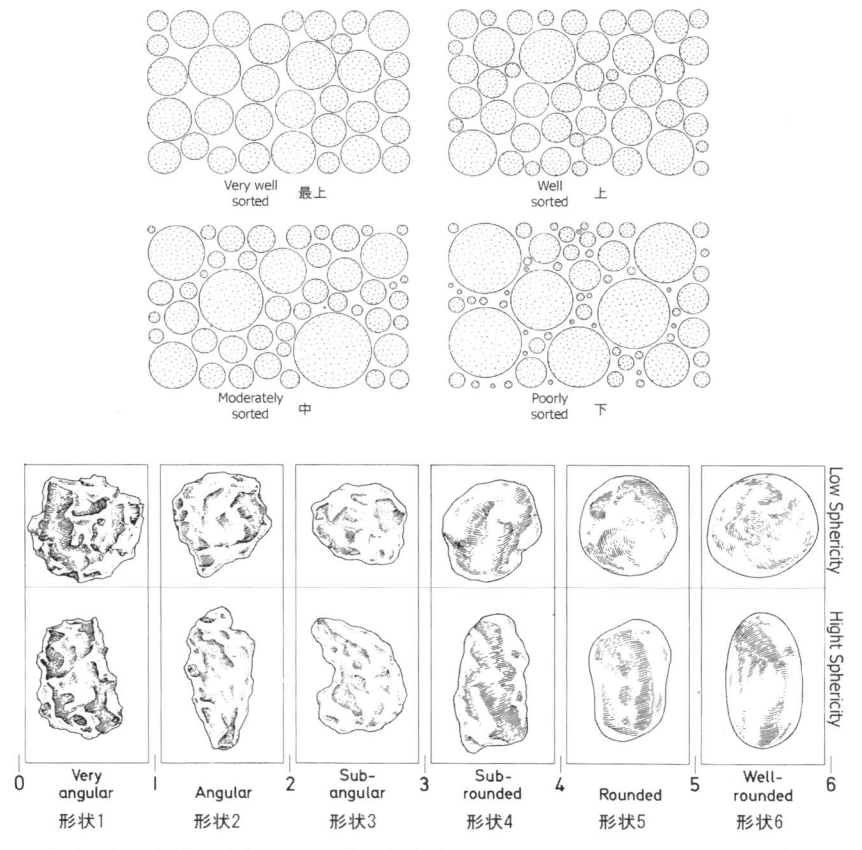

第56図　均質性（上）と粒子形状（下）（Pettijohn et al. 1973: fig.A-1, 2を改変）

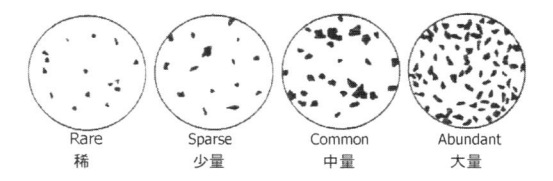

第57図　含有量（レスター大学地質学部配布のスケールを改変）

3　化学組成分析

　化学分析にはいくつかの方法があるが，今回は誘導結合プラズマ発光分光分析（Inductively Coupled Plasma-Atomic Emission Spectrometry: ICP-AES）を用いることとした。ここで，ICP-AES分析のメカニズムについて触れておきたい。まず，石英ガラス管内のアルゴンガスに高周波数の大電流を流すことによって高電圧と高周波数の変動磁場を同時につくり，誘導結合プラズマを発生させる。このプラズマを試料にあてて含有する成分元素（原子）を励起させると，励起された原子は基底状態に戻る際にスペクトル線を放出する。発光するスペクトル線の波長は元素に特有であり，光の強度は試料中の元素の量に比例することから，スペクトル線の位置から成分元素の

種類を判定し，その強度から各元素の含有量を求めることができる（Bowman 1991: 183）。

　近年開発されたこのICP-AES分析方法は，資料に含まれる元素を最大限に検出することができ，かつ定性分析や定量分析が可能であり，現在，化学組成研究のスタンダードな分析手法となりつつある（Pollard et al. 2007）。ICP-AES分析方法をエジプト学で用いるのは本論が最初となるが，これまで化学組成分析の主流であった器械中性子放射化分析（Instrumental Neutron Activation Analysis: INAA）や蛍光X線分析（X-ray fluorescence）に比べて（Allen et al. 1989; Allen et al. 1982; Bourriau et al. 2004; Hamroush 1985; Hamroush et al. 1992），その性能は高く，かつコストが低い。またINAAのような放射性廃棄物の心配もいらない（Mallory-Greenough et al. 1998: 94）。原子炉の利用が制限されつつある昨今においては，ICP-AES分析は，今後の胎土研究で主流になっていくであろう。さらに，INAAとは異なり，微量成分元素（trace elements）のみならず主成分元素（major elements）も同時に分析できるため，土器胎土の化学組成から製作技術を考察するにはきわめて有効な方法といえる。ただ唯一の問題は，SiO_2（シリカ）の検出ができない点である。なぜなら，試料を分析にかける準備段階でフッ化水素（HF）水溶液を用いるため，SiO_2は蒸発してしまうからである。

　さて分析の手順であるが，ICP-AES分析にかけるには，資料を粉末化する必要がある。対象資料とする土器片35点に対して，まず採取面となる断面をサファイア製ドリルで磨き，表層の数ミリは汚染を防ぐため捨て，1資料につき約250mgの粉末を採取してガラス製試験管に保存した。分析はイギリス・エガムにあるRoyal Holloway Enterpriseに依頼し，HF溶解方法にて分析された。酸化化合物としての主成分元素と，希土類元素（rare-earth elements）を含む微量成分元素の化学組成データを得た。

　データの分析に際しては，定量的データの特性を生かしたクラスター分析および2次元分布図により，化学組成を検討する。クラスター分析は，できるだけ主観を排除してデータのグルーピングができる多変量解析の1つであり（Shennan 1997: 220），化学組成の定量分析では最も頻繁に利用される統計的手法である（Desmond et al. 1986; Mallory-Greenough et al. 1998; Mommsen et al. 1988; Strouhal et al. 1986）。分析結果は樹形図として表現され，資料間の化学的類似と相違を視覚的に把握することができる。本論でのクラスター分析には，福山平成大学福井正康教授が開発し，フリーソフトとしてウェッブ上で提供するCollege Analysis Ver.3.5 β を利用した[6]。なお，分析時の設定は，類似度の測定には平方標準化ユーグリッド距離を，クラスター構成法には最長距離法を用いた。

4　SEM分析

　走査型電子顕微鏡（Scanning Electron Microscope: SEM）とは，電子顕微鏡の一種であるが，試料全体に電子線を当てる透過型とは異なり，絞って照射した電子線を走査（スキャン）させることで，電子線を当てた座標情報をもとに試料を電子的な像として再構築してモニター表示するものである。光学顕微鏡や実体顕微鏡に比べて焦点深度が極めて深いため，立体的な画像として対

象物を捉えることができ，また対象物の表面構造や形状を細部に至るまで高い解像度で観察することが可能となる（Bowman 1991: 184）。

　近年この技術は考古科学の分野にも積極的に取り入れられ，土器研究では特に，焼成温度の推定や磨研や施色技法の解明に利用されている。SEMによる焼成温度の推定では，粘土粒子の融解とガラス化の度合いが判断基準となるが，この方法は試料を直接的かつ視覚的に観察できる点で，X線回折やメスバウアー法に比べて簡便な分析方法といえる。SEMを用いた温度推定はタイトが一連の研究を行っており，分析手法の確立に至っている（Maniatis and Tite 1981; Tite and Maniatis 1975）。本論でも彼の手法に即して分析を行う。

第3節　胎土分析

1　岩石学的胎土分類

　薄片分析の結果，34点の資料は5つの胎土グループに大別され，さらにいくつかのサブグループに分けられた。以下，グループごとに胎土の鉱物組成とその特徴について記す（第8表）。

グループ1　精製胎土

1-1（BM01, 06, 08, 10, 19, 20, 23, 29）（図版2-3-1）

　基　質　赤色～暗褐色，僅かな複曲折

　均質性　中～上

　石　英　大量，形状3，粒径平均0.1mm，最大0.3mm

　長石類　稀～少量，形状2～3，粒径平均0.05-0.15mm

　雲母類　稀，形状2，粒径平均0.05-0.2mm

　重鉱物　稀，形状2，粒径平均0.05-0.2mm

　オパーク鉱物（黒・赤色）　中量，形状5，粒径平均0.05-0.25mm，最大0.75mm

　孔　隙　稀～少量，形状・大きさ多様

1-2（BM04）（粗い石英を多く含む）（図版2-3-2）

　基　質　黄褐色，複曲折

　均質性　中

　石　英　大量，形状2，粒径平均0.1-0.5mm

　長石類　稀，形状2，粒径平均0.15-0.2mm

　その他の鉱物はグループ1と同じ

　コメント　グループ1は，含有鉱物がきわめて淘汰された良質な胎土である。大量に含まれる石英は粒子が細かく，ほぼ大きさが揃っている。加えて，量は少ないが長石類も石英とほぼ同じ形状と大きさを呈する。こうした精良な胎土は，自然の堆積過程では起こり難く，陶工による入念な素地の調整作業が行われた可能性を示唆する（Allen *et al.* 1989: 55; Hamroush 1985: 278-281;

第8表　薄片分析　観察結果

グループ	資料	均質性	石英	長石類	雲母類	重鉱物	オパーク鉱物	角閃石	カルサイト	頁岩	千枚岩	孔隙
1-1	BM01	上	+++++	++	+								++
1-1	BM06	中-上	++++	++		++	++++						+++
1-1	BM08	中-上	++++	++	+	++	++++		+				+++
1-1	BM10	中	+++++	+++	++	++	++++						++++
1-1	BM19	中-上	++++	+++	++	+++	+++++						+++
1-1	BM20	中	++++	+++		+++	+++++						++
1-1	BM23	上	+++++	+++	+	++	+++++						+++
1-1	BM29	中-上	+++++	+++		++	+++++						+
1-2	BM04	中	+++++	+++	+	+++	+++++						+++
2-1	BM02	下-中	++++	++		+	++++						+++
2-1	BM03	下	++++	++	+	++	++++			+			+++
2-1	BM05	下	+++++	+++	+	+++	++++						+++
2-1	BM12	下	++++	+++		+++	+++++						+++
2-1	BM14	下-中	++++	+++	+	+++	+++++						+++
2-1	BM15	下	++++	+++		++	+++++	+					+++
2-1	BM18	下	++++	++	+	++	++++			+			+++
2-1	BM21	下	++++	+++		++	++++			++			+++
2-1	BM22	下	++++	+++	+	+++	++++			++			+++
2-1	BM27	下	++++	+++	++	++	++++			++			+++
2-1	BM28	下-中	++++	+++	+	++	++++			+++		+	++++
2-1	BM30	下	++++	++	+	++	++++			++		+	++++
2-1	BM31	下-中	++++	++	+	+++	++++			+			+++
2-2	BM09	下	+++++	+++	+	++	++++	+		++			+++
3	BM25	下	++++	++	+	++	++++						+++
4-1	BM07	下	++++	+	+	++	+++++						+++
4-1	BM17	下	++++	++	+	++	++++				++++		+++
4-1	BM24	下	++++	++		+	++++				++++		+++
4-2	BM13	下	++++	+++	+	++	++++				+++++		+++
4-3	BM11	下	++++	+++	+	++	++++				++		++
5	BM26	中-上	++++	+++	+	+	+++			+++			++
5	BM32	上	++++	+++		++	+++			++++			+++
5	BM33	中-上	++++	++	+	+	+++			++++			+++
5	BM34	中-上	+++	+	+	+	++++			+++++			+++
5	BM35	中	++++	++	+	++	+++			+++++			++

+：極めて稀, ++：稀, +++：少量, ++++：中量, +++++：多量

Hamroush *et al.* 1992: 46)。ただ，サブグループ1-2においては，含有鉱物の均質性は若干低い。

　先行研究では，こうした精製胎土には有機質の含有物が存在し，それが地域性を持つとの指摘があるが（Friedman 1994: 139-140），今回の観察資料には有機物またはそれが消失して形成される孔隙の存在は一切みとめられなかった。

グループ2　スサ混粗製胎土

2-1（BM02, 03, 05, 12, 14, 15, 18, 21, 22, 27, 28, 30, 31）（図版2-3-3）

　基　質　赤色～暗褐色，8例は僅かな複曲折，3例は複曲折，2例は等方性

　均質性　下，しばしば下～中

　石　英　少量～中量，形状2～5，粒径平均 0.05-0.25mm，最大 0.75mm

　長石類　稀～少量，形状2，粒径平均 0.05-0.3mm

　雲母類　極めて稀，形状2，粒径平均 0.05-0.5mm

　重鉱物　極めて稀，形状2，粒径平均 0.05-0.5mm

　オパーク鉱物　少量，形状5，粒径平均 0.05-0.25mm，最大 0.7mm

　カルサイト（6例のみ）　極めて稀～少量，形状3～5，粒径平均 0.15-0.5mm，最大 1.0mm

　孔　隙　中量，細長（長さ平均 0.4-3.5mm），楕円（直径平均 0.5-2.0mm）

2-2（BM09）（石英を多く含む）（図版2-3-4）

　基　質　黒色，等方性

　均質性　低，しばしば低～中

　石　英　多量，形状3～5，粒径平均 0.05-0.2mm，最大 1.0mm

　長石類　中量，形状2，粒径平均 0.15-0.3mm

　雲母類　極めて稀，形状2，粒径平均 0.1-0.5mm

　重鉱物　極めて稀，形状2，粒径平均 0.05-0.5mm

　オパーク鉱物　中量，形状5，粒径平均 0.5mm

　角閃石　極めて稀，形状2，粒径平均 0.15mm

　千枚岩　極めて稀，形状5，粒径平均 0.35mm

　孔　隙　中量，細長（長さ平均 0.5-1.25mm），楕円（直径平均 0.1-0.75mm）

　コメント　グループ2の胎土は，孔隙の多さに特徴づけられる。孔隙内にはしばしば有機物が焼け残った珪酸分（silica relic cell）がみとめられことからも，これら孔隙がスサの消失によるものであり，大量のスサが意図的に混和された素地であったといえる。孔隙の長さは，偏光顕微鏡下では約 0.4-3.5mm であるが，肉眼観察下では最大 20mm まで確認され，またその形状は細長の長方形を呈するものが多い。またこの胎土は，含有鉱物の均質性が極めて低く，特に石英は粒子の形状と大きさに不均質さが目立つ。グループ1とは対照的である。さらに，個々の資料をみても，胎土組織の差異が目立ち，基質の複曲折／等方性も統一性が低い。ちなみに，サブグループ2-2は石英の含有量が多いことから独立させたが，これもグループ1のような粒子の均質性はない。

グループ 3　砂混粗製胎土（BM25）（図版 2-3-5）

基　質　暗赤色，僅かな複曲折

均質性　低

石　英　多量，形状 3〜5，粒径平均 0.05-0.1mm，最大 0.7mm

長石類　少量，形状 2，粒径平均 0.05-0.25mm

雲母類　極めて稀〜稀，形状 2，粒径平均 0.1-0.5mm

重鉱物　極めて稀〜稀，形状 2，粒径平均 0.05-0.1mm

オパーク鉱物　中量，形状 5，粒径平均 0.2mm，最大 1.5-3.0mm

孔　隙　中量，楕円（直径平均 0.25-1.5mm）

　コメント：グループ3は，比較的大粒の砂礫（石英）とオパーク鉱物を多く含むのが特徴的である。それにより，ザラザラした器表面を呈する。しかしその他の点においては，胎土組織はグループ2-1と類似する。1点のみの観察であるが，上述したように，この砂混粗製胎土がスサ混粗製胎土に後続する亜種とする見解は支持される（Friedman 1994: 156）。

グループ 4　頁岩混粗製胎土

4-1（BM07, 17, 24）（図版 2-3-6）

基　質　暗褐色〜黒褐色，僅かな複曲折／等方性

均質性　低

石　英　稀〜少量，形状 3〜4，粒径平均 0.05-0.1mm，最大 0.35mm

長石類　極めて稀，形状 2，粒径平均 0.05-0.15mm

重鉱物　稀，形状 2，粒径平均 0.05-0.25mm

オパーク鉱物　稀〜中量，形状 5，粒径平均 0.1-0.5mm

頁　岩　中量〜多量，細長，長さ平均 0.3-2.5mm

カルサイト　極めて稀，形状 3，粒径平均 0.75mm

孔　隙　稀〜中量，細長，長さ平均 0.3-0.4mm，最大 2.0m

4-2（BM13）（カルサイトを多く含む）（図版 2-3-7）

基　質　暗褐色，僅かな複曲折

均質性　低

石　英　中量，形状 4，粒径平均 0.05-0.35mm

長石類　稀，形状 3，粒径平均 0.25mm

雲母類　極めて稀，形状 2，粒径平均 0.2mm

重鉱物　稀，形状 2，粒径平均 0.15-0.25mm

オパーク鉱物　中量，形状 2，粒径平均 0.15-0.3mm

頁　岩　多量，細長，長さ平均 0.5-3.0mm

カルサイト　中量，形状 4〜5，粒径平均 0.2-0.35mm

孔　隙　中量，細長，長さ平均 0.25-0.75mm，最大 2.0m

4-3（BM11）（頁岩が少なく有機物を多く含む）（図版 2-3-8）

基　質　赤褐色，僅かな複曲折

均質性　低

石　英　中量，形状 3～4，粒径平均 0.05-0.15mm，最大 0.35mm

長石類　稀，形状 2，粒径平均 0.05-0.15mm

雲母類　きわめて稀，形状 2，粒径平均 0.15mm

重鉱物　稀，形状 2，粒径平均 0.15-0.25mm

オパーク鉱物　中量，形状 5，粒径平均 0.15-0.2mm

頁　岩　稀，細長，長さ平均 0.4-2.5mm

カルサイト　中量，形状 4～5，粒径平均 0.2-0.35mm

孔　隙　中量，細長，長さ平均 1.5mm

コメント　グループ 4 は，頁岩片の含有により分類される。しかしその大きさ，色，量は資料ごとに様々であり，この多様性は先行研究でも指摘されているところである（Friedman 1994: 154-155）。大きさは，実体顕微鏡下では長さ 5mm を超えるものも確認され，こうした大きさの異なる頁岩片が基質全体に均一に広がっており，しばしば器壁に対して平行に並ぶ。色は白，灰，緑，黒が確認される。含有量も均一性がなく，サブグループ 4-3 は特に頁岩片が少なかったことから独立させた。これは孔隙（有機物）が多いことから，むしろグループ 2-1 に近いといえる。なお，サブグループ 4-2 はカルサイトの含有量が比較的高いことから独立させたが，これは後述するグループ 5 に様相が似ている。グループ 4 で特筆すべき点は，頁岩片は概ね角に丸みを帯びており，滑らかな様相を呈することである。これは，自然の風化作用を受けた結果と判断される。このことから，この胎土の起源は，頁岩片を意図的に添加したのではなく，頁岩片が 2 次的堆積した場所から採取された粘土によって製作された可能性が高いと考えられる。

グループ 5　石灰質胎土（BM26, 32, 33, 34, 35）（図版 2-3-9）

基　質　赤色～暗褐色，僅かな複曲折

均質性　中～上

石　英　中量，形状 3～4，粒径平均 0.05-0.4mm，最大 0.85mm

長石類　稀，形状 2，粒径平均 0.05-0.25mm

雲母類　極めて稀，形状 2，粒径平均 0.1-0.35mm

重鉱物　稀，形状 2，粒径平均 0.05-0.35mm

オパーク鉱物　少量，形状 5，粒径平均 0.1-0.4mm

カルサイト　多量，形状 4～5，粒径平均 0.05-0.35mm，最大 0.6mm

孔　隙　少量，形状 2～5，直径平均 0.1-0.5mm，最大 0.75mm，融解あり

頁岩に似た岩石片（赤・褐色）　中量，細長

コメント　グループ 5 は，カルサイトを中心とする含有物が比較的均質に含まれた石灰質胎土である。カルサイトは，実体顕微鏡下では径 0.5mm を超える粗い粒子も確認されるものの，偏光

顕微鏡下でみられる粒子はおしなべて細かく，かつ丸みを帯びて滑らかな様相を呈している。石英の粒子もほぼ同じ大きさであることを勘案すると，この胎土の材料は，流水によって運搬・淘汰され沈殿堆積した場所から採取されたものであるといえる。現行のヒエラコンポリス遺跡土器分類では，こうしたカルサイトを中心とするカルシウム系のマール胎土は幾つかのサブグループがあり，本資料も肉眼観察ではクラス5の炭酸カルシウム混ナイルシルト胎土（BM26, 33）またはクラス12のマール・ナイルシルト混合胎土（BM34, 35）に分類されたが，しかし薄片分析では両者の相違点はみいだされず，岩石学的には同じ胎土と判断される。この点はボリオ等の研究でも指摘されており，かつてフリードマンが数種に分けたヘマミエ遺跡出土のマール胎土の彩文土器には，そうした差異は確認できなかったとする（Bourriau et al. 2004: 652）。ボリオ等も想定するように，この石灰質胎土は，ウィーンシステムでいう Marl A1 に相当するものと思われる。

この他特筆すべき点は，いわゆる黒頂土器（BM32）がこの胎土グループに分類されたことである。通常，黒頂土器は精製ナイルシルト胎土で製作されるが，BM32にはカルサイトの細かい粒子が大量に含まれ，明らかに石灰質胎土である。

2 化学分析による検討

次に上記の胎土分類を ICP-AES 分析による化学組成の観点から評価・検討を加えたい。

依頼した ICP-AES 分析の結果，主成分元素9点と，希土類元素を含む微量成分元素20点のデータが得られた（第9表）。ちなみに，この表には後述する粘土採取地問題で扱う粘土サンプルのデータも含まれている。

クラスター分析においては，全ての元素，主成分元素のみ，または微量成分元素のみなど変数を変えて幾つか分析を行ったが，岩石学的分類に最も近い結果を示したのが全元素を用いた分析であった。よって以下のクラスター分析では，29点の全元素を変数に用いたものとなる。さて，土器片資料35点のクラスター分析結果は，第58図の樹形図となるが，前項の岩石学的胎土グループを考慮すると，距離10に区分ラインを置いて，大きく4つのクラスターに分けるのが最適と思われる。以下，これから読み取れることをまとめてみたい。

まず注目されるのが，胎土グループごとに独立して形成されたクラスター2と4である。クラスター2には頁岩混粗製胎土グループ4-1が集まり，クラスター4には全ての石灰質胎土グループ5が含まれる。なおクラスター4にはグループ4-2のBM13も含まれているが，このBM13は頁岩片を含有するもののカルサイトの含有量が高い特徴を有していた資料であり，クラスター分析でもその特徴が明瞭に示されたと言える。

クラスター1と3には，その他の胎土グループが混在する。クラスター1には精製胎土グループ1-1，スサ混粗製胎土グループ2-1，そして頁岩混粗製胎土グループ4-3が含まれる。このグループ4-3のBM11は他の頁岩混胎土に比べて頁岩片の含有が少なく，それに代わって有機物が多かった資料であり，この点が反映してグループ4-1と離れてクラスターを形成したのだろう。クラスター3を形成するのは，同じくグループ1-1とグループ2-1，そして，粗い石英を多く含んだ精製

第3節　胎土分析

第9表　ICP-AES分析化学組成データ

資料	岩石学的分類	主成分元素（単位：%）										微量成分元素（単位：ppm）														
		Al₂O₃	Fe₂O₃	MgO	CaO	Na₂O	K₂O	TiO₂	P₂O₅	MnO	Ba	Co	Cr	Cu	Li	Ni	Sc	Sr	V	Y	Zn	Zr*	La	Ce	Nd	Sm	Eu	Dy	Yb	Pb
BM01	1-1	14.51	10.24	3.19	4.96	1.78	1.38	1.78	0.54	0.154	560	35	176	55	16	372	22	423	184	30	98	136	28	63	31	5.8	1.5	5.4	2.6	7
BM02	2-1	15.41	9.09	2.67	5.58	1.99	1.71	1.51	0.35	0.133	429	29	148	53	17	149	19	295	165	32	91	132	33	68	36	6.0	1.6	5.4	2.8	9
BM03	2-1	13.99	8.16	2.43	4.13	2.18	2.21	1.35	0.49	0.130	424	27	134	32	16	141	19	229	138	29	89	121	30	62	33	5.6	1.4	5.1	2.6	4
BM04	1-2	11.33	6.91	2.12	2.85	1.97	1.90	1.24	0.57	0.084	405	24	126	35	13	292	15	220	127	26	84	112	26	56	29	4.5	1.3	4.5	2.4	3
BM05	2-1	16.06	9.65	2.97	4.34	1.72	1.91	1.63	0.47	0.149	472	32	142	59	21	154	21	262	166	34	104	141	36	78	39	6.2	1.6	5.8	3.1	6
BM06	1-1	13.86	9.42	2.73	3.83	2.14	1.73	1.66	0.45	0.145	474	33	161	51	17	106	20	255	171	33	96	144	30	60	34	6.1	1.6	5.8	3.1	4
BM07	4-1	20.80	10.62	2.22	2.38	1.45	1.06	1.37	0.43	0.103	330	29	177	54	59	143	19	240	198	35	128	111	19	93	51	7.6	1.6	5.5	2.9	6
BM08	1-1	13.41	8.70	2.63	4.15	1.75	1.67	1.43	0.50	0.117	457	29	125	48	17	118	18	263	152	30	96	142	29	61	32	5.0	1.5	5.2	2.9	6
BM09	2-2	14.35	9.37	2.47	3.63	1.63	1.72	1.48	0.33	0.103	448	29	149	48	19	177	17	264	165	30	94	133	30	62	33	5.9	1.4	5.4	2.8	3
BM10	1-1	15.91	11.11	2.86	3.88	1.82	1.51	1.98	0.27	0.183	542	37	195	55	16	136	23	298	202	31	97	152	32	66	36	5.6	1.6	6.1	3.2	7
BM11	4-3	14.50	9.35	2.35	3.21	1.72	1.34	1.69	0.21	0.134	462	32	166	52	19	125	20	257	183	31	105	123	33	64	32	5.7	1.6	5.5	3.0	8
BM12	2-1	15.19	9.68	2.54	3.63	2.14	1.46	1.70	0.24	0.138	465	31	160	54	22	128	21	236	180	33	97	139	37	78	41	6.3	1.6	6.1	3.0	8
BM13	4-2	16.38	7.77	1.98	9.16	0.84	1.21	1.14	0.33	0.067	373	20	186	38	51	129	17	462	175	25	106	86	37	69	39	5.3	1.3	4.3	2.2	7
BM14	2-1	14.70	9.56	2.48	3.25	2.48	1.77	1.58	0.32	0.154	454	32	152	58	22	84	19	248	157	35	91	148	34	69	38	5.9	1.6	6.0	3.1	8
BM15	2-1	15.48	8.64	2.68	4.72	1.32	2.18	1.39	0.43	0.134	395	32	149	59	22	108	19	230	165	31	97	121	36	74	38	6.5	1.8	5.8	2.9	4
BM16	未分析	13.45	9.27	2.64	3.96	1.99	1.81	1.61	0.32	0.164	517	31	152	52	15	122	19	272	168	32	89	140	30	62	34	5.7	1.5	5.7	3.1	7
BM17	4-1	20.24	9.14	2.44	3.11	1.95	1.57	1.35	0.30	0.106	334	25	161	86	47	91	19	241	181	27	97	116	41	82	43	5.5	1.7	5.1	2.7	10
BM18	2-1	14.39	9.21	2.47	3.44	1.91	2.03	1.44	0.48	0.130	433	28	136	48	14	87	21	231	166	31	97	121	36	68	43	5.3	1.6	5.4	2.9	3
BM19	1-1	12.88	8.78	2.58	4.12	1.90	1.81	1.53	0.27	0.121	457	30	146	64	15	94	19	256	170	29	89	128	28	59	31	4.9	1.4	5.4	2.7	2
BM20	1-1	14.79	10.60	2.76	3.65	1.71	1.56	1.76	0.61	0.162	508	34	166	58	18	96	21	267	192	30	104	146	31	69	35	5.3	1.6	6.0	3.2	7
BM21	2-1	13.61	8.34	2.47	3.45	1.50	1.89	1.51	0.35	0.121	411	30	134	50	18	94	18	214	152	30	86	124	30	64	33	5.1	1.5	5.2	2.9	4
BM22	2-1	14.99	9.83	3.00	4.17	1.54	1.70	1.53	0.30	0.155	444	32	151	64	23	90	21	248	181	34	98	145	33	71	37	5.6	1.6	5.9	3.1	6
BM23	1-1	15.06	10.59	2.65	3.45	1.98	1.82	1.75	0.5	0.152	482	33	155	58	17	112	22	245	185	36	100	153	31	70	35	5.5	1.5	5.9	3.2	5
BM24	4-1	22.27	9.58	1.90	2.81	2.11	1.58	1.21	0.45	0.159	344	32	270	42	62	108	22	455	257	29	159	106	41	84	44	6.7	1.8	6.3	3.5	12
BM25	3	14.86	8.17	2.66	4.74	1.17	1.74	1.27	0.70	0.108	440	29	118	71	18	117	19	291	150	29	101	117	33	67	37	5.7	1.8	5.0	2.5	6
BM26	5	14.32	6.29	2.25	15.45	0.69	0.90	0.80	0.30	0.067	321	17	180	32	60	70	15	521	151	26	115	81	34	65	36	4.8	1.1	3.9	2.1	1
BM27	2-1	15.77	9.67	2.57	4.13	1.82	1.64	1.64	0.29	0.152	464	31	159	78	19	142	20	243	173	29	99	180	37	74	42	9.4	2.1	7.3	3.7	7
BM28	2-1	15.72	9.11	2.98	4.19	1.99	1.48	1.50	0.41	0.153	432	32	153	80	17	160	20	242	171	30	111	158	39	87	44	10.1	2.2	7.3	3.7	11
BM29	1-1	14.16	9.84	2.70	4.04	2.38	1.52	1.78	0.24	0.129	517	31	171	50	13	122	20	299	186	33	93	150	30	59	34	8.3	1.8	6.4	3.5	8
BM30	2-1	15.64	8.85	2.84	4.87	1.41	1.55	1.46	0.39	0.139	425	28	156	209	21	265	21	254	162	34	102	162	36	85	40	9.0	1.9	6.5	3.5	10
BM31	2-1	15.30	8.83	2.56	4.51	1.39	1.54	1.54	0.26	0.136	470	27	145	66	69	95	15	259	158	32	90	142	34	72	38	8.3	1.3	6.5	3.5	13
BM32	5	16.02	6.30	2.18	14.90	0.70	1.14	0.80	0.40	0.050	371	15	192	43	61	103	15	465	160	26	137	84	39	73	40	8.5	1.5	3.7	2.7	13
BM33	5	16.25	7.16	2.44	14.04	0.76	0.93	0.82	0.32	0.059	376	16	209	34	73	67	17	537	175	32	137	84	44	74	45	6.9	1.3	4.2	3.4	11
BM34	5	18.68	6.65	2.22	14.22	0.73	1.07	0.92	0.36	0.057	410	17	203	34	73	79	16	509	157	28	131	97	38	70	40	8.1	1.6	4.4	2.7	9
BM35	5	16.81	6.21	2.28	13.70	0.93	1.09	0.92	0.35	0.071	491	17	192	29	49	71	15	500	148	28	120	98	37	60	39	7.8	1.5	4.5	2.8	9
粘土																														
C1	マスマスA	14.71	6.04	0.80	2.02	1.46	1.33	1.34	0.13	0.289	520	47	96	42	15	208	16	150	133	23	76	75	40	75	45	8.2	1.5	8.3	2.7	13
C2	マスマスB	14.89	10.81	3.34	3.33	2.21	1.54	1.43	0.19	0.156	507	30	127	66	32	89	25	235	180	39	96	204	40	85	45	10.0	2.0	7.6	4.1	9
C3	サバヘ	14.89	9.62	3.30	9.63	1.87	1.39	1.45	0.18	0.140	449	29	131	43	23	93	17	364	145	26	99	152	32	69	36	6.1	1.6	6.2	3.0	7
C4	バラース	21.44	8.70	2.21	13.87	1.21	1.14	1.50	0.35	0.050	582	30	182	28	19	97	18	391	163	26	201	85	46	81	47	5.9	1.8	4.0	0.22	17
Mo	現代土器	12.80	8.01	2.56	4.85	2.37	3.29	1.34	0.50	0.117	446	23	123	120	14	99	16	325	142	27	88	128	27	55	31	6.5	1.5	5.6	2.9	9

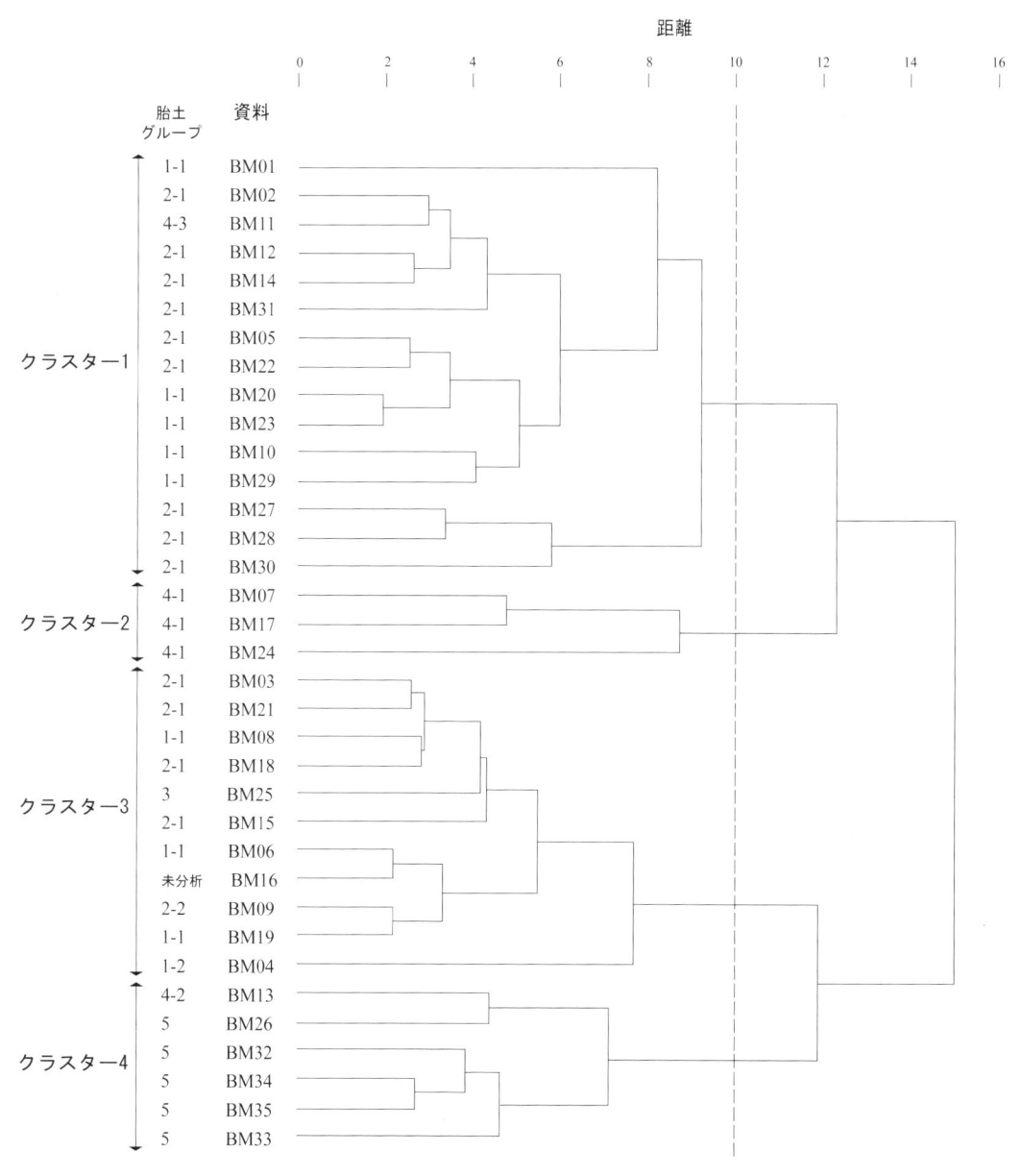

第 5 章　胎土分析からみた技術（粘土採取・素地づくり・焼成温度）

胎土グループ	資料
1-1	BM01
2-1	BM02
4-3	BM11
2-1	BM12
2-1	BM14
2-1	BM31
2-1	BM05
2-1	BM22
1-1	BM20
1-1	BM23
1-1	BM10
1-1	BM29
2-1	BM27
2-1	BM28
2-1	BM30
4-1	BM07
4-1	BM17
4-1	BM24
2-1	BM03
2-1	BM21
1-1	BM08
2-1	BM18
3	BM25
2-1	BM15
1-1	BM06
未分析	BM16
2-2	BM09
1-1	BM19
1-2	BM04
4-2	BM13
5	BM26
5	BM32
5	BM34
5	BM35
5	BM33

第 58 図　大英博物館所蔵土器片資料の化学組成（全元素）のクラスター分析

　胎土のグループ 1-2, 石英の含有量が高かったスサ混粗製胎土のグループ 2-2, そして砂混粗製胎土のグループ 3 である。ちなみに、薄片分析ができなかった BM16 もここに含まれており、断面の実体顕微鏡観察および赤色磨研の器面調整を考慮すると、胎土グループ 1 に分類してよいであろう。

　なお、ここで注目しておきたい点は、クラスター 1 内に BM27, 28, 30 の資料で形成された小さなサブクラスターである。これについての解釈は、他の分析も加えて後で議論したい。

さて、このクラスター分析の結果を検討し、さらに化学組成の特徴を見い出すために、幾つかの元素に焦点を当てた分析を行いたい。第59図は、Al_2O_3（アルミナ）を基準として6つの代表的元素（主に主成分元素）との関係を示した2次元分布図である。

まず一瞥して明らかのように、クラスターの分析結果と同じグルーピングを形成した。クラスター4に含まれる資料（胎土グループ5と4-2）は、CaO（酸化カルシウム）が14～15%とおしなべて高い値でまとまっているが、それ以外の元素はどれも低い値を示している。つまりこのことから、グループ5の「石灰質胎土」、グループ4-2の「カルサイトを多く含む頁岩混粗製胎土」とする薄片分析の見解が化学的にも証明されたことになる。一方、クラスター1と3の資料（胎土グループ1, 2, 3）はCaOの含有量は低いものの、その他の元素は比較的含有量が高いのが特徴である。クラスター2に含まれる資料（胎土グループ4-1）は、クラスター1と3と化学組成は類似するものの、Al_2O_3が高い点で異なる。

ちなみにクラスター1と3において、精製胎土（胎土グループ1-1）とスサ混粗製胎土（胎土グループ2-1）の元素の挙動はどれも近くにまとまってはいるが、細かく見てみると両者の化学組成の差異が確認される。例えばAl_2O_3対Fe_2O_3（二酸化鉄）の分布図では、胎土グループ1-1のプロットは明瞭にラインを形成しており、何らかの強い相互関係を示している。

この他、BM16については、この分布図からも明らかのように、胎土グループ1-1の精製胎土に分類できるものと判断される。

まとめると、これら化学分析からは、石灰質胎土と頁岩混粗製胎土はそれぞれ独自の化学組成を有することが判明した。それ以外のグループについては、比較的似通った組成であるものの、代表的な元素に着目してみると、精製胎土とスサ混粗製胎土にも僅かながらの差異が存在していた。この微妙な差異はクラスター分析のみでは認識しづらかったものであり、多変量解析が常にデータの特徴を明瞭に示すとは限らないことを物語っている。岩石学的分析との併用がやはり有効なのである。

ところで、エジプトの土器胎土は主にナイルシルトとマールクレイの2つに大別されるが、化学組成的には、マールクレイはCaOの含有量が8%以上であることによって定義され、かつナイルシルトに比べてFe_2O_3が比較的多く、MnO（マンガン）が少ないことが特徴とされる（Bourriau et al. 2004: 643; Friedman 1994: 84-86）。本資料群の化学組成の平均値をみると（第10表）、胎土グループ5および4-2はCaOの含有量が8%を優に超え、MnOも低いことから、マールクレイと見なすことができる。一方、その他の胎土グループは、一般的なナイルシルトの化学組成と概ね一致する（Bourriau et al. 2004; Hope et al. 1981: 147-153）。ただ、これは夙に指摘されていることであるが、ナイルシルトの粘土はナイル川流域ではどこでも本質的に等質であり、よってそれを用いた胎土の化学組成もおしなべて均質であることから、その差異が把握しづらいとされる（Hancock et al. 1986; Mallory-Greenough et al. 1998; Tobia and Sayre 1974）。しかし、今回扱った資料群にはナイルシルト胎土の中にも僅かながらも違いが存在することを見いだすことができた。これについては後でさらに詳しく見ていく。

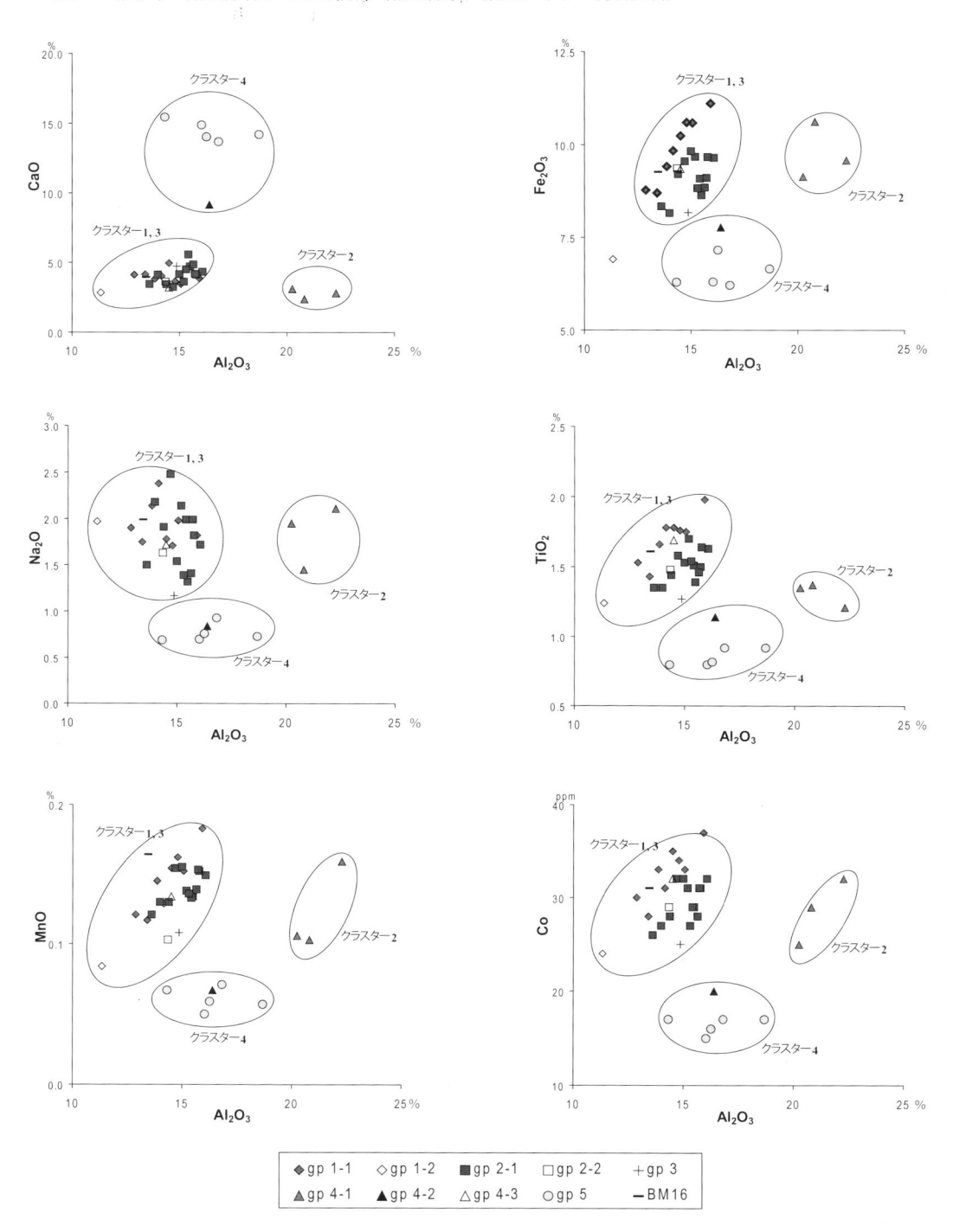

120　第5章　胎土分析からみた技術（粘土採取・素地づくり・焼成温度）

第59図　代表的元素の2次元分布図

第10表 岩石学的胎土グループの化学組成平均値

グループ		gp 1-1	gp 1-2	gp 2-1	gp 2-2	gp 3	gp 4-1	gp 4-2	gp 4-3	gp 5
資料点数		9	1	13	1	1	3	1	1	5
Al_2O_3	%	14.23	11.33	15.10	14.35	14.86	21.10	16.38	14.50	16.42
Fe_2O_3	%	9.84	6.91	9.12	9.37	8.17	9.78	7.77	9.35	6.52
MgO	%	2.75	2.12	2.65	2.47	2.66	2.19	1.98	2.35	2.29
CaO	%	4.00	2.85	4.19	3.63	4.74	2.77	9.16	3.21	14.46
Na_2O	%	1.94	1.97	1.80	1.63	1.17	1.84	0.84	1.72	0.76
K_2O	%	1.64	1.90	1.77	1.72	1.74	1.40	1.21	1.34	1.03
TiO_2	%	1.70	1.24	1.51	1.48	1.27	1.31	1.14	1.69	0.85
P_2O_5	%	0.41	0.57	0.37	0.33	0.70	0.39	0.33	0.21	0.35
MnO	%	0.15	0.08	0.14	0.10	0.11	0.12	0.07	0.13	0.06
Ba	ppm	502	405	440	448	440	336	373	462	394
Co	ppm	32	24	29	29	25	29	20	32	16
Cr	ppm	160	126	148	149	118	203	186	166	195
Cu	ppm	53	35	74	48	71	46	38	52	41
Li	ppm	16	13	20	19	18	56	51	18	62
Ni	ppm	143	292	131	177	117	125	129	125	78
Sc	ppm	20	15	20	19	19	22	17	20	16
Sr	ppm	286	220	245	264	291	312	462	257	506
V	ppm	179	127	164	165	150	212	175	183	158
Y	ppm	32	26	33	30	29	32	25	31	28
Zn	ppm	96	84	96	94	101	129	106	105	128
Zr	ppm	144	112	142	133	117	111	86	123	96
La	ppm	30	26	34	30	33	44	37	33	38
Ce	ppm	63	56	73	62	67	86	69	64	68
Nd	ppm	33	29	38	33	36	46	39	36	40
Sm	ppm	5.8	4.5	6.9	5.9	5.7	6.6	5.3	5.7	7.2
Eu	ppm	1.6	1.3	1.7	1.4	1.5	1.8	1.3	1.6	1.4
Dy	ppm	5.7	4.5	6.0	5.4	5.0	5.6	4.3	5.5	4.1
Yb	ppm	3.1	2.4	3.1	2.8	2.5	3.0	2.2	3.0	2.7
Pb	ppm	5.7	3.3	7.2	3.3	5.5	10.3	6.6	7.7	8.2

3 胎土分析のまとめ

以上，岩石学的および化学的分析により，大英博物館所蔵の土器片の胎土グループが確立された。この結果は，最初に行ったヒエラコンポリス遺跡土器分類基準による肉眼観察の結果とほぼ一致し，グループ1は精製ナイルシルト胎土（クラス2），グループ2はスサ混ナイルシルト胎土（クラス1），グループ3は砂混ナイルシルト胎土（クラス9），グループ4は頁岩混ナイルシルト胎土（クラス3）に相当する。ただ，薄片分析では頁岩混ナイルシルト胎土とされたBM13が，化学組成の上ではマールクレイであったなどの例もある。石灰質胎土のグループ5はマールクレイ胎土となるが，唯一これだけヒエラコンポリス遺跡の分類に対応するものがない。確かに，肉眼観察では炭酸カルシウム混ナイルシルト胎土（クラス5）やマール・ナイルシルト混合胎土（クラス12）が認められたが，岩石学的にも化学的にも両者を区分する胎土上の相違点は見いだされず，それはウィーンシステムで定義されるいわゆるマールクレイ（Marl A1）であった。

第4節　土器製作技術の考察

上記の胎土分析によって得られた基礎データをもとに，ヒエラコンポリス遺跡における，粘土採取，素地づくり，焼成温度といった製作技術について考察する。

1　粘土採取

土器製作に使われた粘土の採取地を特定するため，大英博物館所蔵の土器資料と，ヒエラコンポリス遺跡およびバラースで採取した粘土サンプルのクラスター分析による化学組成比較を行う。

序章でも述べたように，粘土は岩石が熱水変質等の風化作用を受けることによって生成されたものであり，その生成過程は多様で複雑なものと考えられるが，粘土の基本的な性質は，母岩や周辺の地質環境に左右される部分は大きい。言い換えれば，土器材料の獲得はそうした環境にある程度規定されることになる。そこでまずは，ヒエラコンポリス遺跡の地質環境を概観し，入手可能な堆積岩および土壌資源について把握したい。その後，粘土サンプルの詳細を記述し，クラスター分析とその解釈を述べる。

A. ヒエラコンポリス遺跡の地質環境

第4章でも述べたが，ヒエラコンポリス遺跡はエスナとエドフのほぼ中間の，ナイル川が西に大きく屈曲するその西岸に位置する（第60図）。この西岸地域一帯は，テーベ・フォーメーションの石灰岩層が西方に後退し，更新世の河川堆積層に覆われた低位砂漠が広がる（Said 1962: 88-94）。ここには白亜紀のヌビア砂岩フォーメーションの露頭が島状に点在するが，ヒエラコンポリス遺跡はそのうち最もナイル川に近接する露頭岩を後背する場所にある。

遺跡はナイル川に対して直交するように広がり，ヌビア砂岩を切り裂いて走る涸れ谷，その扇状地にあたる低位砂漠，そしてナイル沖積地（緑地帯）で構成される（第61図）。涸れ谷内は，ヌビア砂岩の険しい岩肌が露呈し，その上面にエスナ頁岩層（variegated shales）が覆い被さる（Hamroush 1982: 93）。赤色磨研土器焼成群はまさにこの崖の中腹に点在する。その下方の谷底には，マスマス・フォーメーションと呼ばれる堆積土が崖際付近に微高地を形成して広がる。HK11やHK6はこの微高地に営まれている（Hamroush 1982: 96-101）。マスマスは，ブッツァーによってコム・オンボ付近で初めて確認された，19000〜17000b.p.頃の更新世のナイル川堆積土であり（Butzer and Hansen 1968: 97-107; Hamroush 1982: 93），ウェンドルフ等のいうバラナ・フォーメイションに相当する（Wendorf and Schild 1976: 231-259）。当遺跡では最古の堆積土であり，更新世後期はナイルの水位が比較的高かったため，現在の緑地帯から2キロ程離れた涸れ谷奥に形成されたと思われる。

次に更新世堆積の低位砂漠について，ここは礫や岩が表面を覆う荒涼とした台地であるが，緑地帯付近にはサハバ・フォーメーションと呼ばれる堆積土が堆積する。サハバはマスマスよりも新しく，12000b.p.頃の完新世のナイル川堆積土とされ（Hamroush 1982: 93），低位砂漠に位置す

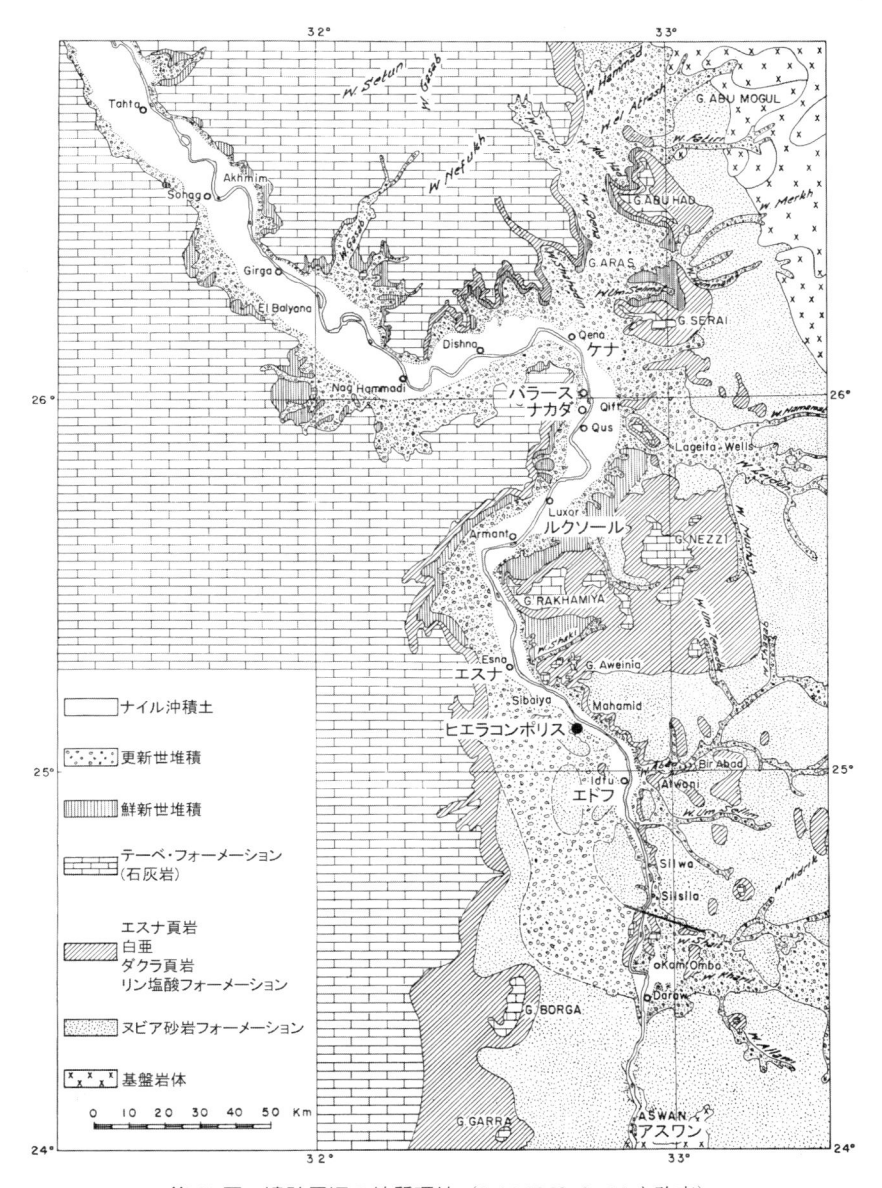

第 60 図　遺跡周辺の地質環境（Said 1962: fig.14 を改変）

るフォートや HK29 等を含む中心的集落域はこのサハバ上に営まれている（Allen *et al*. 1989: 36-37）。低位砂漠にはこの他，エル・カブ・フォーメーションの存在も指摘されている（Allen *et al*. 1989: 37）。これは対岸のエル・カブ遺跡付近でヴェルメルシュによって紹介されたサハバよりもさらに新しいナイル川堆積土（8860b.p. 頃）であり，ヒエラコンポリス遺跡ではフォート近くの HK24 地点でのみ確認されている（Hamroush 1985: 43）。

　最後に沖積地についてであるが，ここは完新世以降の最も新しいナイル沖積土である。かつて沖積地内の微高地にはネケンの町が営まれたが，現在は完全に緑地に覆われている。トレンチお

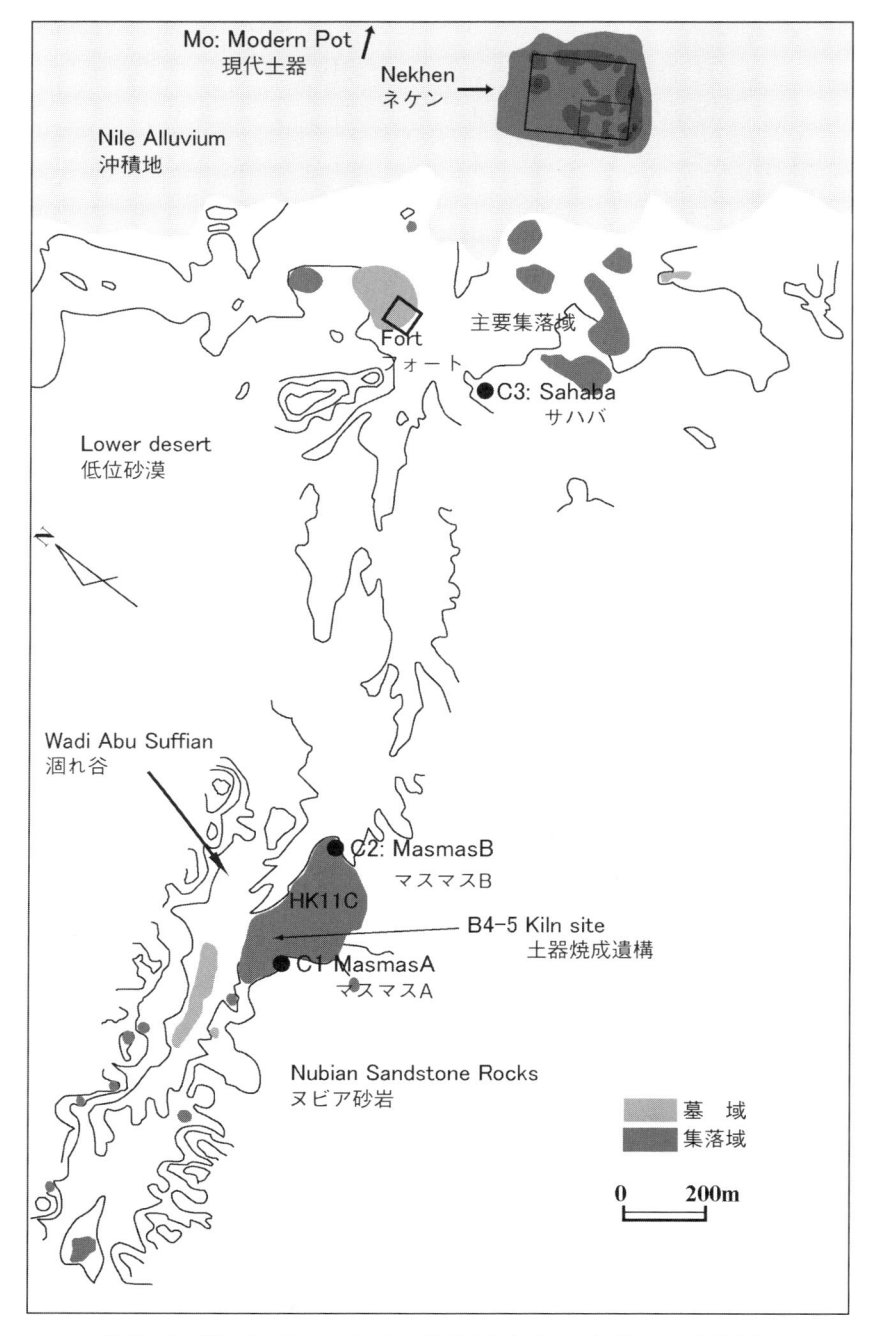

124　第5章　胎土分析からみた技術（粘土採取・素地づくり・焼成温度）

第61図　遺跡内の粘土サンプル採取場所（Adams 1995: fig.5 を改変）

よびコアドリル調査によると，現在の地表下約4～5mに先王朝時代の層が確認されており，その性質は現代の沖積土と同じとされる（Allen *et al.* 1989: 38-42）。

以上をまとめると，ヒエラコンポリス遺跡の地質環境から想定しうる利用可能な土器の粘土材料は，ナイル堆積土のマスマス，サハバ，エル・カブ，そして完新世以降の沖積土となり，岩石資源としては，ヌビア砂岩の頁岩層となる。

B. 粘土サンプル

以上の点を踏まえ，2006～2008年にかけて遺跡全体を踏査して，粘土のサンプリングを行った。サンプリングの基準は，粘土鉱物が十分に生成されていること，土器づくりに耐えうる粘性および可塑性を有することである。結果，3地点で採取された粘土が分析資料として選ばれた（第61図）[7]。加えて，バラースおよび現代の土器も比較として分析資料に用いた。ちなみに，エル・カブおよび頁岩層に関しては，その所在を探し当てることができなかった。

以下，各サンプルの詳細を記す。

C1　マスマスA　HK11C南方のヌビア砂岩崖下で採取された。これが先行研究で述べられているマスマスと同じであるは判然としないが，採取場所から考えて，仮にマスマスAと名付けた。黄色で粒子は比較的均質で緻密，テクスチャーは粘土が主体である。粘性は強い。

C2　マスマスB　HK11C微高地の東側縁辺部の断層から採取された。ハムルーシュによれば，HK11Cのマスマスは遺物層および涸れ谷浸食土層に覆われた海抜約97.5mの堆積層であることから（Hamroush 1982: 97），これが先行研究でいわれるマスマスと考えられる。色も彼が記述する通り，暗褐色である。粒子はC1よりも若干粗く，テクスチャーはシルトである。粘性は中である。

C3　サ　ハ　バ　低位砂漠の縁辺部，フォートの南で採取された。これはハムルーシュが報告するサハバ4に相当する（Hamroush 1982: 100）。暗褐色で粒子は粗く，テクスチャーはシルトである。粘性は弱い。

C4　バラース　ヒエラコンポリス遺跡の北100kmほどにあるバラースの陶工から譲り受けた粘土である（第60図）。バラースは現代においても窯業の盛んな町であるが，その特徴は石灰質粘土を用いてクリーム色やオリーブ色の土器に仕上げる点にある。粘土は，町から西方の切り立つ石灰岩盤（テーベ・フォーメーション）の崖際から採取されたものであり（Matson 1974; Nicholson and Patterson 1985: 224-225）[8]，いわゆるマールクレイである。ヒエラコンポリス遺跡では石灰岩盤がなく典型的なマールクレイが採取できないので，マールクレイ胎土の比較資料として用いた。灰色で粒子は極めて均質で緻密，テクスチャーは粘土が主体である。粘性も強い。

Mo　現代土器　ヒエラコンポリス遺跡近郊の陶工が作った水甕（zir）である。粘土はナイル沖積土を用い，水簸した後，スサ，灰，獣糞等を混和している。成形は蹴轆

轆，焼成は昇焔式窯による（Pyke 2004）。既に焼成されたものではあるが，沖積地粘土の資料として用いた。分析には口縁部を使用した。粒子は比較的不均質で粗く，テクスチャーはシルトである。

Mo を除くこれらサンプルの資料化にあたっては，まず篩いにかけた後，1 日水に浸して粉砕し，撹拌して 3 日間放置した。その後，粒子の最も大きい最下層の沈殿物のみを除去し，天日乾燥させた。乾燥した粘土に水を加えて捏ね，おおよそ 5 × 2 × 1cm 角のブリケットを作成し，電気窯で焼成した。焼成は，7 時間かけて 800℃まで昇温させ，1 時間の「ねらし」を経て降温させた。そして，ICP-AES 分析にかけるため，先述した土器片資料と同じ方法で粉末化した。

C. クラスター分析

ICP-AES 分析によるこれら粘土サンプルの化学組成は，第 9 表に示した通りである。このデータと大英博物館所蔵の土器片資料のデータを合わせて，クラスター分析にかけた。なお，先の分析と同じく，変数は全ての元素を用いた[9]。第 62 図にその樹形図を載せる。距離 10 近くを区切りとして 4 つのクラスターに大別した。

まず全体的な傾向として，土器片資料は先のクラスター分析結果と極めて類似したまとまり方を示し，そこに粘土サンプルが加わるという結果となった。まず，クラスター 1 であるが，これは胎土の精粗を問わずナイルシルトの胎土グループ，そして C3 サハバと Mo 現代土器（沖積土）で形成された。クラスター 2 は，胎土グループ 5 と 4-2 および C4 バラースで形成され，これら全て石灰質性の胎土（粘土）である。バラースの CaO 値をみると 13.87％と高く，グループ 5 に近似する。次にクラスター 3 であるが，頁岩混粗製胎土のグループのみで独立した。そして，クラスター 4 であるが，スサ混粗製胎土グループ 2-1 の一部と C2 マスマス B が独立してまとまった。ちなみに，C1 マスマス A はどのクラスターにも属することなく孤立した。

D. 考察

この分析結果から，粘土採取地問題について，以下の解釈が導き出される。

ナイルシルト胎土

まず，第 62 図の分析で，大規模のクラスターを形成したクラスター 1 が示すに，ナイルシルト胎土は概ねサハバおよび沖積土といった緑地帯付近で採取できる粘土で製作されたことはほぼ間違いないだろう。このことはつまり，胎土の精粗を問わず，ナイルシルトの土器の基本的な生産場所は，緑地帯付近の中心的集落域であったことを示唆している。ここなら土器づくりに不可欠な水の確保もいたって容易である。分析資料の出土地に注目すると，低位砂漠縁辺部に位置する HK29（BM31）や HK29A（BM25）だけでなく，涸れ谷内の HK11C テスト A トレンチ出土資料の大半もここに含まれている。よって後者の解釈としては，緑地付近の中心的集落域で製作されたものが，涸れ谷奥に運び込まれたとみなすのが妥当であろう。

しかしながら，ナイルシルト胎土の中には HK11C で製作されたと思われるものもある。それは，小さいながらも明瞭に独立したクラスター 4 のグループであり，先のクラスター分析にてクラスター 1 内でサブグループを形成したとして注目された資料である。ここには，HK11C で表採さ

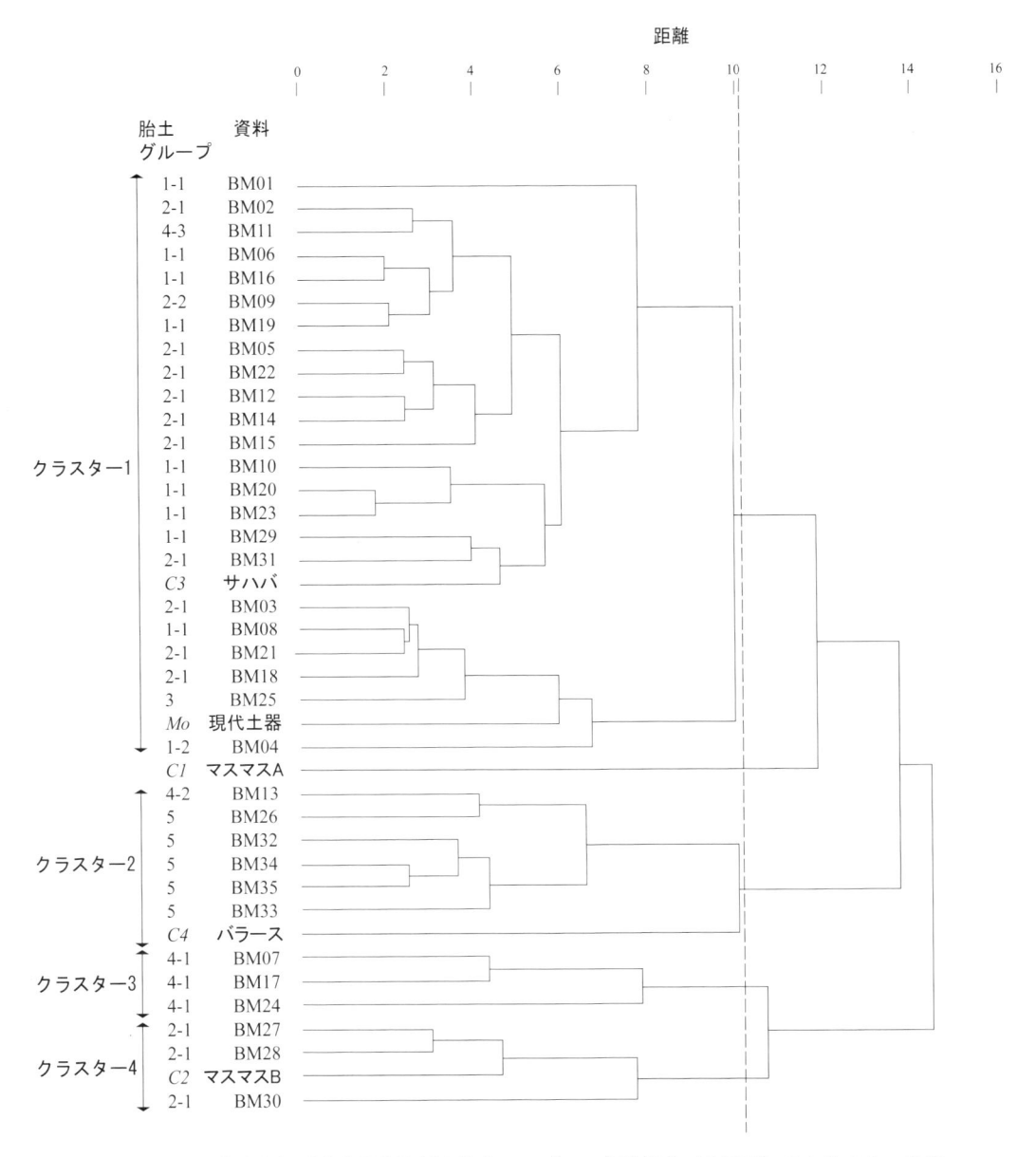

第 4 節　土器製作技術の考察　127

胎土グループ	資料
1-1	BM01
2-1	BM02
4-3	BM11
1-1	BM06
1-1	BM16
2-2	BM09
1-1	BM19
2-1	BM05
2-1	BM22
2-1	BM12
2-1	BM14
2-1	BM15
1-1	BM10
1-1	BM20
1-1	BM23
1-1	BM29
2-1	BM31
C3	サハバ
2-1	BM03
1-1	BM08
2-1	BM21
2-1	BM18
3	BM25
Mo	現代土器
1-2	BM04
C1	マスマスA
4-2	BM13
5	BM26
5	BM32
5	BM34
5	BM35
5	BM33
C4	バラース
4-1	BM07
4-1	BM17
4-1	BM24
2-1	BM27
2-1	BM28
C2	マスマスB
2-1	BM30

クラスター1／クラスター2／クラスター3／クラスター4

第 62 図　大英博物館所蔵土器片資料と粘土サンプルの化学組成（全元素）のクラスター分析

れた 3 点のスサ混粗製胎土と同じく HK11C で採取されたマスマス B 粘土が含まれている。このことから，HK11C では，在地の粘土を使ったスサ混粗製土器の製作が行われていたと推察される。しかもそれはスサ混粗製土器のみの生産であった可能性が強い。なぜなら上述した通り，同じく HK11C で出土・表採された精製胎土の土器は全て，低位砂漠縁辺部で生産されたと考えられるからである。さらに興味深い点として，スサ混粗製土器の 3 点全てが，モデルド・リム壺ということである。第 4 章で述べたように，HK11C Square B4-5 の土器焼成遺構では，この器形が主

な生産品と考えられることからも，これらの表採資料が当遺構で生産された，ひいてはHK11Cがこうした壺形土器を専門的に生産する場所であった可能性が高い。

上述した通り，そもそもこれらナイルシルト胎土の化学分析はどれも似通ったものと見なされていたが，なぜHK11C表採資料の3点だけがナイルシルトの一種である更新世のマスマスB粘土とともに独立したクラスターを形成したのであろうか。その要因を探ってみたい。第63図は，微量成分元素であるZr（ジルコニウム），Nd（ネオジム），Eu（ユウロピウム），Ce（セリウム），の値を示した2次元分布図である。3点のHK11C表採資料およびマスマスBは，これら4元素の含有量が他に比べて高く，これが独立したクラスターを形成した主要因と考えられる。INAA分析を用いたアレン等による研究では，マスマス・フォーメーションはEuの含有量が高いことが指摘されていたが（Allen *et al.* 1989: 42-44），本論の分析により，マスマス粘土を識別する元素（指紋元素）に，新たにZr，Nd，Ceを加えることができたのは一つの成果である。

加えて，第63図のZrとNdの分布図から看取される他の特徴としては，胎土グループの1-1（精製胎土）と2-1（スサ混粗製胎土）の分布傾向が異なり，上述した主要元素の2次元分布図分析と同じく，微量成分元素においても両者の明瞭な差異が存在することが見てとれる。こうした化学組成の微妙な違いから，両者は，同じサハバ粘土を用いりながらも，その採取地点が異なっていた可能性が推察される。

マールクレイ胎土

一方，クラスター2を形成した石灰質胎土についてであるが，先の分析でも示したように，石灰質の胎土は化学組成が他とはかなり異なり，そのため，バラース粘土とともに独立したクラスターを形成したことは容易に推察され，100km以上離れた両者を直接的に関連付けて考えることはできない。ただ，ここで重要視すべきは，ヒエラコンポリス遺跡には石灰岩の露頭がなく，石灰質粘土を入手できない地質環境にあるということ，そして薄片分析で示したように，粘土は流水によって自然淘汰された堆積場所から採取されたものということである。これらの事実を勘案すると，材料の起源について2つの可能性が考えられる。1つは，石灰岩以外の在地で入出できる材料を用いたとする可能性である。ヒエラコンポリス遺跡には石灰岩の岩盤はないものの，頁

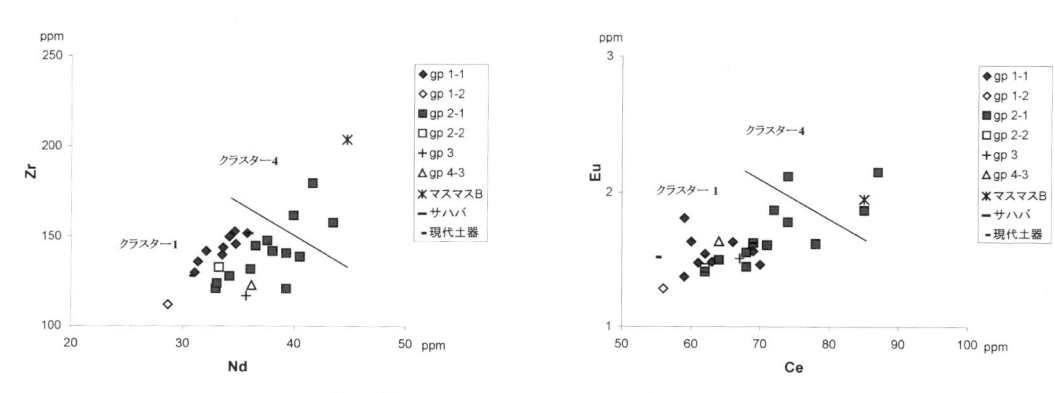

第63図　Zr, Nd, Eu, Ceの2次元分布図

岩に由来するカルシウムの存在が注目される。ハムルーシュによれば，涸れ谷のヌビア砂岩で生成されるエスナ頁岩層は，$CaCO_3$（炭酸カルシウム）または$CaSO_4$（硫酸カルシウム（石膏））といったカルシウム成分が多分に含まれ，これらの露頭場が報告されている（Hamroush *et al.* 1992: 47）。もし，こうした石灰分の豊富な鉱物が洗い流され，風化堆積した場所があれば，それを用いて石灰質胎土を製作することは十分可能である。もう1つの可能性は，他地域から持ち込まれたとする考えである。地質的および歴史的観点を鑑みると，エスナ以北のナイル川沿いが有望な地域として挙げられる（Nordström and Bourriau 1993: 160）。このバラースを含むナカダからケナの地域は，石灰岩のテーベ・フォーメーションおよびエスナ頁岩層がナイル川に迫り，石灰質粘土の採取は容易である。またここは，マールクレイが初めて使われた装飾土器の中心的生産地とされ，現代に至っても，マールクレイによる土器生産で有名な窯業地域である。

　この2つの可能性を検証するため，これまで報告されている他のデータとの2次元分布図による比較分析を行う。ここではCr（クロム）とCo（コバルト）の元素に注目する。この2つの元素は，エジプトの胎土および粘土の特徴を良く反映するものとして利用されている（Hamroush 1992: 46, fig.5; Hamroush *et al.* 1992: 48-49, fig.3）。マールクレイ胎土土器のデータは，ボリオ等が提示したヘマミエ遺跡，アルマント遺跡，アビドス遺跡の出土資料（Bourriau *et al.* 2004: appendix 2），土壌のデータは，ハムルーシュが載せたヒエラコンポリス遺跡のエスナ頁岩とヌビア砂岩，アルマント遺跡のマールクレイ（Hamroush 1992: table 1）を用いる。これら既往データは全てINAAによる分析値である。なお，ヒエラコンポリス遺跡のエスナ頁岩について，ハムルーシュはその詳細を述べてはいないが，文面からおそらく石灰質の土壌を用いて分析したと思われる。

　これらデータの比較分析結果は，第64図に示した通りである。円で囲ったところに強い集中がみられ，ここには本論の石灰質胎土（gp 4-2, 5）とバラース粘土，そしてほぼ全てのヘマミエ遺跡とアルマント遺跡のマールクレイ胎土土器が含まれている。一方，在地の材料として想定されたヒエラコンポリス遺跡のエスナ頁岩は，ヘマミエ遺跡とアルマント遺跡の残りの資料と近似するものの，本論の資料とは離れる結果となった。このことから，ヒエラコンポリス遺跡では，石灰質胎土にエスナ頁岩は利用されなかったと判断される。本遺跡のマールクレイ胎土土器が，ヘマミエ遺跡やアルマント遺跡の土器に使用された粘土と全く同じであるとはいえないが，これらの土器がきわめて似通った粘土を用い，そしてそれが地質的にもバラースに似た場所で採取されたものであったと見なすことはできる。このことから，第2の可能性として挙げた，ヒエラコンポリス遺跡のマールクレイ胎土土器が，エスナ以北からの搬入品であった蓋然性は高いであろう。このことは近年のボリオ等の胎土分析からも支持される。彼女等によれば，ヘマミエ遺跡とアルマント遺跡のマールクレイ胎土は，装飾土器や波状把手付土器などクラスに関係なくどれも似通った化学組成を有し，共有された同じ粘土資源で生産されたとの見解を提示している（Bourriau *et al.* 2004）。また最近では，アビドスU-j墓で出土したいわゆる「南レヴァント産のワイン壺」も，ケナで生産されたとの意見があり（Porat and Goren 2002），石灰質粘土を容易に入手できるこの地域一帯が当時，マールクレイ胎土土器の集約的な生産地であったと予想される。

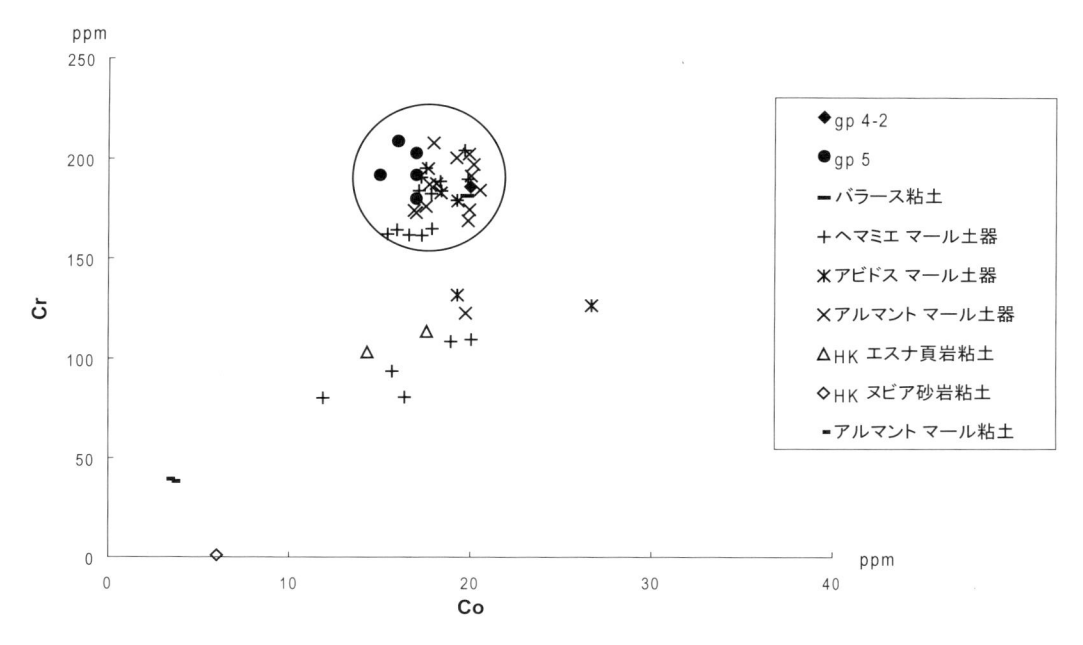

130　第5章　胎土分析からみた技術（粘土採取・素地づくり・焼成温度）

第64図　報告書データを用いたCrとCoの2次元分布図

頁岩混粗製胎土

　頁岩混粗製胎土の粘土採取地については判然としない。薄片分析で述べたように，胎土内の頁岩片はおしなべて丸みを帯びていることから，人為的に砕いて添加したのではなく，自然に風化堆積したものを利用していることは確かである。また，化学組成的には，Al_2O_3の含有量が高い点を除けば，おおむね一般的なナイルシルトと同じである。ハムルーシュ等が言及するように（Hamroush *et al.* 1992: 47），もし涸れ谷内のエスナ頁岩が風化堆積し，かつ石灰質鉱物が含まれない堆積場所がヒエラコンポリス遺跡に存在していたならば，粘土材料にそれら在地の土壌が用いられた，もしくはナイルシルトと混ぜで使用されたかもしれない。

2　素地づくり

A. ナイルシルト胎土（精製と粗製）

　第3章でのべたように，素地づくりの工程における最大のポイントは，水簸の有無である。研究史では，赤色磨研土器や黒頂土器などの精製ナイルシルト胎土（クラス2）は，水簸によって準備されたものとの指摘がある（Allen *et al.* 1989: 55; Friedman 1994: 138; Hamroush 1985: 278-281; Hamroush *et al.* 1992: 46）。本論での岩石学的分析でも，それに対応する粗製胎土（グループ1）は，石英を中心とする胎土基質内の含有物は極めて細かくかつ濃密であることから，何らかの下準備が行われていたことは明らかである。このことは，原料と考えられるサハバ粘土の薄片と比較すると一目瞭然である。第65図1のサハバ粘土はサンプルづくりの際にある程度下準備されたものであるが，第65図2の精製胎土とは含有物の均質性が明らかに異なる。やはり精製胎土の素地づくりには，水簸などの入念な準備段階を経て精製されたと考えるべきであろう。

第 4 節　土器製作技術の考察　131

　一方，スサ混粗製胎土は，含有物が粗く，特に石英粒子の大きさと形状に均一性がみられない（第65図3）。これはむしろサハバ粘土に似ている。恐らく，スサ混粗製胎土の素地づくりでは，手や篩いで粗い夾雑物を取り除く程度の下準備がされた後，スサが添加されたのであろう。この素地づくりの状況は頁岩混粗製ナイルシルト胎土も同じと考えられる。

　これら想定される素地づくりの作業は，化学的データとも一致する。第66図は，Al_2O_3 対 Fe_2O_3 と MnO の 2 次元分布図であるが，精製胎土（グループ1-1）の元素の挙動に着目すると，特に Al_2O_3 対 Fe_2O_3 において，斜線上に見事に並び，その相関係数（R^2）はきわめて高い[10]。これは希釈の関係（dilution relationship）を表し，こうした含有量の一定した増減は水簸以外には起こりえないものである。

　それとは逆に，スサ混粗製胎土（グループ2-1）はやはり弱い相関係数を示しており，精製胎土とは異なり，入念な準備作業はなかったものと判断される。

　さて，スサ混粗製胎土は，文字通り，大量のスサの混和によって特徴付けられるが，この混和材について詳しく見てみたい。薄片分析では，スサはおおむね長方形の孔隙として観察され，しばしば珪酸分として残存している。その大きさは 2～20mm と幅がある。こうした不均一で原形を留めたスサの特徴は，籾殻や切り藁によるものであり，獣糞（dung）の添加ではないことを意味

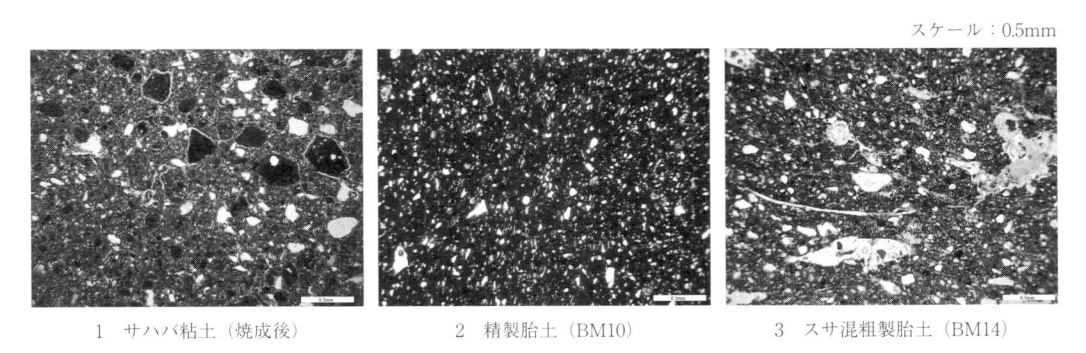

スケール：0.5mm

1　サハバ粘土（焼成後）　　　2　精製胎土（BM10）　　　3　スサ混粗製胎土（BM14）

第 65 図　偏光顕微鏡写真（PPL）

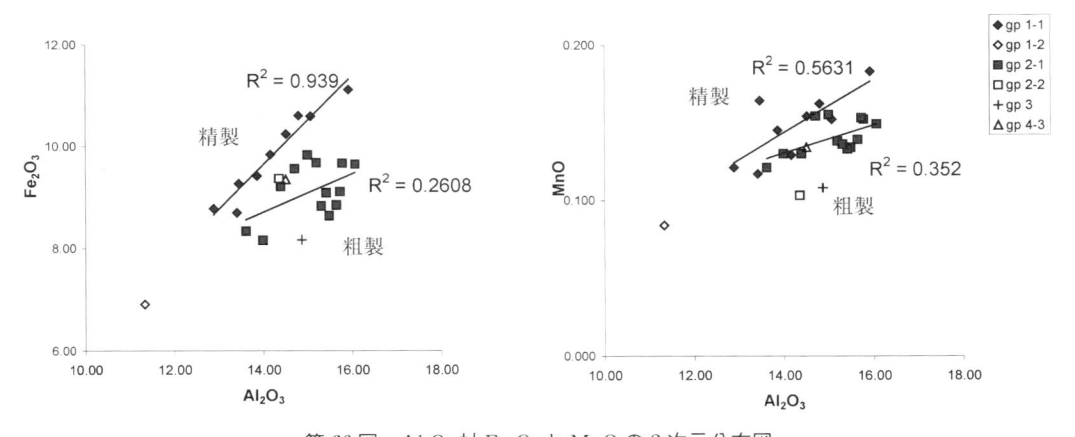

第 66 図　Al_2O_3 対 Fe_2O_3 と MnO の 2 次元分布図

する。獣糞であればスサは咀嚼により細かく繊維が壊されるからである (Vandiver 1985: 17)。

こうしたスサを大量に添加する目的は，製作工程および使用時の機能と関係しているのであろう。製作実験でも実感したことであるが (Baba 2005, 2008b; 馬場 2005, 2006a)，スサを混和することにより粘性が高まるため，水分を含んだ粘土をすぐに使える状態にし，成形も容易となる (Friedman 1994: 265-266, 905)。使用時においては，調理等による加熱作用に効果的であり，かつ，スサが消失して多孔質になるため，重量が減り，持ち運びが楽になる (Skibo *et al.* 1989)。このスサの添加および精製作業の簡略さから，スサ混粗製胎土土器の製作は，迅速さや効率性を目指したものであったことが予想される。

これに関連して，先のクラスター分析結果で興味深い点がある。それは，マスマス A の粘土が利用されなかったことである。マスマス A は HK11C で容易に採取することができ，サンプル製作時に実感したが，緻密で粘性の強いその性質は陶土として優れている。それにもかかわらず，HK11C でスサ混粗製胎土の製作に用いられなかった理由としては，スサを添加して手早く容易につくるには，あまりにも粘性が強かったためと推察される。

これまで，精製胎土と粗製胎土の素地づくり工程について見てきたが，ここで１つの疑問が持ち上がる。両者は基本的に同じ粘土材料を共有し，そして水簸と混和材の違いによって異なる胎土に仕上げられたのであろうか。化学組成のクラスター分析では両者は極めて類似していたが，若干の差異も認められており，ここでさらに両者を峻別できる特徴的な元素を探ってみた。その結果，La（ランタン），Ba（バリウム），Co（コバルト）の微量成分元素の挙動に注目すると，両者に化学組成の違いが存在することが判明した（第 67 図）。スサ混粗製胎土は精製胎土に比べて La の含有量が多く，Ba と Co が比較的少ない。こうした微量成分元素は，有機物のスサが影響しているとは到底考えられず，それは粘土本来の化学組成を反映したものである。ただ，ナイルシルトは胎土の精製と粗製を問わず，基本的にはサハバ粘土または沖積土を使用していることが上記の分析から得られていることから，両者のこうした化学組成の僅かな相違は，粘土採取地点の違い，さらには，異なる陶工グループによって製作されたことに起因するもの考えられる。

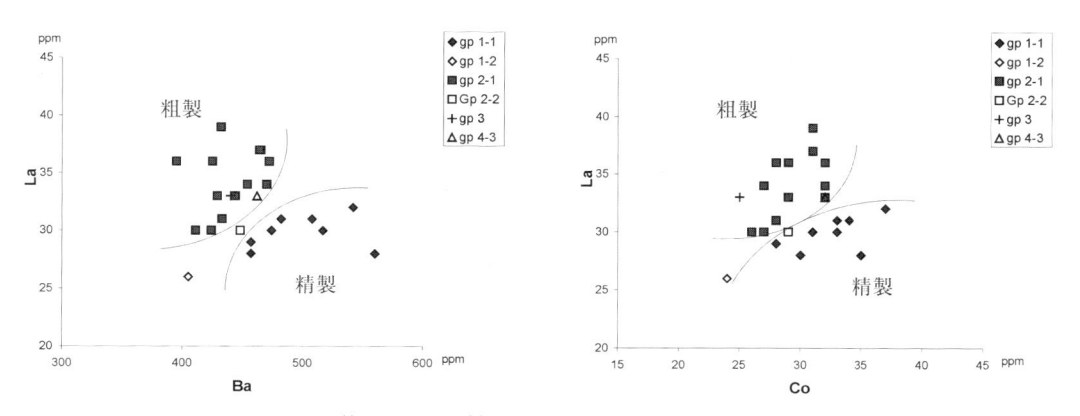

第 67 図　La 対 Ba と Co の２次元分布図

B. 石灰質マールクレイ胎土

　ヒエラコンポリス遺跡では，マールクレイの石灰質胎土の一種に，炭酸カルシウム混ナイルシルト胎土と呼ばれるものがあるが，この素地づくりについて先行研究では，貝殻や骨，またはエスナ頁岩などといった石灰分の豊富な物質を粉砕して混ぜたとする見解が一般的であった（Allen *et al.* 1989: 54-55; Hamroush 1992）。しかし，本論の分析ではこの見解を支持しない。

　まず第1に，本論では，この炭酸カルシウム混ナイルシルト胎土とその他のマールクレイ胎土（ここではマール・ナイルシルト混合胎土）を区分する明瞭な差異は見いだされず，岩石学的にも化学的にも石灰質胎土は全て同じ特徴を有していた。第2に，化学組成および薄片分析で示した通り，石灰質胎土はナイルシルトのそれとは根本的に異なり，石灰性の物質をナイルシルト粘土に混ぜたものではないことは明確である。

　第3の点として，石灰性物質の添加についてである。確かに資料群の中には肉眼でも容易に確認できるほど大きく粗いカルサイトの粒子が表面に見られるものもあるが，大部分を占める胎土基質内の粒子は，極めて細かい（概ね0.05-0.35mm）。これほど微細な粒子を人工的に作り出すことは不可能である。さらにカルサイト粒子は，おしなべて丸みを帯びており，先述したように，これは流水によって運搬され沈殿したものに違いない（Maggetti 1982: 130）。加えて，エスナ頁岩の使用も上記の分析から否定される。

　つまり，本論の見解としては，ヒエラコンポリス遺跡におけるマールクレイ胎土はすべて，自然に生成された石灰質粘土を使用して製作されたと結論付けられる。なおその採取場所であるが，バラース粘土と比較して，マールクレイ胎土のカルサイト粒子は粗く密度が高いことから（第68図1・2），石灰岩の岩盤から直接採取したものではなく，それが流水等によって風化堆積した2次粘土であったと考えられる。

　その素地づくりについてであるが，胎土含有物の均質性が比較的高いことから，使う前に何らかの下準備が行われていたと予想される。バラースの現代の陶工は，採掘した粘土を水に浸した後，丁寧に混練するが，その過程で見つかる粗い石灰岩粒を取り除いている。古代においてもこうした作業が行われていたことが推測される。

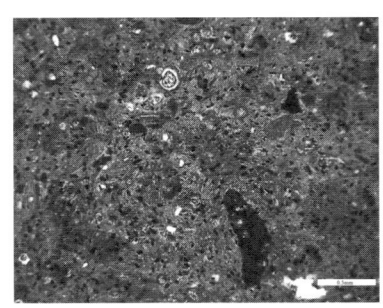

　　1　バラース粘土（焼成後） 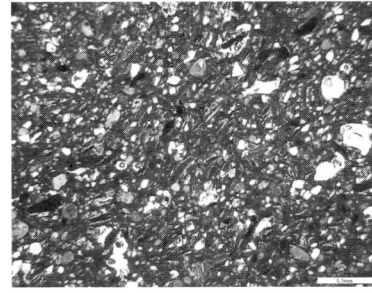　　　2　石灰質胎土（BM26）

スケール：0.5mm

第68図　偏光顕微鏡写真（PPL）

3 SEMによる焼成温度推定

A. 分析手法と対比資料のデータ

最後に、大英博物館所蔵の土器片資料に対してSEM分析を用いた焼成温度推定を行う。はじめにその分析手法について述べておきたい。

焼成温度が明らかな対比資料を作成する。これには、分析対象資料の一片を使って温度を段階的に上げて再焼成するか、または、分析資料に使用された粘土が判明していればそれを同じく焼成して、対比資料を準備する。そしてSEMでの観察により、対比資料と分析対象の土器片を比較検討することで温度を推定するのである。比較の際、粘土粒子の融解およびガラス化が観察視点となるが、タイトはその度合いを以下のように5段階に分けている（Maniatis and Tite 1981; Tite and Maniatis 1975）。

①	（No vitrification）	ガラス化なし。粘土粒子は焼成前の状態と基本的に変わらない。
②	（Initial vitrification）	粘土粒子の融解が始まり、滑らかな面またはガラス繊維が生成される。
③	（Extensive vitrification）	ガラス繊維が結合、細胞構造を呈する。
④	（Continuous vitrification FB[11]）	融解が進み、細胞構造は崩れ、細かな気泡を含む滑らかな面が広がる。
⑤	（Continuous vitrification MB）	細胞構造が消滅し、大きな気泡を含む滑らかな面が全体を覆う。

本論では、先の分析により、ヒエラコンポリス遺跡で利用されたナイルシルト（サハバとマスマスB）とマールクレイ（バラース）の粘土の起源はすでに明らかとなっているので、それらの粘土サンプルを電気窯において600～1100℃まで100℃刻みで焼成し、それぞれ6点ずつの対比資料を作成した[12]。

これらをSEMで観察したところ、融解・ガラス化の度合いは第11表に示す通りである[13]。マスマスB粘土では、600～800℃まではガラス化の兆候がみられないものの、900℃を過ぎると粘土粒子が融解して滑らかな表面が形成（ガラス化）され、気泡が現れる（第69図）。1000℃を超えるとガラス化がさらに進行し、気泡も大きくなる。サハバ粘土もこれと同じ温度変化を示した。つまり、ナイルシルトでは、タイトのいう④細胞構造の崩壊と気泡の出現が900℃にあたり、②と③は800～900℃のわずか100℃間に含まれ、その境界はおそらく850℃と考えられる。そして⑤細胞構造の消滅は1000℃以上となる。

一方、石灰質のバラース粘土では、ガラス化の発展的段階は900℃まではナイルシルトと同じであるが、それ以上になると1100℃まで変化が無く、④の段階が続く（第70図）。ちなみに既往研究では、石灰質粘土はカルシウムの働きにより、非石灰質粘土に比べて低温で融解・ガラス化が起こり始めるとの指摘があるが（Hamroush 1985: 293）、今回のサンプルではそうした違いは看

第4節　土器製作技術の考察

第11表　ガラス化の段階と粘土サンプルの温度変化

焼成温度推定域（℃）

ガラス化段階	サハバ	マスマスB	バラース
① No vitrification	≦ 800	≦ 800	≦ 800
② Initial vitrification	800-850	800-850	800-850
③ Extensive vitrification	850-900	850-900	850-900
④ Continuous vitirification FB	900-1000	900-1000	900-1100
⑤ Continuous vitirification MB	1000-1100	1000-1100	

スケール：10μm

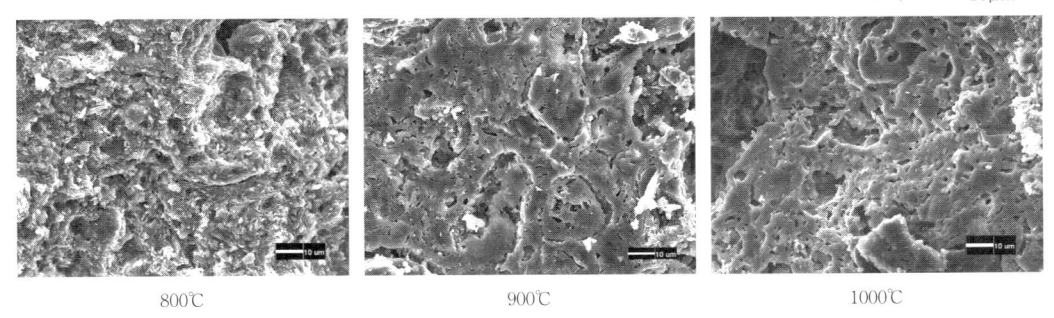

800℃　　　　900℃　　　　1000℃

第69図　マスマスB粘土（焼成後）のSEM写真

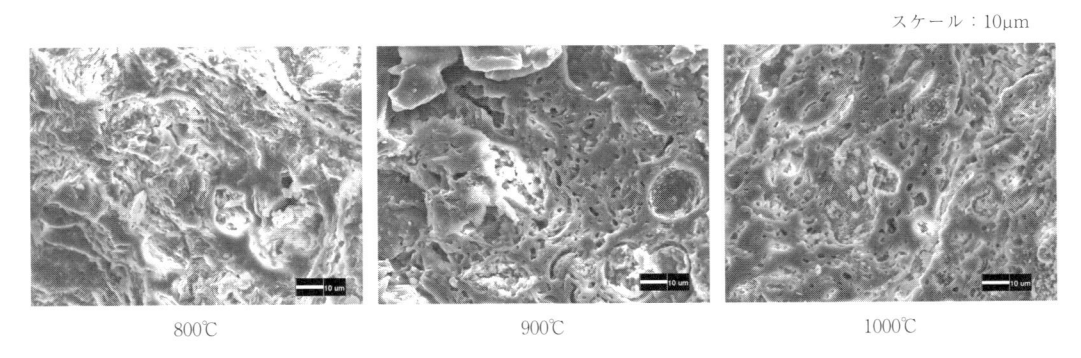

スケール：10μm

800℃　　　　900℃　　　　1000℃

第70図　バラース粘土（焼成後）のSEM写真

取されなかった。

B. 分析結果

　以上の対比資料をもとに，分析資料の焼成温度を推定する。資料は，精製胎土5点，スサ混粗製胎土7点，砂混粗製胎土1点，頁岩混粗製胎土3点，石灰質胎土5点を対象とし，これらの新鮮な面の切片を取ってSEMによる観察を行った。推定される焼成温度は第12表の通りである。

　まず精製胎土について，分析した4点全てで融解・ガラス化は確認されず（第71図1），これらは全て800℃以下での焼成であったと判断される。次にスサ混粗製胎土については，7点の内，BM15とBM28の2点で融解・ガラス化が観察された。BM15では平滑面の形成と粗い気泡の存在から（第71図2），ガラス化の段階は④で，推定温度は900～1000℃と推定される。BM28では

第12表 SEMによる焼成温度推定

グループ	胎土	資料	ガラス化段階	推定焼成温度（℃）
1-1	精製（赤色摩研）	BM08	①：No	≦ 800
1-1	精製（黒頂）	BM20	①：No	≦ 800
1-1	精製（赤色摩研）	BM23	①：No	≦ 800
1-1	精製（赤色摩研）	BM29	①：No	≦ 800
1-2	精製（赤色摩研）（粗い石英）	BM04	①：No	≦ 800
2-1	スサ混粗製	BM03	①：No	≦ 800
2-1	スサ混粗製	BM05	①：No	≦ 800
2-1	スサ混粗製	BM15	④：Ccontinous FB	900-1000
2-1	スサ混粗製	BM27	①：No	≦ 800
2-1	スサ混粗製	BM28	③：Extensive	850-900
2-1	スサ混粗製	BM31	①：No	≦ 800
2-2	スサ混粗製（石英多）	BM09	①：No	≦ 800
3	砂混粗製	BM25	①：No	≦ 800
4-1	頁岩混粗製	BM07	③：Extensive	850-900
4-1	頁岩混粗製	BM17	①：No	≦ 800
4-2	頁岩混粗製（カルサイト多）	BM13	③：Extensive	850-900
5	石灰質	BM26	④：Ccontinous FB	900 ≦
5	石灰質（黒頂）	BM32	②：Initial	800-850
5	石灰質	BM33	④：Ccontinous FB	900 ≦
5	石灰質	BM34	③：Extensive	850-900
5	石灰質	BM35	③：Extensive	850-900

細かな気泡が現れているものの粘土粒子の端部に顕著な融解が見られないことから（第71図3），ガラス化は③の段階で焼成温度は850～900℃と判断される[14]。砂混粗製胎土のBM25は，ガラス化が観察されなかった（第71図4）。頁岩混粗製胎土の3点の内，BM7とBM13にて細胞構造が壊れて融解し，細かな気泡と平滑面が確認されたことから，ガラス化は③の段階に達しているものと思われ（第71図5），焼成温度は850～900℃と想定される。

石灰質胎土では，分析した5点全てにおいて融解・ガラス化が観察された。BM26とBM33は，粘土粒子の融解と細かな気泡が現れており，ガラス化は④の段階，焼成温度は900℃以上と評価される（第71図6）[15]。BM34とBM35では，融解した表面に細かな気泡が生じているが，粘土粒子の端部はまだ原形を保っていることから（第71図7・8），ガラス化は③の段階，焼成温度は850～900℃であったと考えられる。最後にBM32であるが，気泡はないものの毛羽だったガラス繊維が生成され始めているので（第71図9），ガラス化は②の段階で，焼成温度は800～850℃と推定される。

C. 先行研究との比較

さて次に，SEM分析で得られた上記の推定焼成温度を，先行研究に照らして評価してみたい。

ヒエラコンポリス遺跡における既往研究では，SEMによるガラス化の観察も実施されているが，対比資料を用いた比較検討はなく，焼成温度の推定はもっぱら粉末法X線回折による（Allen et al. 1982; Hamroush 1985: 313; Hamroush et al. 1992: 50）。その判断基準は，焼成による粘土鉱物の構造

第4節　土器製作技術の考察　137

スケール：10μm

1　精製胎土（BM29）　　2　スサ混粗製胎土（BM15）　　3　スサ混粗製胎土（BM28）

4　砂混粗製胎土（BM25）　　5　頁岩混粗製胎土（BM7）　　6　石灰質胎土（BM33）

7　石灰質胎土（BM34）　　8　石灰質胎土（BM35）　　9　石灰質胎土（BM32）

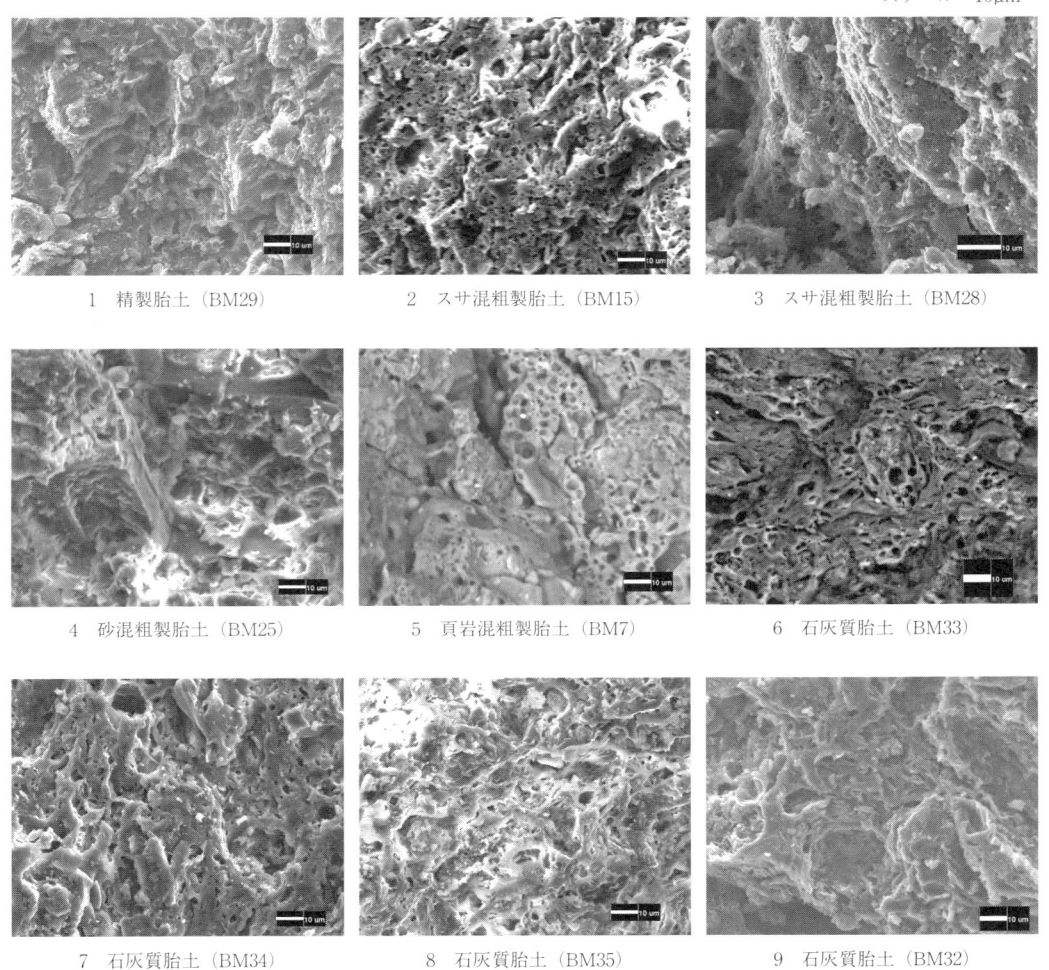

第71図　大英博物館所蔵土器片資料のSEM写真

変化と含有されるカルサイトの融解現象である。例えば代表的粘土鉱物であるカオリナイトは，400～500℃の焼成でメタカオリナイトへ，さらに1000℃近くになるとムライトへと結晶構造が変化する（第2章参照）。またカルサイトは900℃近くで融解する。つまりX線回折ではこうし変化に着目して焼成温度が導かれる。

精製ナイルシルト胎土

　それによると，精製胎土の赤色磨研土器はスサ混粗製土器よりも焼成温度が僅かに高く，800～900℃と推定されている。つまり，本論での推定温度（800℃以下）よりも100℃以上高く見積もっている。この隔たりはサンプリングの問題も考えられるが，やはり彼らとの分析方法の違いが大きな要因と思われる。精製胎土には顕著なカルサイト粒が含まれていないため，粘土鉱物のカオリナイトが頼りとなる。しかし観察できるその温度変化は500℃と1000℃であり，必然的に大ま

かな単位での判断となってしまう。つまり彼らの提示する800〜900℃の焼成温度は，500℃以上1000℃未満との見解のもとで間接的にもたらされたものなのである[16]。ただ，唯一ハムルーシュが行ったSEM分析では，②および③のガラス化の段階を呈する例も確認されていることから（Hamroush 1985: 283-286），中には850℃前後まで達することもあったのであろう。

　ここで指摘しておきたいことは，精緻な胎土は急激な温度上昇に耐えられないため，焼成に必要なのは，高温焼成ではなく穏やかで安定した温度上昇ということである[17]。つまり，今回得られた800℃以下の焼成温度が妥当と思われる。また，ガラス化の起きない程度の低温焼成は，焼成時の収縮や破損を最小限に回避することができ，高温でなくても時間をかけてじっくり焼き上げれば，焼結を達成することは十分可能であり，精製胎土の特徴である器表面の赤色磨研とその光沢をもたらすことはできる。

粗製ナイルシルト胎土

　先行研究では，メタカオリナイトとカルサイトの存在により，スサ混粗製胎土の焼成温度は750〜900℃とされる[18]。これは今回得られた結果とほぼ一致するが，上限温度にずれがある。彼らは，比較的低い焼成温度と考えているようで，ハムルーシュによるSEM観察でも，スサ混粗製胎土のガラス化は常に②の段階に留まるとされる（Hamroush 1985: 283-286）。ただ本分析資料からも明らかのように，中には900〜1000℃に達するものもあったことは確実である。

　精製胎土とは対照的に，スサ混粗製胎土の焼成温度は，おおむね800℃以下と低いものの900〜1000℃と推定されるものもあるなど，ばらつきのあることがその特徴として挙げられる。これは頁岩混粗製胎土も同じである。こうした焼成温度のばらつきは，焼成方法に起因するものであろう。

石灰質マールクレイ胎土

　最後に，マールクレイ胎土の土器についてであるが，先行研究ではSEMによる分析が行われおり，概ねガラス化は③または④の段階で，800〜900℃の推定温度が提示されている（Hamroush 1985: 311-312; Maniatis and Tite 1981: table 4）[19]。本論でも800〜900℃以上としたが，石灰質粘土の場合，850℃から③のガラス化が始まるものの，その後1050℃までは顕著な変化がないため（Maniatis and Tite 1981: 65-68），この範囲内での細かな温度推定は難しい。よって既往研究で示されるように，900℃を上限とみなすのがよいであろう。なお，ハムルーシュによるSEM観察では，石灰質胎土土器のガラス化は全て③と④の段階にあり（Hamroush 1985: 283-286），この傾向はタイト等の観察結果でも同じで，当該時代の石灰質マールクレイ胎土土器はおしなべて③以上のガラス化に達していたことが了解される（Maniatis and Tite 1981: table 4）。

　今回の分析結果で興味深い点がある。それは，推定温度が大きく2つに分かれたことである。一つはBM26とBM33，もう一方はBM34とBM35である。肉眼観察によるヒエラコンポリス遺跡の分類では，前者は炭酸カルシウム混ナイルシルト胎土であり，後者はマール・ナイルシルト混合胎土となる。つまり，肉眼レベルで認識される器表面上の雰囲気の差異は，焼成温度の違いによってもたらされたのかもしれない。

D. まとめと焼成方法の予察

　以上，SEM による融解・ガラス化の検討から焼成温度の推定をおこなった。全体的な傾向として看取されるのは，ヒエラコンポリス遺跡の土器は，1000℃を超える高温焼成ではなかったものの，800～1000℃以下の温度域を維持した焼成であったことである。このことは当時の焼成方法が「開放型野焼き（600～800℃）」の段階からはすでに脱していたことを示している（Tite 1995: 39; Tobert 1984a）。

　精製ナイルシルト胎土の土器について，資料はどれも 800℃以下であったとする今回の分析結果は，焼成がしっかりとコントロールされて行われていたことを物語っている。その焼成方法としては，ある程度密閉された環境であったことが予想される。なぜなら開放型の野焼きでは，風があたるので温度を安定させた焼成が難しくなるからである。ただ，開放型ではないとしても，それが構造的な窯焼成であったとは考え難い。窯焼きは安定した焼成を可能にするが，温度はやはり 800℃以上の高温に達する（Baba and Saito 2004）。よって，精製ナイルシルトの焼成は，開放型野焼きと窯焼きの中間的方法であったと想定したい。

　その逆に，粗製ナイルシルト胎土に焼成温度のばらつきが看取された点は注目される。こうした温度のばらつきは，野焼きの特徴である。ゴスレンによれば，野焼きは最高到達温度が常に一定ではなく 500～900℃とかなりの幅があり，また焼成時の置かれた場所でも，さらには 1 つの土器においても 100℃単位で温度差が生じるとされる（Gosselain 1992）。確かに窯焼成でもこうしたばらつきは起きるが，野焼きのそれは著しい。このことからも，粗製ナイルシルト胎土の土器には窯焼きは考えられず，野焼き的焼成であったと推察される。これは頁岩混粗製胎土についても同じことがいえる。

　マールクレイ胎土は，若干のばらつきはあるものの概ね 850～900℃以上と，ナイルシルト胎土に比べて高い焼成温度にまとまることが推定された。このことから，ナイルシルト胎土とは根本的に異なる焼成方法であったと考えられる。そして，900℃近くの温度を安定して供給する焼成には，窯焼きが想定される。

　この他，この胎土の資料の中で興味深いのが BM32 である。これは器表面の仕上がりに黒色処理された黒頂土器だが，他の石灰質胎土の資料に比べて，低い焼成温度が推定された。1 点のみの資料なので確証は持てないが，黒頂土器の焼成は，先述した精製ナイルシルト胎土と同様に高温を必要としない，もしくは高温では黒色の施色を達成することができなかったと推察される。

　焼成温度および想定される焼成方法については，第 6 章と第 7 章でさらに深く掘り下げることとする。

第 5 節　小　　結

　以上，大英博物館所蔵の土器片資料に対して，岩石学的および化学的な胎土分析を行い，胎土分類，そして粘土採取，素地づくり，焼成温度の 3 つの製作技術について検討を行った。本章で

得られた成果は以下に要約される。

1 胎土分析による土器分類

ヒエラコンポリス遺跡の現行の土器分類システムは，岩石学的および化学的分析にも，その妥当性は支持される。ただ，マールクレイ胎土に関してのみ異なる見解となり，本論では，「炭酸カルシウム混ナイルシルト胎土」と「マール・ナイルシルト混合胎土」に相違点はなく，どちらも同じ胎土で，それは一般的なマールクレイ胎土と考える。

2 製作技術について

A. 精製ナイルシルト胎土

この胎土は，サハバ粘土（低位砂漠縁辺部の古いナイル川堆積土）もしくはナイル沖積土（沖積地の新しい堆積土）を用い，水簸等による入念な精製工程を経て素地が準備された。焼成温度は800℃以下と比較的低いが，安定した温度を保ちながら焼成された。

B. スサ混粗製ナイルシルト胎土

スサ混粗製胎土も主に，サハバ粘土もしくはナイル沖積土によって製作されたが，中には涸れ谷内のHK11C付近で採取できるマスマス粘土を用いたものもあった。素地づくりでは，精製作業は粗い混入物を取り除く程度に限られ，そして切り藁が加えられた。この素地の特徴から，スサ混粗製胎土の土器は，迅速で効率性の高い生産を目指したものであったことが推察された。焼成温度は概ね800℃以下であるが，しばしば1000℃近くに達することもあった。精製胎土とは化学組成の点でも若干異なり，胎土の精粗は粘土採取地もしくは陶工集団の違いによるものと推測された。この見解は推定された焼成温度からも支持され，精製胎土のような安定した焼成温度ではないことから，それとは異なる焼成方法であったことが推察された。

この他，マスマス粘土によるHK11Cでの生産は，スサ混粗製土器にもっぱら限られていた可能性も指摘された。

C. 頁岩混粗製ナイルシルト胎土

この胎土の粘土採取地については依然不明であるが，恐らく，涸れ谷内のヌビア砂岩に含まれる頁岩層が流水風化して沈殿した土壌を採取し，ナイルシルト粘土と混和して素地を作ったものと思われる。または，頁岩粒が風化堆積して自然に土器に適した粘土へと生成された土壌を用いたかもしれない。ただ確かなことは，頁岩を砕いて意図的に混ぜたものではないことである。焼成温度は，800℃以下～900℃の範囲であるが，ばらつきがあるため，野焼き的な焼成が想定された。

D. 石灰質マールクレイ胎土

石灰質胎土の製作には，自然に風化堆積した石灰質の2次粘土が用いられ，既往研究で言われているようなナイルシルトに石灰性物質を混ぜた人工的な粘土ではなかった。その採取地または生産地は，ヒエラコンポリス遺跡ではなく，エスナ以北の地域が有力候補として挙げられた。素

地づくりでは何らかの丁寧な精製作業が施され，焼成は 800～900℃ といった比較的高い温度であり，その方法には窯焼きが示唆された。

なお特筆すべきは，黒頂土器に仕上げられた石灰質胎土土器の存在である。この胎土に黒色処理を行った目的は判然としないが，時期的または宗教的な意味合いがあったのかもしれない[20]。

これらの成果は，岩石学的分析と化学組成分析を併用することによってはじめて，土器の製作技術に関する情報を最大限に引き出すことができることを示している。

次章以降ではこの胎土分析の成果を基礎に置き，さらなる製作技術の具体的理解，そしてその技術を体現する陶工の生産形態やその社会背景について考察を加えたい。

註

1) 彼女によれば，砂粒を多く含む砂混粗製ナイルシルト胎土土器は，器形がナカダⅡ期後半に特徴的なスサ混粗製ナイルシルト胎土土器のものと酷似することから，その亜種とされる。
2) HK11C 表採のスサ混粗製および精製土器の資料群については，この HK11C 地点がナカダⅢ期以降の遺構がこれまで確認されていないことから，ナカダⅠ-Ⅱ期とした。
3) 薄片の作成は，イギリス・マンチェスターの S & S Caldwell 社に依頼した。
4) 偏光を投射して薄片を 90 度回転させた際に，胎土基質の色が変化する場合は複曲折，変化しない場合は等方性と呼び，等方性を呈する基質は複曲折に比べて焼成温度が高いとされる。ただし，資料間の差異があまり見られなかったため，焼成温度の推定には利用しなかった。
5) 鉱物の同定に際しては，イギリス・カーディフ大学のフリーストン教授の指導を受けながら行った。
6) http://www.heisei-u.ac.jp/ba/fukui/analysis.html
7) この 5 地点以外にも，涸れ谷底や HK11C SquareB4-5 内で検出された，黄色の涸れ谷浸食土層（wadi wash）もサンプリングしたが，粒子が粗く粘性がなかったため分析資料から外した。
8) ニコルソン等による一連の土器民族調査で紹介された粘土採取場と同じと思われる。
9) こうした産地推定分析では微量成分元素または希土類元素のみを使うことが多く，その理由は，粘土の主要元素であるケイ素やアルミナ，鉄などといった主成分元素ではさほど大きな違いは期待できず，また混和材（特にカルシウムなど）の添加，さらには水簸等の調整作業によっても影響を受けるからである（Rice 1987: 413-424）。しかし本論の資料では，先に述べた通り，全元素を用いた化学分析が岩石学的胎土分類に最もマッチし，かつその化学組成の特性を良く反映しているため，ここでもすべての元素を変数として用いることとした。
10) 相関が強いほど，分布図上では直線の付近に点が集中し，その相関係数の値は 1 に近いほど強い。
11) FB とは fine bloating pores の略で，微細な気泡の集中がみられ状態である。⑤の MB は medium bloating pores の略で，FB よりも大きな気泡が集中する（Maniatis and Tite 1981: 68）。
12) この実験では電気窯の通気孔を開けた状態で行い，酸化焔雰囲気で粘土サンプルを焼成した。
13) SEM 装置は，イギリス・カーディフ大学が所有する CamScan 社製の MaXim を用いた。
14) この資料につては，オックスフォード大学のタイト教授にも観察を依頼し，温度推定には彼の助言が反映されている。
15) BM26 に見られるガラス化は，タイト等がかつて観察・報告したヒエラコンポリス遺跡出土土器のそれと極めて似ており，彼らの評価も④または③～④にかけてとする（Maniatis and Tite 1981: fig.10）。

16) 彼らが比較的高い焼成温度を想定したもう一つの理由として，赤色磨研精製土器を専門的に焼成したとされるHK59等の遺構の存在が大きい。崖の中腹に位置するここでは吹き抜ける北風を利用した焼成方法を想定しているため，高温焼成との解釈が導かれたようである（Hamroush *et al.* 1992: 50）。

17) HK59等を調査したゲラー自身は，赤色磨研精製土器が比較的低い温度，700〜800℃の焼成であったと述べている（Geller 1984: 67）。

18) アレン等はX線回折によりHK29出土土器のスリップにメタカオリナイトが検出されたことから，500℃以上，恐らくは800℃以下の温度と想定する（Allen *et al.* 1982: 211）。一方，同様の分析を行ったハムルーシュは，メタカオリナイトに加えてカルサイトも融解せずに存在することから，750〜900℃と見積もっている（Hamroush 1985: 313）。

19) 温度推定の根拠は，メタカオリナイトとゲーレナイトの存在である。ゲーレナイトは800〜900℃までは結晶構造が安定状態にあり，このことからも900℃が焼成温度の上限とみなされる。

20) 第2章で示したように，黒頂土器はナカダⅡ期後半以降その製作が途絶える。ただ例外があり，ナカダⅢ期以降でも特徴的な器形（ヘス形壺など）でつくられることがあり，しかもそれは宗教的意味合いの強い遺構で見つかっている（Sowada 1999; Yoshimura and Kawai 2006）。なお，ソワダの報告によると，ヒエラコンポリス遺跡のメイン・デポジット（初期王朝時代）から見つかった2点のヘス形黒頂土器は，炭酸カルシウム混ナイルシルト胎土（硬質オレンジ胎土），つまりマールクレイ胎土を用いて製作されたものである。

第6章　製作痕分析からみた技術（成形・焼成）

　前章では胎土分析から幾つかの製作技術について検討を加えたが，しかし胎土のみからではアプローチが難しいものもある。それが成形と焼成の工程における技術である。これらの技術を理解するには，土器の器表面に残る製作痕跡の詳細な肉眼観察が有効となる。筆者はスサ混粗製胎土土器の完形資料を観察する機会が得られたので，ここでその成果をもとに成形と焼成に関する技術の復原考察を行いたい。ただ，スサ混粗製胎土以外の土器についてはそうした詳細観察ができていない。それについては，第7章にて報告書資料等を用いて論じたい。

第1節　分析資料

　製作痕跡の分析ではできるだけ完形に近い資料が望ましいが（小林2007: 204），筆者が調査するHK11C Square B4-5 では上層の「カシェ」の大型壺を除いては，そうした資料の出土は極めて少ない。そこで，第4章にて Square B4-5 の時期比定でも言及した HK6 エリート墓地出土の土器群を観察対象とした（図版2-4）。これは1999年に一括資料として取り上げられ（Tomb 16A, contexts 19-21），その後ヘンドリックス等によって接合された28点のスサ混粗製胎土土器からなる（Hendrickx 2005）。この資料群は，全て2bタイプの中型モデルド・リム壺で，器高は25cmと30cm前後の2グループに大きく分かれるものの，平底でなで肩の器形はどれも酷似しており，同時期の同一工房での製作が示唆されている（Hendrickx 2008）。Square B4-5 下層からも類似した器形の断片が多く出土しており，ここで同様な壺がつくられていた可能性は高く，当遺構での製作技術を復原するに適した資料といえる。また，これら土器は副葬用に製作されたようで，調理等による煤の使用痕がないことから，焼成痕の観察には最適な資料群である。

　よって本章での資料は，HK11C Square B4-5 の埋設土器やカシェの大型壺を扱いつつ，この28点のエリート墓出土土器群を主な分析対象とする。

第2節　スサ混粗製壺形土器の成形方法

　土器の成形方法に関して，第3章でも指摘したように，技法のバリエーションは幾らか明らかとなっているものの，底部から口縁に至る成形工程を詳しく論じた研究は皆無に等しく，唯一ブシェがその概要を述べるのみである（Buchez 2004a）。よって，本論の分析は，先王朝時代の土器研究に極めて有益な情報を与えることとなる。ここでは，まず成形痕分析の結果を述べ，その成果に HK11C Square B4-5 出土の製陶工具の分析を加えて，当該時代の成形方法を具体的に探る。

1 完形土器の製作痕分析

A. 成形方法

観察の結果（第13表），壺形土器に共通する基本的な成形技法は，粘土紐づくりであった。研究史の指摘と同様，底部の糸切り痕などロクロによる水挽き成形の痕跡は確認されない。粘土紐づくりの接合面は，最終的なナデ調整により消されるのが一般的だが，内面では調整があまかったり，施されない箇所もあり，その痕跡を留めている場合が多い。それによると，口縁に対して水平に走る粘土紐の継ぎ目または凹凸が見られることから，輪状の粘土紐を1段ずつ積み上げていく「輪積み法」であったことが了解される（第72図）。粘土紐1段分の幅はおおむね1～2cmであるが，中には胴上部にて4cm幅のものも存在する（資料89/1）。

継ぎ目の痕跡の中には，粘土がよせられて隆起した皺など明瞭な接合面を呈するものがある。これは粘土紐を積み上げていく際に作業が一旦中断され，上下の粘土紐の間に乾燥具合の差が生じたために滑らかな接合を達成できなかったことに起因すると思われる（第73図）。作業の途中で一旦乾燥させ，強度を保ちながら積み上げていく技法は，紐づくり成形では世界的に一般的にみられ（可児 2005: 45-76; 小泉 2006: 6），アダイマ遺跡で出土する同様の器形の大型壺においても指摘されている（Buchez 2004a: fig.8）。この作業中断面は資料土器の内面にほぼ例外なく看取され，

第13表 成形痕跡観察結果

資料番号 エリート墓地	パーツ	成形・整形痕跡内面 胴上部	胴下部	底部
89/1	3回	指オサエ（上）工具ナデ（左上）	工具ナデ（横・斜め）	工具掻き上げ
89/17	3回	指オサエ（上）	工具ナデ（横・斜め）粘土皺	工具掻き上げ工具ナデ（横）粘土皺
89/21	2回？	指オサエ（上）工具ナデ（左上）	工具ナデ（横）粘土皺	工具掻き上げ
89/22	3回	指オサエ（左上）（消される）工具ナデ左上	工具ナデ（横）	工具掻き上げ工具ナデ（横）
89/24	3回	指オサエ（右上）工具ナデ（横）	工具ナデ（横）	工具ナデ（横）粘土皺
89/25	3回	指オサエ（上）工具ナデ（横）	工具掻き上げ工具ナデ（横）粘土皺	工具掻き上げ工具ナデ（横）
89/26	3回	指オサエ（右上）工具ナデ（横）	工具ナデ（横）粘土皺	工具掻き上げ
89/27	3回	指オサエ（上）工具ナデ（横）	工具掻き上げ工具ナデ（横）	工具ナデ（横）
89/28	3回	劣化により不明瞭	工具掻き上げ工具ナデ（横）	工具掻き上げ（右上）
89/33	3回	指オサエ（上）工具ナデ（横）	工具ナデ（横）粘土皺	工具掻き上げ（左上）工具ナデ（横）
89/34	3回	指オサエ（上）工具ナデ（横）沈線一周	工具ナデ（横）粘土皺	指オサエ工具掻き上げ工具ナデ（横）
89/35	3回	指オサエ（右上）工具ナデ（横）	工具ナデ（横・斜め）粘土皺	工具掻き上げ工具ナデ（横）粘土皺
89/36	欠	指オサエ（上）工具ナデ（横）	工具ナデ（横）	欠
89/39	2回？	指オサエ（上）工具ナデ（横）	工具ナデ（横）粘土皺	工具掻き上げ工具ナデ（横）
89/40	3回	指オサエ（上）工具ナデ（横）	工具掻き上げ工具ナデ（横）粘土皺	工具掻き上げ工具ナデ（横）
89/41	3回	指オサエ（上）工具ナデ（横）	工具ナデ（横）	工具ナデ（横）
89/42	4回？	指オサエ（右上）工具ナデ（横）	工具ナデ（横・斜め）粘土皺	工具ナデ（横）（回転）
89/43	3回	指オサエ（上）工具ナデ（横）	工具ナデ（横）粘土皺	工具ナデ（横・斜め）
89/45	3回	指オサエ（上）工具ナデ（横）	工具ナデ（横）	工具掻き上げ（左上）
89/78	3回	指オサエ（上）工具ナデ（横）	工具ナデ（横）	工具ナデ（左上）
117/1	3回	指オサエ（右上）工具ナデ（横）	工具掻き上げ工具ナデ（横）粘土皺	工具ナデ（左上）（回転）
117/2	3回	指オサエ（消される）工具ナデ（横）	工具ナデ（横）粘土皺	工具掻き上げ（左上）粘土皺
117/3	3回	指オサエ（右上）（消される）工具ナデ（横）3沈線一周	工具ナデ（横）粘土皺	工具掻き上げ（右上）
117/4	3回	指オサエ（右上）工具ナデ（横）	工具ナデ（横）粘土皺	工具ナデ（左上）（回転）粘土皺
117/5	3回	指オサエ（右上）工具ナデ（横）	指オサエ（上）工具ナデ（横）粘土皺	工具掻き上げ（左上）工具ナデ（横）
117/7	3回	指オサエ（上）工具ナデ（横）沈線一周	工具ナデ（横・斜め）粘土皺	工具掻き上げ
176/1	3回	指オサエ（右上）工具ナデ（横）	工具ナデ（横）粘土皺	工具掻き上げ工具ナデ（横）
176/2	3回	指オサエ（上）（消される）工具ナデ（横）皺撚り	工具掻き上げ工具ナデ（横）粘土皺	工具掻き上げ
HK11CB4-5 埋設土器C	3回	指オサエ（上）工具ナデ	工具ナデ（横）沈線一周 粘土皺	工具掻き上げ工具ナデ（横）
埋設土器D	3回	指オサエ（右上）工具ナデ（横）	工具ナデ（横・斜め）粘土皺	工具掻き上げ工具ナデ（横）
埋設土器E	3回？	指オサエ（上）工具ナデ（横）	指オサエ（上）工具ナデ（横）	工具ナデ（横）
カシェ3-1	3回	指オサエ（上）工具ナデ（横）	工具ナデ（横）粘土皺	工具ナデ（横）
カシェ3-2	3回	指オサエ（上）工具ナデ（横）	工具ナデ（横）指ナデ（縦）粘土皺	工具ナデ（横）
カシェ3-3	3回	欠	工具ナデ（横）	工具ナデ（横）

第 2 節　スサ混粗製壺形土器の成形方法　145

その位置はおおむね底部付近と胴部中央付近の 2 箇所である（第72図, 第74図）。これは断面からみても明らかで，ちょうどその箇所で器壁の形状が顕著に変化する。このことから，壺型土器の紐づくり成形は，3 回（3 パーツ）に分けて行うのが技法上の特徴であると指摘できる。以下，それらを底部，胴下部，胴上部として成形の工程を詳しく追ってみたい（第75図）。

　成形の第 1 段階となる底部は，碗型のように作られる。まず，円盤形の粘土板が用意され，その縁に最初の粘土紐を巻き付け輪積みが始まる。このことは，底部内面のエッジに沿って円形の亀裂が観察されることから判断される（89/22, 89/34, 89/35, 176/1, 176/2, カシェ3-1）（第76図）。そして粘土紐が，中型壺では 2.5～4cm, 大型壺では 10cm弱の高さまで積まれた後，内面は工具による「掻き上げ」が施され，継ぎ目の平滑化と器壁の均一化が図られているようである。縦または斜め方向に等間隔に走る線条痕の存在がそれを示唆するが，ただこの整形痕は同様の工具を用いた水平方向のナデ調整により消される場合が多い。底部内面も同じく工具でぐるりと一周まわしてナデ調整されている（第77図）[1]。

　この底部の成形に関しては，型づくりとの指摘がある。アダイマ遺跡で土器資料を担当するブシェは，底部の内面に示す水平方向の輪積み痕がなく，あったとしても垂直方向の長い指痕であることから，粘土紐成形はなく，型づくりであったとする（Buchez 2004a: 43）。確かに本資料においても掻き上げやナデにより成形時の痕跡を確認するのは難しいが，もし型づくりであれば，

底面	頸・肩部	胴部	成形・整形痕跡外面 底部	全体
左回り	指ナデ（横）	指ナデ（縦）長	指ナデ（縦・斜め）	工具ナデ（横）あり口縁皮ナデ？
	指ナデ（横）	指ナデ（縦）長	指ナデ（横・斜め）	
	指ナデ（ランダム）	指ナデ（ランダム）短	指ナデ（ランダム）短	
円盤剥がれ	指ナデ（横）	指ナデ（縦）長	指ナデ（縦）	工具ナデ（横）あり
左回り	指ナデ（横）	指ナデ（縦）長	工具ナデ（横）	工具ナデ（横）あり
左回り	指ナデ（横）	指ナデ（ランダム）短	指ナデ（縦）	工具ナデ（横）あり
左回り	指ナデ（横）		指ナデ（縦）	
左回り	指ナデ（横）	指ナデ（ランダム）短	指ナデ（ランダム）	工具ナデ（横）あり
	指ナデ（横）	指ナデ（縦）長	工具掻き上げ指ナデ（横）	第2接合面に皺あり沈線一周
左回り	指ナデ（横）	指ナデ（ランダム）短	指ナデ（横・斜め）	
左回り円盤剥がれ	指ナデ（横）	指ナデ（縦）長	指ナデ（縦）	
円盤剥がれ	指ナデ（ランダム）	指ナデ（ランダム）短	指ナデ（縦）	工具ナデ（横）あり口縁皮ナデ？
欠	指ナデ（横）	指ナデ（縦）長	指ナデ（縦）	工具ナデ（横）あり
左回り	指ナデ（横・左）	指ナデ（縦）長	指ナデ（横・斜め）	工具ナデ（横）あり沈線一周
左回り	指ナデ（横）	指ナデ（縦）長	指ナデ（横・斜め）	
左回り	指ナデ（横）	指ナデ（縦）長	指ナデ（横）	工具ナデ（横）あり
左回り工具回転痕	指ナデ（ランダム）	指ナデ（縦）短	指ナデ（横）	工具ナデ（横）あり
左回り	指ナデ（ランダム）	指ナデ（縦・ランダム）長	指ナデ（横・縦）	
左回り	指ナデ（斜め）	指ナデ（縦）長	指ナデ（横・縦）	
	指ナデ（横・ランダム）	指ナデ（縦）長	指ナデ（横）	口縁皮ナデ？
左回り	指ナデ（縦）	指ナデ（縦）長	指ナデ（横）	
右回り	指ナデ（ランダム）	指ナデ（縦・斜め）長	指ナデ（横）	
左回り	指ナデ（ランダム）	指ナデ（縦）長	指ナデ（ランダム）	口縁皮ナデ？
	指ナデ（ランダム）	指ナデ（縦）長	指ナデ（横）	工具ナデ（横）なり口縁皮ナデ？
左回り	指ナデ（ランダム）	指ナデ（縦）長	指ナデ（横）	工具ナデ（横）あり口縁皮ナデ？
円盤剥がれ	指ナデ（ランダム）	指ナデ（ランダム）短	指ナデ（ランダム）	工具ナデ（横）あり口縁皮ナデ？
円盤剥がれ	指ナデ（ランダム）	指ナデ（縦）長	指ナデ（縦）	工具ナデ（横）あり
	指ナデ（横・ランダム）	指ナデ（縦・斜め）長	指ナデ（縦）	
左回り	指ナデ（斜め）	指ナデ（縦）短	工具掻き上げ指ナデ（横）	工具ナデ（横）あり
	指ナデ（横・ランダム）	指ナデ（縦）長	工具ナデ（縦）指ナデ（縦）	
	指ナデ（横）	指ナデ（縦）長	指ナデ（斜め）	
	指ナデ（横）	指ナデ（縦）長	指ナデ（斜め）	工具ナデ（横）あり
欠	欠	指ナデ（縦・斜め）短	指ナデ（斜め）	工具ナデ（横）あり

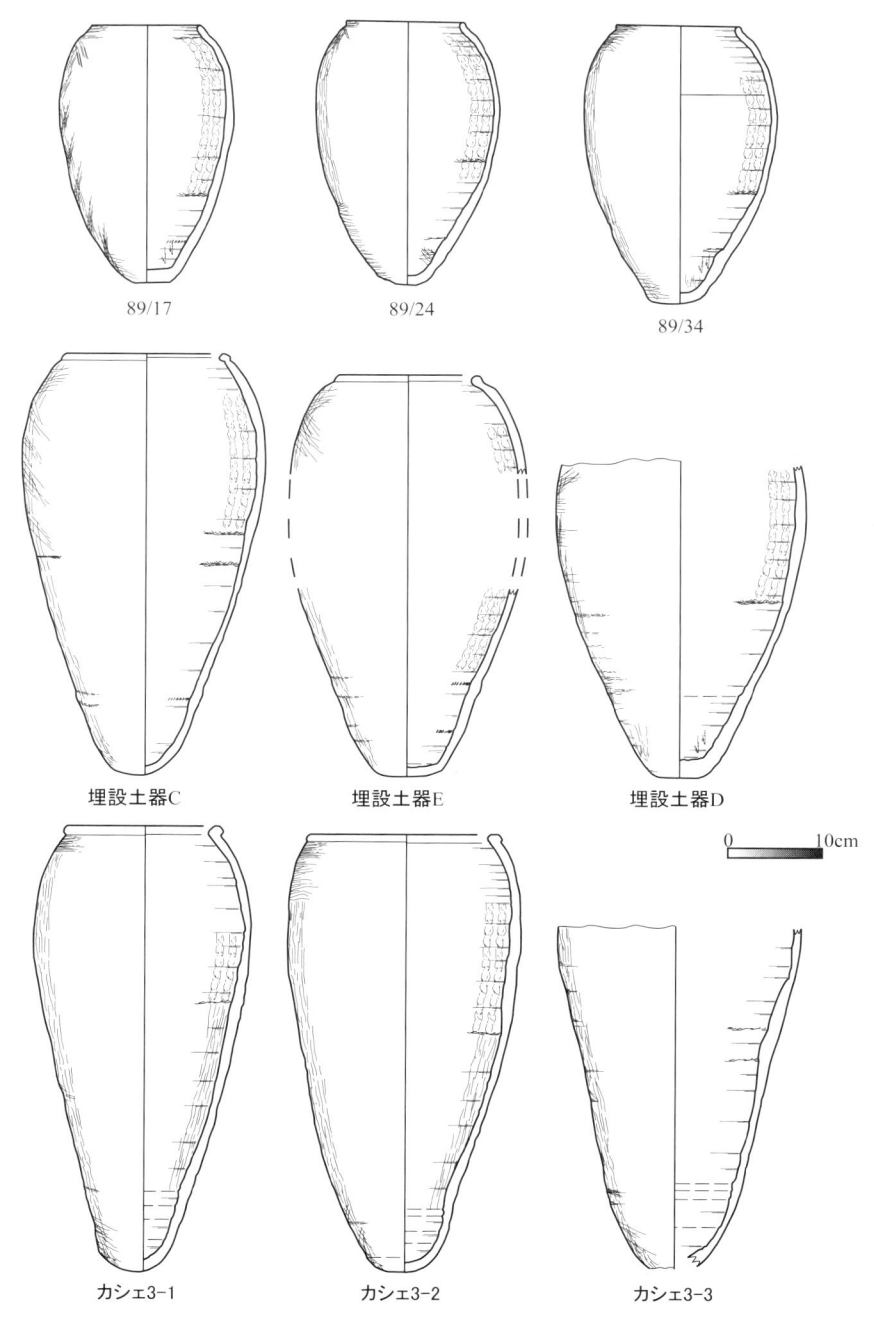

146　第6章　製作痕分析からみた技術（成形・焼成）

89/17　　89/24　　89/34

埋設土器C　　埋設土器E　　埋設土器D

カシェ3-1　　カシェ3-2　　カシェ3-3

第72図　資料土器の一部（89/17, 24, 34はエリート墓地出土，他大型壺はHK11C B4-5出土）

第2節　スサ混粗製壺形土器の成形方法　147

第73図　接合面の粘土皺と指オサエ痕（資料89/40）　　第74図　作業中断面（白線）（資料89/42）

上述したように底部と器壁が分離するようなエッジの亀裂は生じないであろう。ただ，底部の形状は平底のみならず，大型壺では丸底も存在し，断面形状からも明らかにこれら丸底には削り整形の痕跡はみあたらない。粘土板と粘土紐で成形しつつも，掻き上げ等の整形段階で何らかの型が使用されたことも想定される。それは地面に穿たれた窪み，または土器の底部を転用したものであったかもしれない。

　第2段階となる胴下部は，底部に粘土紐を継ぎ足してゆき，少しずつ外に開くようにして器高の1/3または1/2の高さまで成形される（第75図）。底部との接合では，粘土紐を内面下方に押し伸ばして接着しているようであり，その痕跡は粘土皺として幾つか確認される（資料89/17, 89/24, 89/35, 117/2, 117/4）。だがこれも後の整形により消されることが一般的である。整形は，工具を用いて水平方向（しばしば斜め）に撫でて平滑に仕上げている[2]。大型壺ではこれに加え，垂直方向の指ナデ調整もされる（カシェ3-1, 3-2）。

　最終の第3段階となる胴上部の成形は，口縁まで絞り込んでゆく作業となる（第75図）。ここで特徴的なのが内面に縦方向に走る指オサエ痕であり，これが横方向に連続して胴上部の器壁全面を被っている（第73図・第78図）[3]。

　この指オサエ痕の状況から以下の成形技法が想定される。胴下部から求める高さ（口縁）まで粘土紐を一気に積み上げてゆき，その後，片手で外面を押さえつつ，もう片方の手（利き手）を土器の中に入れ，指頭（おそらく人差し指から小指）を使って上方に引きの伸ばしながら器壁を内

1. 底部

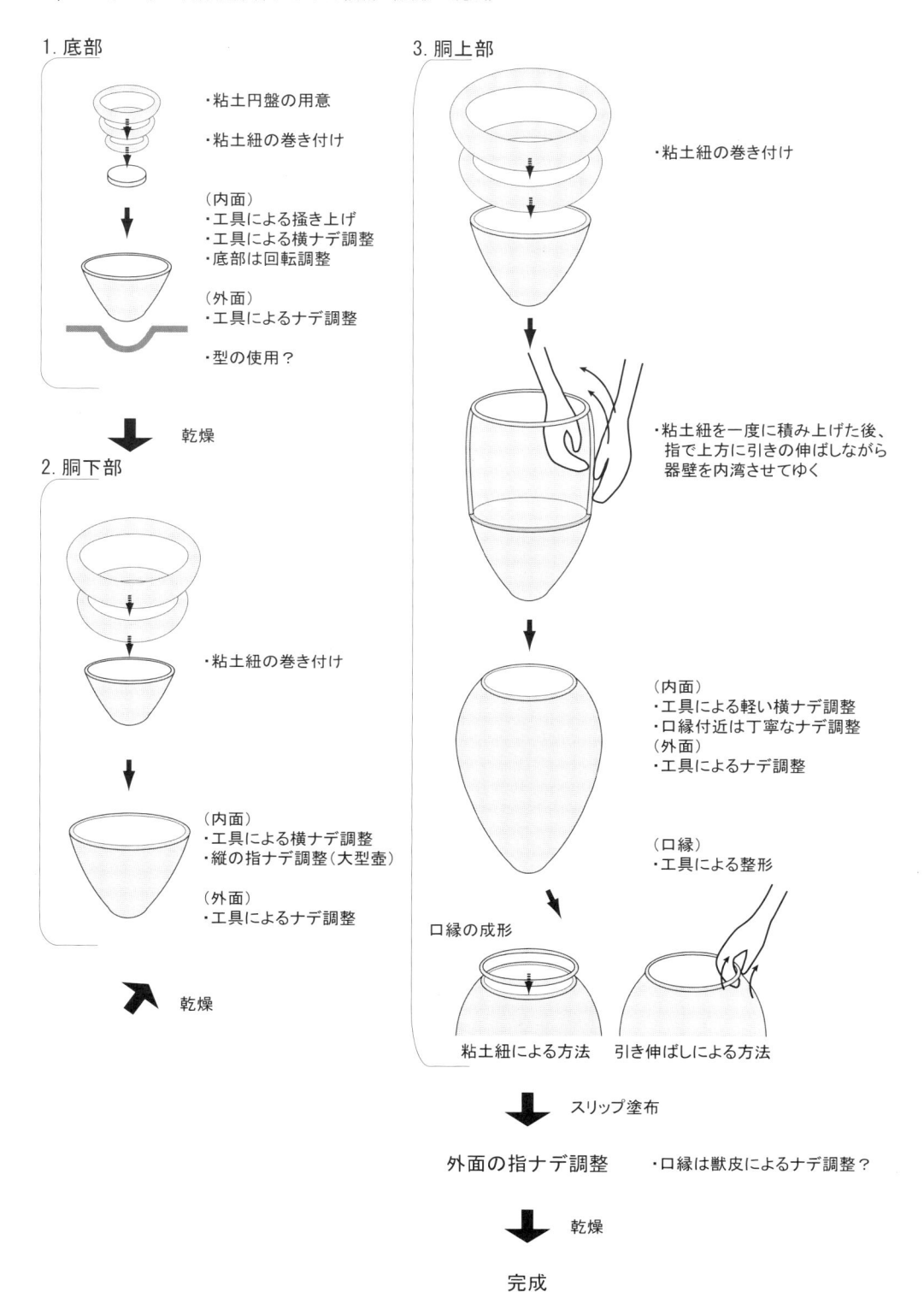

- 粘土円盤の用意
- 粘土紐の巻き付け

（内面）
- 工具による掻き上げ
- 工具による横ナデ調整
- 底部は回転調整

（外面）
- 工具によるナデ調整
- 型の使用？

↓ 乾燥

2. 胴下部

- 粘土紐の巻き付け

（内面）
- 工具による横ナデ調整
- 縦の指ナデ調整（大型壺）

（外面）
- 工具によるナデ調整

↗ 乾燥

3. 胴上部

- 粘土紐の巻き付け

・粘土紐を一度に積み上げた後、指で上方に引きの伸ばしながら器壁を内湾させてゆく

（内面）
- 工具による軽い横ナデ調整
- 口縁付近は丁寧なナデ調整

（外面）
- 工具によるナデ調整

（口縁）
- 工具による整形

口縁の成形

粘土紐による方法　　引き伸ばしによる方法

↓ スリップ塗布

外面の指ナデ調整　　・口縁は獣皮によるナデ調整？

↓ 乾燥

完成

第75図　スサ混粗製壺形土器の成形工程復原

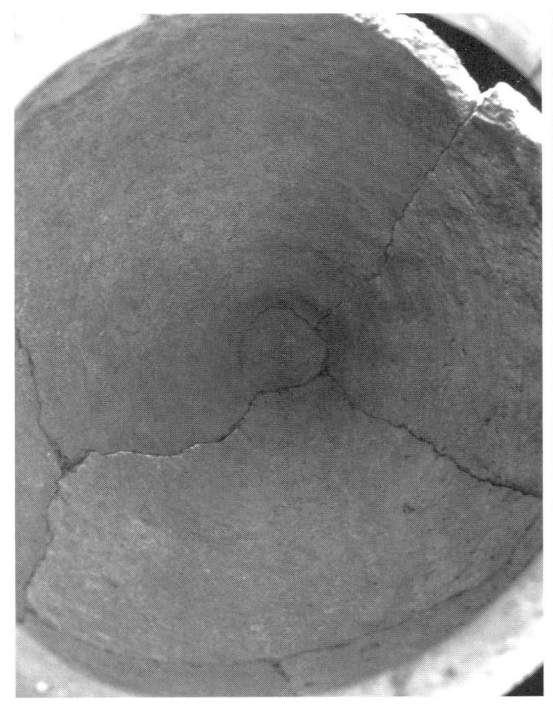

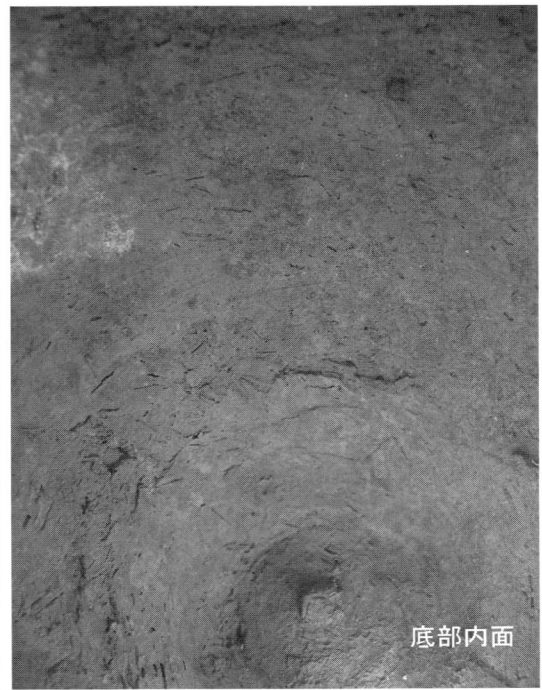

第 76 図　底部内面の亀裂（資料 89/22）　　　　第 77 図　底部内面のナデ整形（資料 117/4）

湾させてゆく。一度に粘土紐を積み上げるその根拠は，内面の指オサエ痕が上下にとぎれなく走っているからである（第72図）[4]。なお，胴下部との接合は上述と同様の方法であり，内面には顕著な粘土シワが確認される（第78図）。

　指で引き伸ばした後，口縁部が作られる。外へ若干折り返す口縁がこれら壺形土器の最大の特徴となるが，そのつくり方は，粘土紐を新たに加える方法と，器壁をつまんで引き伸ばす方法の2種類が確認される。いずれの場合も，工具を当てて口縁の形状を整えている。特に大型壺では，口縁が明瞭に作り出されている。

　こうして成形された胴上部の内面は，工具よる水平方向のナデ調整が基本であるが，指オサエ痕をかき消すほどは撫でられず，若干の平滑化をもたらすに留まる。だが，口縁および口縁下部は念入りに調整され，指オサエ痕が確認できないほど平滑化が施される（第79図）。

　以上，成形の技法ついて述べたが，これは大型壺と中型壺のどちらにも共通してみられるものである。つまり，各パーツにおける粘土紐の数を変えることで，器高の異なる壺を作り出しているのである。大型はHK11C SquareB4-5，中型はHK6エリート墓地と出土場所は異なるものの，両者は同一の成形技法を有する。こうした定型化された成形技法の確立により，同一形状の土器を生産することができたのであろう。

　B. 整形・調整，スリップ

　すでに述べたように，内面の整形は，工具を用いた掻き上げ整形とナデ調整である。削り調整

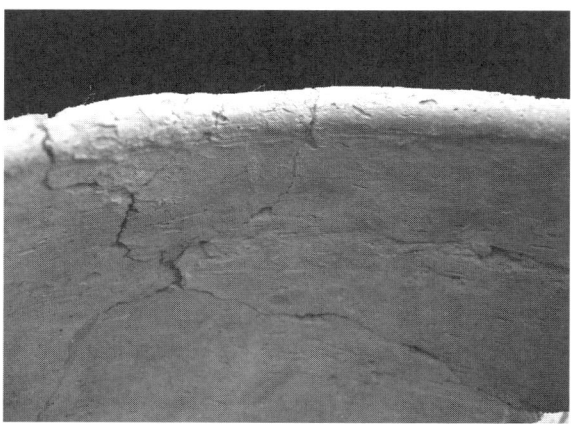

第78図　指オサエ痕と粘土皺（資料 埋設土器D）　　第79図　口縁内面のナデ調整（資料117/4）

は一切ない。ここで特筆すべきは，整形・調整のタイミングである。通常，整形や調整は，紐づくりなどによって祖形が作られた後，ある程度の乾燥期間を経てから行われるが（Rice 1987: 137），本資料ではその時間的隔たりは感じられない。内面にみられる整形痕や最終的な仕上がり面となる調整痕も，鉱物粒子が滑らかに流れた様相を示しており，まだ粘土が軟らかい段階で実施されことを窺わせる。これら内面の整形痕は，成形段階の3パーツごとに異なる様相を呈する傾向にあり，かつ口縁から底部にかけて縦断するものも皆無である。つまり，胴下部，胴上部と継ぎ足すごとに1次成形から調整まで一気に仕上げていると考えられるのである。言い換えれば，乾燥期間をおきながら段階的に成形する工程を踏むため，その都度器面調整まで終わらせる必要があったと推察されるのである。

　外面は，工具によるナデ調整に加え，最終的に指ナデ調整されるのが標準的である。工具のナデ調整痕は，大抵指ナデにより消されてしまうが，しばしばみられる水平方向の極めて細い線条痕から確認される。内面の観察結果から判断されるように，こうした工具による水平方向のナデ調整も恐らく，パーツを継ぎ足すごとに行われていたであろう。

　仕上げの指ナデ調整では，特に口縁付近が念入りにされ，概ね外面の頸部（口縁の立ち上がり）は水平方向に，肩部はランダムな方向に撫でられる（第72図，第80図）。こうした入念な調整は内面にまで及ぶことが多い。中には口縁部内外面に光沢を帯びたきわめて滑らかな調整痕をもつ例もあり，獣皮などを使った可能性も考えられる（Arnold and Bourriau 1993: 36）。胴部の外面では，縦方向にきわめて長いストロークで指ナデ調整されるのが主流であるが，短いストロークでラン

第 80 図　口縁外面の指ナデ調整（資料 117/4）

ダムに撫でる例なども一定量ある（7 例）。底部では規則性が看取されず，横，縦，斜めとさまざまである。

　スリップもスサ混粗製土器の特徴の一つである。これは胎土と同質の粘土を用いたセルフ・スリップとされる（Geller 1984: 65-66）。基本的には外面と口縁部内面にかけられるが，しばしば口縁部を大きく超えて流れたもの（89/1, 89/2, 89/35），垂れた付いた斑点（89/36, 117/2, 176/1），スリップの指紋（89/39, 117/3, 117/4），または内面全体に塗布された例もある（89/22）。塗布するタイミングについては，胎土と同じ性質であるため見極めが難しいが，器表面の薄い剥がれ等がないことから，仕上げの指ナデ前に塗られ，スリップの水分を利用しながらナデ調整が行われたと考えられる。

C. 回転台の使用について

　上述したように，スサ混粗製の壺形土器は轆轤成形ではないが，回転力を活用した痕跡は確かにある。観察した資料群では，特に内面胴上部において水平方向の線条痕が頻繁に観察される。中には外面または内面をとぎれなく水平方向に一周するものもある（資料 89/28, 89/34, 89/40）（第 81 図）。また，口縁部内周にもこうした痕跡が明瞭に確認される。これらは主に工具によるナデ調整痕と判断されるが，土器を回転させて作業しない限りこうした線条痕は生じないであろう。回転力をもたらす装置として，開いた器形の土器や，民俗誌にみるような葦カゴでも十分に機能を果たすとされるが（Arnold and Bourriau 1993: 36），しかし，これでは第 81 図のような直線的な線条痕にはならない。やはり中心軸のあるような安定して恒久的な回転台が利用されたものと考えられる。

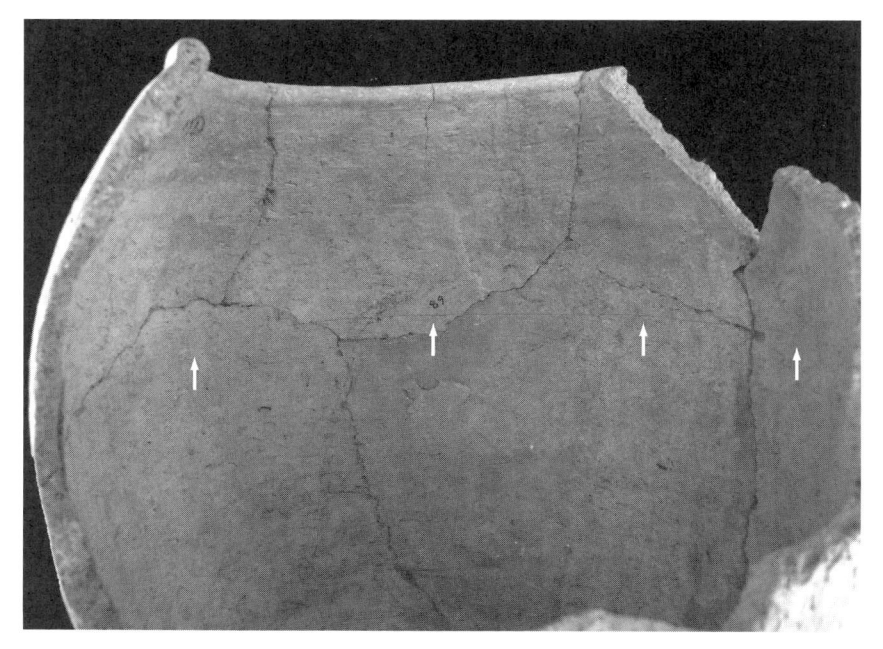

第81図　内面の水平方向の線条痕（資料89/34）

2　製陶工具の分析

A. 製陶工具の研究抄史

　土器は，その容器としての機能を終えた後も，何らかの道具として利用されることがある。例えば，割れた土器片を蓋に転用したり，孔をあけて紡錘車[5]として利用する例などはその代表ともいえる。そして，この他の利用例の一つに製陶工具が挙げられる。民族誌を紐解くと，土器製作の道具として土器片を転用する例は幾つか報告されている（Rice 1987: table9.3）。例えば，アメリカ先住民のホピ族では，型作りの際の成形具として使われている（Stanislawski 1978: 221）。また，パキスタンの民族例にも，削りや磨きの道具としての利用をみることができる（Rye and Evans 1976: 123）。さらに，第5章の粘土採取地問題で扱ったヒエラコンポリス遺跡近傍の陶工は，轆轤挽きの後の整形段階において，陶器片を用いて器壁の平滑化を行っていた（第82図）。

　このように民族誌では土器片を製陶工具として転用する例が散見され，当然過去においても同様な利用方法が存在していたと考えられるが，エジプト学の中ではこうした製陶工具に関する議論は皆無に等しい。唯一，フリードマンが摩耗痕または使用痕のある土器片について，製陶工具として利用された可能性を述べている（Friedman 1994: 234-235）。一方，西アジアの考古学においては体系的な研究・報告例があり（Sudo 2003; 井 1991; 小泉 2000），土器製作技術に対する関心の高さが窺える。井氏によると，西アジアにおける土製の製陶工具の系譜はハラフ期にまで遡り，削りや撫で，掻き取り，磨きなどの調整具として使われていたようである（井 1991: 49）。その製陶工具の材質は，土器片の転用以外にも土製品や石製品などがあり，さらに形態のバリエーション

第2節　スサ混粗製壺形土器の成形方法　153

1　轆轤水挽き後の製陶工具の利用　　　　　　2　陶器片を転用した製陶工具

第82図　ヒエラコンポリス遺跡近傍の陶工

にも富んでいる。また近年では，マヤの考古学において土器片を転用した製陶工具に関する実証的な研究例が報告されている（Varela *et al.* 2002）。バレラ等によるこの研究では，マヤ古典期後半の摩耗痕付き土器片について，顕微鏡観察と複製実験により形態と機能の関係を考察している。本論で扱う製陶工具と形態的に類似している例もあり参考すべき点が多く，これについては後で詳述する。

　エジプト学の中で製陶工具の研究が希薄である現状は，土器工房址の検出例がこれまでほとんどなかったため当然ともいえる。だが，土器の製作技術を理解するには，製陶工具の存在を客観的に評価し，その機能を把握する作業が必要である。本章の目的はここにあり，上記の製作痕分析から成形・調整工程での工具の使用が認識されることからもそれを追認し，かつその具体的な使用方法について探ってみたい。

B. 資料について

　分析では，HK11C Square B4-5で出土したいわゆる「摩耗痕付土器片」を対象とする（第83図）。摩耗痕付土器片は，草木の伐採や動物の解体など刃物としての機能も考えられなくもないが，土器片であることから縁辺部のエッジは概ね鈍く，刃物としては使えない。第一に，第4章で示したように土器焼成施設近くで大量に検出されていることから，土器製作の場において使用された道具と判断してよいであろう。この遺物は毎次調査で大量に出土するが，今回の分析ではこれまで詳細な資料化が完了した第1次調査の出土資料に限定する。これには，まとまって出土した「カ

第83図　摩耗痕付土器片

シェ」が2つ含まれる（カシェ4, 5）。第1次調査終了時点で，摩耗痕付土器片は総計523点検出された。中には甚だしく破損していたものもあり，結果，以下の分析では394点が対象となる。なおこれら摩耗痕付土器片の胎土に関して，ナイルシルトの精製（磨研）とスサ混粗製の両者が存在するが，その比率には大きな偏りがあり，精製が12点，粗製が382点とスサ混粗製胎土土器の利用が圧倒的である。また，摩耗痕付土器片の転用された土器の部位については，394点中，口縁部を用いた例が11点のみであり，その他は全て胴部を利用している。さらにその転用の方向については，土器の口縁面に対して水平，垂直，斜めの3パターンが考えられ，転用される土器が紐づくりであることから水平方向（割れる方向）の利用が最も多いと思われるが，しかし対象資料においてはどのパターンも一様に存在し，転用方向の偏りは見られない。

　なお，一瞥して平面形状から摩耗痕付土器片と認識できるものの，縁辺部が摩耗していない例が22点存在する。後述するが，これは未使用のものと考えられ，今回の分析対象には含めていない。

C. 製陶工具の抽出

　発掘で得られた摩耗痕付土器片は，形状や大きさにバリエーションがあり，その全てを製陶工具と定義するには問題があろう。そこで以下，394点の摩耗痕付土器片に対して，平面形状による分類と法量による分析を加え，そこから製陶工具として考えられ得る一群の抽出を図りたい。

形態分類

　分類においては平面形態を基本として，以下に示すA～Jの10類型に大別した（第84図）[6]。出土した摩耗痕付土器片は，楕円形，三日月形，長方形，四角形，扇形，円形など代表的ないくつかの形態に概ね収斂される。当然，こうした形態以外にも，使用部位（摩耗箇所）を属性とした分類や，使用の頻度によって形状が変化していくことを考慮した分類方法も考えられるが，バレラ等によるマヤの研究でも形態分類を基準としており（Varela *et al.* 2002:1137），今回は形態の

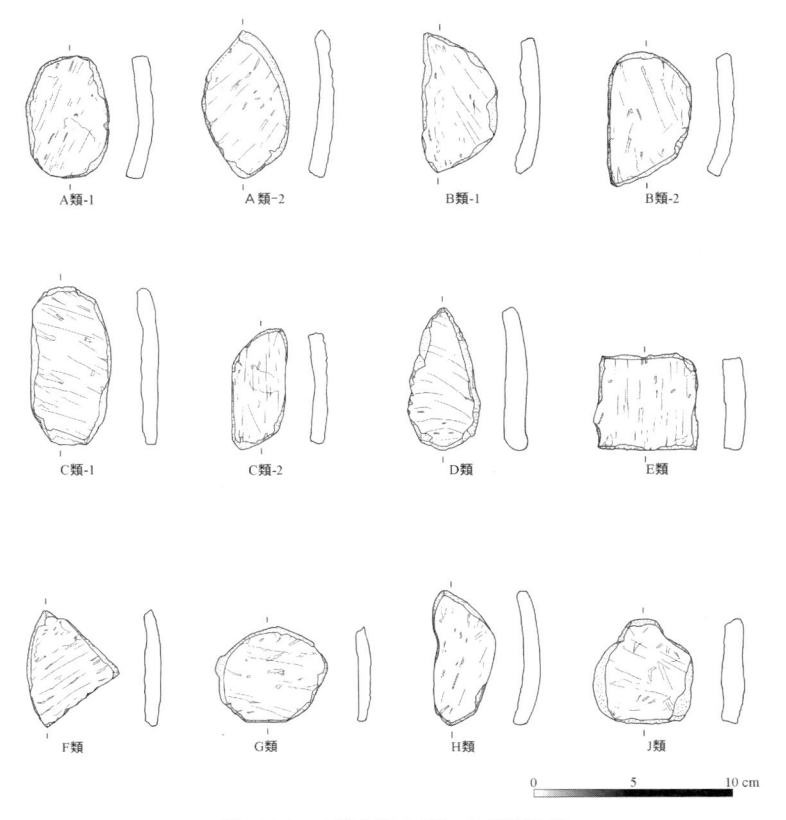

第 84 図　摩耗痕付土器片の形態分類

みによる分類を提示する。

A類　基本的形状が楕円形を呈し，平坦面，凸面，尖り面の組合せによって幾つかのバリエーションを内包する。
B類　三日月形で，長辺の一辺が直線的な平坦面をなす。
C類　長方形を基本とし，長辺の二辺がほぼ平行した平坦面をもつ。
D類　縦長の三角形を呈し，頂部にポイントをもつ。
E類　四角形に近く，明瞭な直角をもつ。
F類　扇形に近く，直角と円弧面をもつ。
G類　ほぼ円形に近い多面体をなす。
H類　楕円形に近いが，一辺が凹面をなす。
I類　特に大きく，厚みもある。
J類　他に分類できない，または点数が極めて少ないもの。

出土頻度

　この分類に従って点数をカウントした。第 85 図を一瞥して明かのように，A類（147点）が最も多く，次にB類（84点）が続く。また，C類（44点）とF類（35点）も一定量の数を占めている。

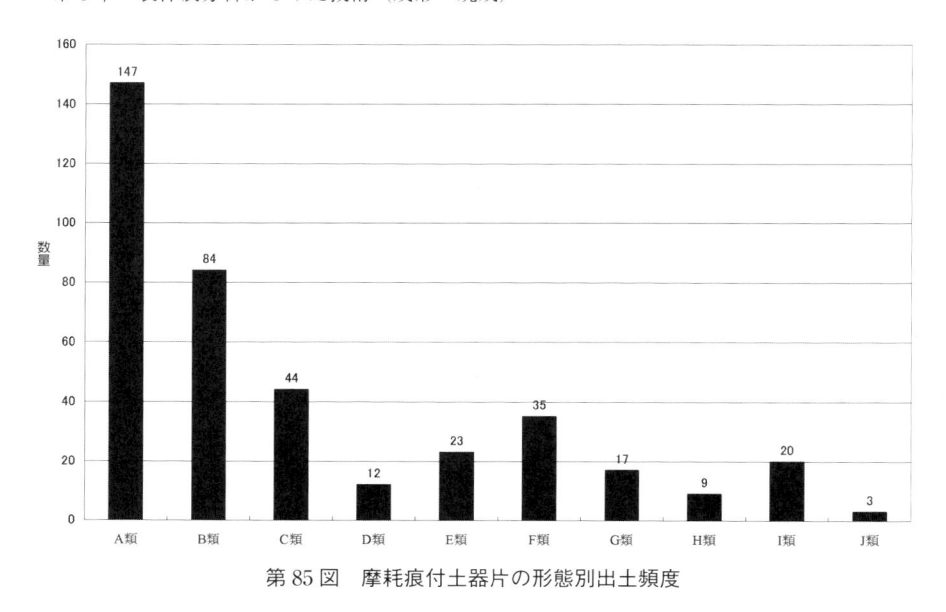

第 85 図　摩耗痕付土器片の形態別出土頻度

　つまり，出土点数からいえることは，A 類の楕円形，B 類の三日月形，そして C 類の長方形と F 類の扇形が摩耗付土器片を代表する形態と見做すことができる。

法量分析

　次に，長辺と短辺の計測値をもとに，全資料の分布図を作成した（第 86 図）。なお，厚さに関しては，I 類以外は全て 0.8～0.9cm に収まることから今回の分析では扱わなかった。分析の結果，若干のばらつきはあるものの，類型ごとにある程度のまとまりを示している。中でも，A 類，B 類，C 類，D 類そして H 類が似通った範囲に集中することが看取でき，それは長辺が 6～9cm，短辺が 3～5cm に収まっている。つまり，これらの類型にある程度の統一性が見いだされるのである。

考　察

　以上，形態による分類を軸に 2 つの視点から分析を行ったが，そこから製陶工具として考えられる一群を抽出してみたい。法量においては A～D 類と H 類がまとまったグループを形成しており，類型別の出土頻度を見ると A～C 類に集中して高く，全体の 75% 以上を占めている。よってここでは，典型的な製陶工具である可能性の高い一群として A～C 類を候補として挙げたい。なお，A～C 類の長辺と短辺の平均値は 7.2×4.0cm であり，これはちょうど手に持ちやすく使いやすいサイズである。

　さて，この見解に検証を加える必要があるが，まずここで注目したいのが，集中して検出されたカシェである。カシェ 5 では合計 9 点の摩耗付土器片が壺の中に含まれていたが，その類型は，A 類が 6 点，B 類が 1 点，C 類が 1 点，そして E 類が 1 点である。つまり，1 点の E 類を除いては全て A～C 類であり，カシェ 5 がその検出状況から陶工の道具セットと考えられることから，上記の見解のごとく，少なくとも A～C 類を製陶工具と見做して良いだろう。ちなみに，合計 9 点の摩耗痕付土器が集中して検出されたカシェ 4 でも，A 類が 3 点，B 類が 4 点，C 類が 1 点，

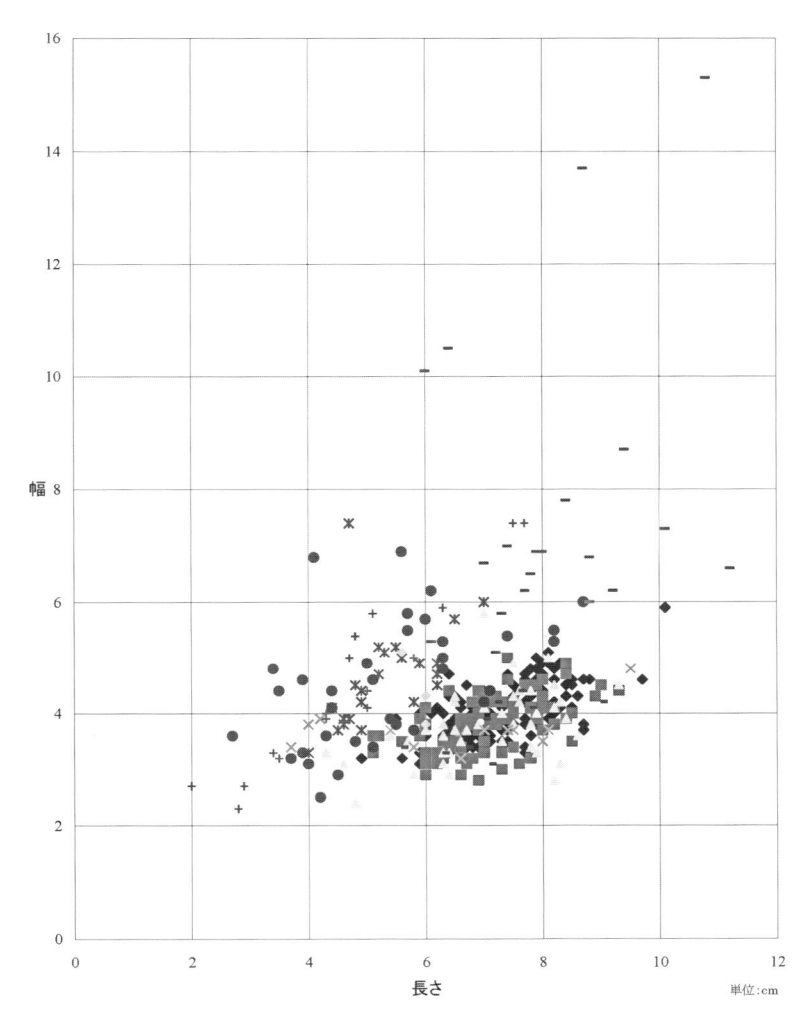

第 2 節　スサ混粗製壺形土器の成形方法　157

◆A類　■B類　　C類　×D類　※E類　●F類　+G類　−H類　−I類　　J類

第86図　摩耗痕付土器片の法量分析

H類が1点と，A類とB類に集中し，上記の見解を支持する。

　さらに，この見解は未使用の製陶工具からも追認される。摩耗痕付土器片と平面形態は同じだが縁辺部が摩耗しておらず打ち欠いたままの未使用品が22点確認された。形態分類に照らすとA類が12点，B類が3点，C類が5点，G類が2点となり，その内A類3点とC類1点がカシェ4に含まれていたものである。

　それでは，A～C類以外の摩耗痕付土器片の用途は何なのか。D類とH類に関しては，数量は少ないものの法量分析においてはA～C類に近似しており，特にH類は凹面があるものの基本的形態は楕円形でA類に近く，D類は三角形のポイントであることから利用頻度は低いが何か特殊な製陶工具であったとも考えられる。また，法量ではばらつきがあるものの一定量の数を有する扇形のF類も，円弧面を持つ形態からD類と同様に特殊な製陶工具であったかもしれない。

これら以外の類型について解釈するのは難しい。フリードマンは摩耗痕のある土器片について，製陶工具の他にも，G類のような円盤形には蓋やゲームの駒など用途を考えている（Friedman 1994: 234）[7]。また，大型のI類はコテなどの道具として機能した可能性もあるだろう（Friedman 1994: 719）。

当然，さまざまな用途に使われたことが想定されるが，これについては，今後，発掘による資料の増加を図ると伴に，より多くの他地域の事例や民族例など参照して総合的に考察する必要があるだろう。

D. 製陶工具の使用方法について

以上の分析によって典型的な製陶工具としてA～C類が導き出されたわけであるが，それでは一体これら製陶工具はどのようにして使われていたのであろうか。バレラ等によるマヤの研究では，撫で（smoothing），掻き上げ（scraping），磨き（burnishing）刻み（incising），穿孔（boring）が挙げられている（Varela et al. 2002: 1137-1141）。また，井氏によればこれら以外にも，荒削り（trimming）や擦り（rubbing），そして特定の目的や施文のための技法も存在する（井 1991: 29）。しかし，バレラ等による顕微鏡観察と複製実験の結果，刻みと穿孔は三角形が有効であるものの，撫で，掻き上げ，磨きはどの形態でも可能であり，製陶工具は極めて多機能であると述べている（Varela et al. 2002: 1144）。つまり，形態と機能は常に1対1の関係ではないということである。そこでA～C類について，平面形状からではなく面を構成する各部位に注目して機能を考えてみたい。

A～C類における製陶工具は，概ね「凸面」，「平坦面」，「尖り（角）面」といった3つの部位形状の組み合わせよって構成されている（第87図）。この3つの部位形状が最も有効に効果を発揮する使用方法について，上述の成形方法の考察結果と製作実験を通じて考察する。実験では，第5章の胎土分析でその使用が判明したHK11C近郊のマスマスB粘土を用い，当遺構で最も出土数の多いスサ混粗製のモデルド・リム壺の復原を試みた[8]。このマスマス粘土に切り藁を20％程加え，胎土素地を準備した。なお，製陶工具には実際の出土資料を使用し，中型壺（高さ25cm程）の製作を試みた。

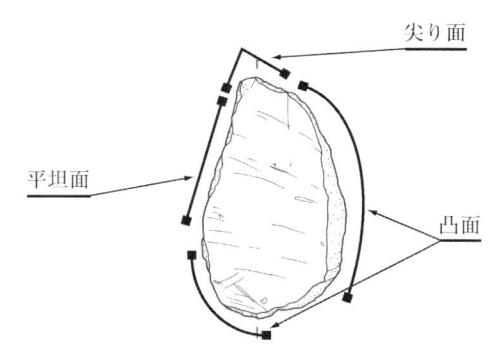

第87図　摩耗痕付土器片の部位構成

第 2 節　スサ混粗製壺形土器の成形方法　159

　上記の成形痕観察により，スサ混粗製の壺形土器では，工具を用いた整形・調整痕は以下のように分けられる。
　① 　内面の水平方向のナデ調整痕。
　② 　内面底部付近の掻き上げ整形痕。
　③ 　底部内面の回転ナデ調整痕。
　④ 　外面胴部の水平方向のナデ調整痕。
　⑤ 　口縁外面の作り出しナデ整形痕。
　まず初めに見定めなければならないのが，これら工具が土器製作工程のどの段階で使用されたかである。完形資料の成形痕観察では，整形・調整は 1 次成形直後に行われたとの見解が導かれたが，製作実験でこの問題を今一度検証してみた。井氏による実験研究では，製陶工具が整形段階で機能したとの仮定から半乾きの段階で実施しているが（井 1991: 29, 43），しかし実験の結果，ヒエラコンポリス遺跡の製陶工具は通常の半乾きの状態では掻き上げはおろか撫ですらもできないことが判明した。これは転用したスサ混粗製胎土土器の硬度が低く脆いことに起因する。製陶工具の使用は 1 次成形直後の粘土がまだ軟らかい状態で行われたことが再確認された。
　次に，上述した整形・調整痕の観察結果を再現するよう， 3 つの部位形状をさまざまな方法で当てて実験を繰り返した。
　結果，「凸面」は，その弧状を生かして器壁内面を垂直方向に動かすのに適していた（第88図 1 ）。具体的には，製陶工具で内面を垂直方向に掻き上げながら余分な粘土を掻き取り，それと同時に，器壁内面の平滑化及び器厚の均質化を図ることができ，底部内面の掻き上げ整形痕がこれにあたる。
　次に「平坦面」は，水平方向の動きに適していた（第88図 2 ）。外面は勿論，内面に対しても曲率が低い器形ならば，水平方向に回すことは可能である。おそらく凸面による粗い調整後，最終的な仕上げとして平坦面を駆使して撫でたのであろう。資料の内外面にみられる水平方向のナデ痕は，実験によるそれときわめて酷似し（第88図 3・4 ），平坦面を当てるとナデ痕の幅とほぼ合う。
　最後に「尖り（角）面」は，口縁部の張り出しを整え，また，底部内面を整えることに有効的であった。モデルド・リム壺は口縁部が肉厚で若干外に折り返しているのが特徴であるが，実験では，やや太めの粘土紐を巻き付け接着した後，工具の尖り面を口縁の下に当てて回すことで，明瞭な口縁外面の折り返しを作り出すことができた。底部内面に関しては，工具をねかして尖り面を器壁に当てて回すと，出土土器に観察される回転痕となる（第88図 5・6 ）。これは同時に，尖り面を器壁に当てることによって，底部からの器壁の立ち上がりにシャープな角を付けることができる。実際に出土土器の底部内面に尖り面を当てるとしっくりくる。
　以上の実験結果から，完形資料の成形痕分析から導き出された見解は追認され，ナデ調整にはこれら摩耗痕付土器片が製陶工具として使用されていた可能性が極めて高いことが判明した。また，半乾き状態ではこれら工具が全く機能しなかった結果は， 3 回の成形段階ごとに 1 次成形か

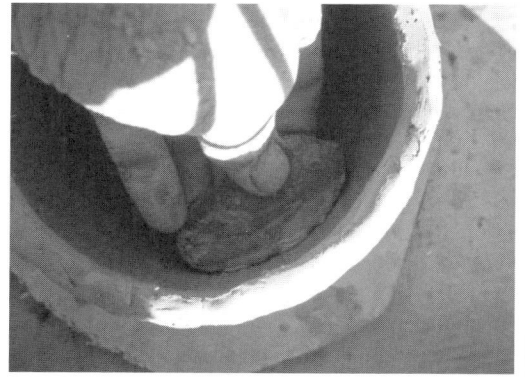

160　第6章　製作痕分析からみた技術（成形・焼成）

1　凸面による垂直方向掻き上げ

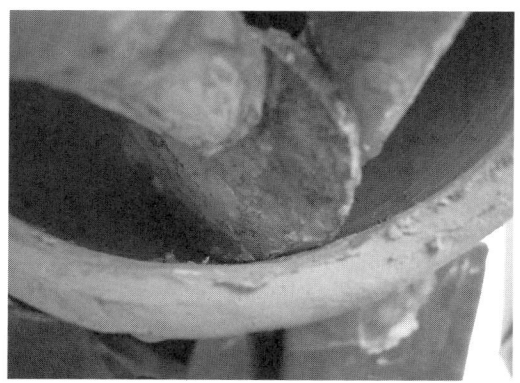

2　平坦面による水平方向ナデ

3　出土土器片内面のナデ痕

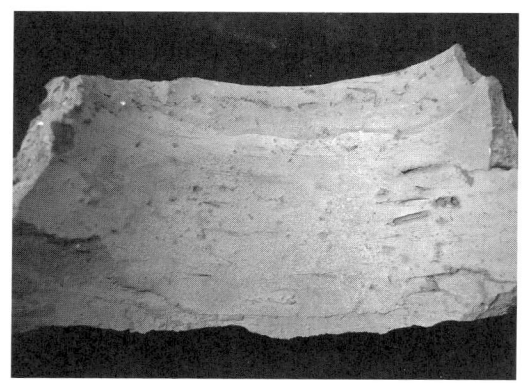

4　実験試料内面のナデ痕

5　出土土器片底部内面の回転ナデ痕

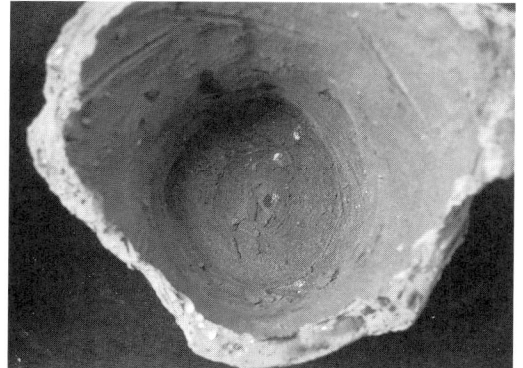

6　実験試料底部内面の回転ナデ痕

第88図　土器成形における工具を用いた整形と調整痕

ら調整まで一気に仕上げているとの見解を首肯する。成形に連動したこうした整形・調整技法は，スサ混粗製の壺形土器の特徴といえよう。

　また，彼らの土器製作における簡便さも垣間見ることができる。先述したように，出土遺物の中には縁辺に全く摩耗痕のない未使用品や，若干擦り減ったものもあり，そこから土器片を転用した製陶工具の製作方法を窺い知ることができる。未使用の製陶工具には，縁辺部に打ち欠いた凹凸が製作時のまま残り，また，この細かな凸面が若干摩耗し，縁辺部がやや滑らかになっている例もある。このことから，当時の陶工は，求めるかたちに土器片を打ち欠いて製陶工具をつくり，特に縁辺部を滑らかにすることなく，使い始めていたと考えられる。製陶工具に転用される土器片は，その97％以上がスサ混粗製胎土である。その破損品・不良品を使って手軽に製陶工具をつくり，かつその消耗の速度は速いものであっただろう。バレラ等による製作実験からも同様に，加工が容易だが1つの工具の寿命が短く，廃棄速度が高いことが指摘されている（Varela et al. 2002: 1144）。西アジアでは，製陶工具として粘土からつくる例があるが（井 1991: 23），それに比べるとヒエラコンポリス遺跡の製陶工具は極めて簡便な製作方法であるといえる。

　このように土器片を転用した製陶工具は消耗速度が速く，だからこそ陶工の道具とされるカシェには未使用品をはじめ数多くの製陶工具が含まれていたのであろう。

3　ま と め

　以上，スサ混粗製胎土壺形土器の成形方法について，成形痕跡と製陶工具の分析から考察を加えた。成形痕跡の分析からは，これら土器は輪積み法によるもので，乾燥用の作業中断を経て3回に分けて成形されていたことが判明した。続く整形・調整作業は，内外面ともに1次成形後すぐに工具を用いてナデ調整され，3パーツごとに成形から調整まで行われていた。そして最後に外面全体にスリップが塗られ，その水分を利用しながら指ナデ調整された。この一連の成形技法は定型化されており，それにより同一の形状と容貌をした壺形土器を製作することが可能となったのであろう。

　こうした成形・調整の技術は，製陶工具の分析からも支持された。様々な形態が存在する摩耗痕付土器片の中でも，楕円形と三日月形，そして長方形が典型的な工具として抽出され，それを用いた製作実験では，1次成形直後のナデ調整においてのみその機能が発揮され，調整痕も遺物のそれと極めて類似していた。なお，成形痕分析から回転台の使用が窺われたが，製作実験でも，製陶工具の使用が回転台の上で効果的であったことが実感された。

　また，5章で述べたように胎土分析からは，スサ混粗製胎土は迅速で効率性の高い生産を目指したものとの推察されたが，成形工程においてもその点は看取される。その確立された定型的技法，回転台と製陶工具の使用とその簡便なつくり方は，まさに効率的な生産を物語っている。

162　第6章　製作痕分析からみた技術（成形・焼成）

第3節　スサ混粗製壺型土器の焼成方法

　焼成方法の理解においては，土器焼成窯などの遺構が直接的な資料となる。HK11C SquareB4-5では土器焼成施設と思われる遺構が検出されたが，上部構造を残していないためにその具体的な焼成方法は明らかでない。つまり，遺構のみから直接的に焼成方法を理解することが難しい状況にある。そこで手がかりとなるのが間接的資料，すなわち生産品としての土器である。土器自体の観察・分析による焼成方法の研究は特に日本において一定の蓄積があり，有益な知見をもたらしている。ここで，それら先行研究を参考しつつ，土器に残される焼成時の痕跡からその方法を考察する。手順としては，定量的観察が可能なHK6エリート墓地出土の完形土器(モデルド・リム壺，図版2-4）を対象に，詳細な肉眼観察から焼成時の環境や土器の状況を導きだし，その結果を遺構にフィードバックすることで，焼成方法を復原的に考察したい。

1　完形土器の焼成痕跡分析

A. 分析方法

　本論では焼成痕跡の中でも色調と黒斑に注目する。なぜなら色調や黒斑は，焼成温度や焔の状態といった焼成環境（佐々木2001），または焼成時における土器の置き方や燃料との位置関係といった焼成方法（長友2006）を理解するに重要な決め手となるからである。

　分析に入る前に，まず色調の決定要因と黒斑の形成過程についておさえておきたい。一般的に低火度の焼成では，点火から600℃ぐらいまでは燃料や土器自体から煤が発生し，土器は真っ黒になる。これはまだ温度が低く燃料が不完全燃焼（還元焔）を起こしているためであるが，さらに温度を上げ700〜800℃になると燃料は完全燃焼（酸化焔）となり，土器に付着していた煤は消失する。この600℃を超えて煤が消える段階を「煤切れ」という（佐々木2001: 78）。つまり，600℃を超えて十分な酸化焔によって焼成されれば，土器の色調は概ね暖色系となり，600℃以下で煤切れ未完の還元焔では黒色系の色調を呈する。また，燃料と土器が密接するような野焼き方法では，温度が上がった酸化焔雰囲気であっても火回り不良により煤が酸化消失しないことがある。それが黒斑となる。また，煤が完全に消失しても降温段階で燠や炭などと接することでも黒斑は形成される。

　この原理は断面の色調にも当てはまるが，特に断面では焼成時間がその色調を決定する大きな要因となる。昇温段階で十分な酸化焔であっても温度上昇が急激で短時間であると，器表面は暖色系でも断面は黒色系を呈することがある。これは焔が土器の内部に十分に届かず，還元焔雰囲気（煤切れが未完）のまま焼成が終了してしまったためである。

　こうした土器焼成の一般的理解をもとに，土器の色調や黒斑の残存状況を突き詰めていけば，その土器がどのように焼成されたかを推定することがある程度可能となる。黒斑の分析から焼成方法を復原する方法は，特に日本の縄文および弥生土器の分析において一定の蓄積がある（岡安

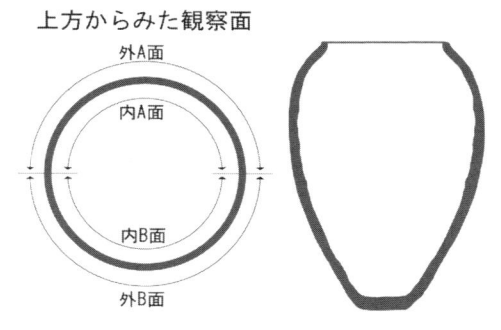

第89図 観察面の模式図

1994, 2005; 久世他 1997; 久世他 1999; 小林 2007; 佐々木 2001; 長友 2006)。なぜなら縄文・弥生時代は恒久的構造を持つ窯の導入以前であり、焼成の場が遺構として残り難く、焼成技術の研究は土器に残された情報を主な対象とせざるを得ないからである。その具体的な方法は、黒斑の形状・色調・位置などを観察ポイントとして、民族例や焼成実験にみられるそれらの形成過程のパターンを明らかにし、それと考古資料にもみられるパターンとの比較検討を通じて過去の焼成方法を推定する。これら黒斑の分析により、縄文土器の焼成が「開放型野焼き」、弥生が「覆い型野焼き」であったことが突き止められている。

こうした先行研究の知見をもとに、焼成痕跡からスサ混粗製モデルド・リム壺の焼成環境および焼成方法を検証していく。なお、観察方法については先行研究に倣い、焼成時に土器が接地すると思われる、または顕著な黒斑がみられる側を外A面、その反対を外B面とし、それに対応する内面も含めた合計4面の観察をおこなった（第89図）。

B. 焼成環境について

まず、色調および黒斑の有無から土器がどのような環境で焼成されたかを検討したい。観察においては、断面と器表面に分け、断面については煤切れの有無、器表面（内・外両面）は煤切れ及び黒斑の有無について調べた。なお、器表面の黒斑については、後述するように、煤がべったりと付着する顕著な黒斑と、小さな斑点として残る接触黒斑の2つのタイプが存在するが、ここでは焼成環境に関係する顕著な黒斑のみを扱う。

観察の結果は第14表の通りである。28点中、断面に煤切れ未完の芯状の黒色を残す例は20点（71％）を数えた。一方、器表面に顕著な黒斑の付着または煤切れ未完の例は14点（50％）であった（第90図）。また、断面に黒色芯を残す土器20点の中で、表面にも黒斑のある例は9点、ない例は11点であった。

このデータから、以下の点が読み取れる。まず特筆すべきは、器表面は過半が煤切れを向かえているものの、その一方で断面が煤切れを向かえていない例が圧倒的に多いことである。土器単位でみてもその傾向は若干であるが強い（20点中11点）。こうした、器表面は酸化焔によって十分焼成されつつも断面が煤切れしない現象は、昇温過程の急激な温度上昇と、全体的に焼成時間が短いことに起因すると解される（Gibson and Woods 1997: 52-53）。こうした現象は、窯焼きでも

第14表　HK6エリート墓地出土土器の色調観察結果

資料番号	断面色調　煤切れ未完	器表面色調　顕著な黒斑・煤切れ未完	接触黒斑
総数28点	20点/71%	14点/50%	
89/1	黒芯	なし	なし
89/17	黒芯	内・外面	なし
89/21	黒芯	内面	1点, 下部
89/22	黒芯	外面	2点, 下部
89/24	黒芯	内・外面	なし
89/25	なし	なし	なし
89/26	なし	内・外面	なし
89/27	なし	なし	なし
89/28	なし	外面	なし
89/33	なし	内・外面	なし
89/34	なし	外面	なし
89/35	黒芯	なし	なし
89/36	黒芯	なし	2点, 上部
89/39	黒芯	なし	なし
89/40	黒芯	内・外面	なし
89/41	黒芯	なし	1点, 下部
89/42	黒芯	なし	1点, 下部
89/43	なし	外面	なし
89/45	黒芯	内・外面	3点, 中部, 下部
89/78	黒芯	なし	3点, 中部, 下部
117/1	黒芯	なし	なし
117/2	黒芯	内面	なし
117/3	黒芯	なし	なし
117/4	黒芯	なし	なし
117/5	黒芯	内・外面	なし
117/7	黒芯	なし	1点, 下部
176/1	黒芯	内面	2点, 中部, 下部
176/2	なし	なし	なし

起こるが，野焼きに特徴的にみられるものである。このことは以下の点からも追認される。すなわち，表面に顕著な黒斑を残す土器が半数存在することである。なぜならそれは，土器と燃料が密着した環境で焼成された証拠となるからである。燃料部と焼成部が離れるような構造的な窯では，煤が付着することはあっても明瞭な黒斑が形成されることはまずない（佐々木2001: 89）。よってスサ混粗製土器の焼成は，野焼きであったことはほぼ間違いないだろう。この見解はSEMの分析結果とも矛盾しない。

　ところで，第3章で述べたように，野焼きは一般的に「開放型」と「覆い型」に分かれる。両者は，形成される黒斑もそれぞれ異なる特徴をもつことが先行研究で明らかにされている。ここで，そのどちらかについて黒斑から見通しを立ててみたい。

　開放型では，①「大きな炎からの煤を起源とする薪接触黒斑」が特徴的とされる（久世他1999: 19）。これは，昇温過程において薪の炎からでた煤が付着したもので，内部の火回りが比較的均一な覆い型ではあまりみられない黒斑である。形状としては，薪が接触した部分が酸化で炭素消失しその周囲に煤が広がるものである。

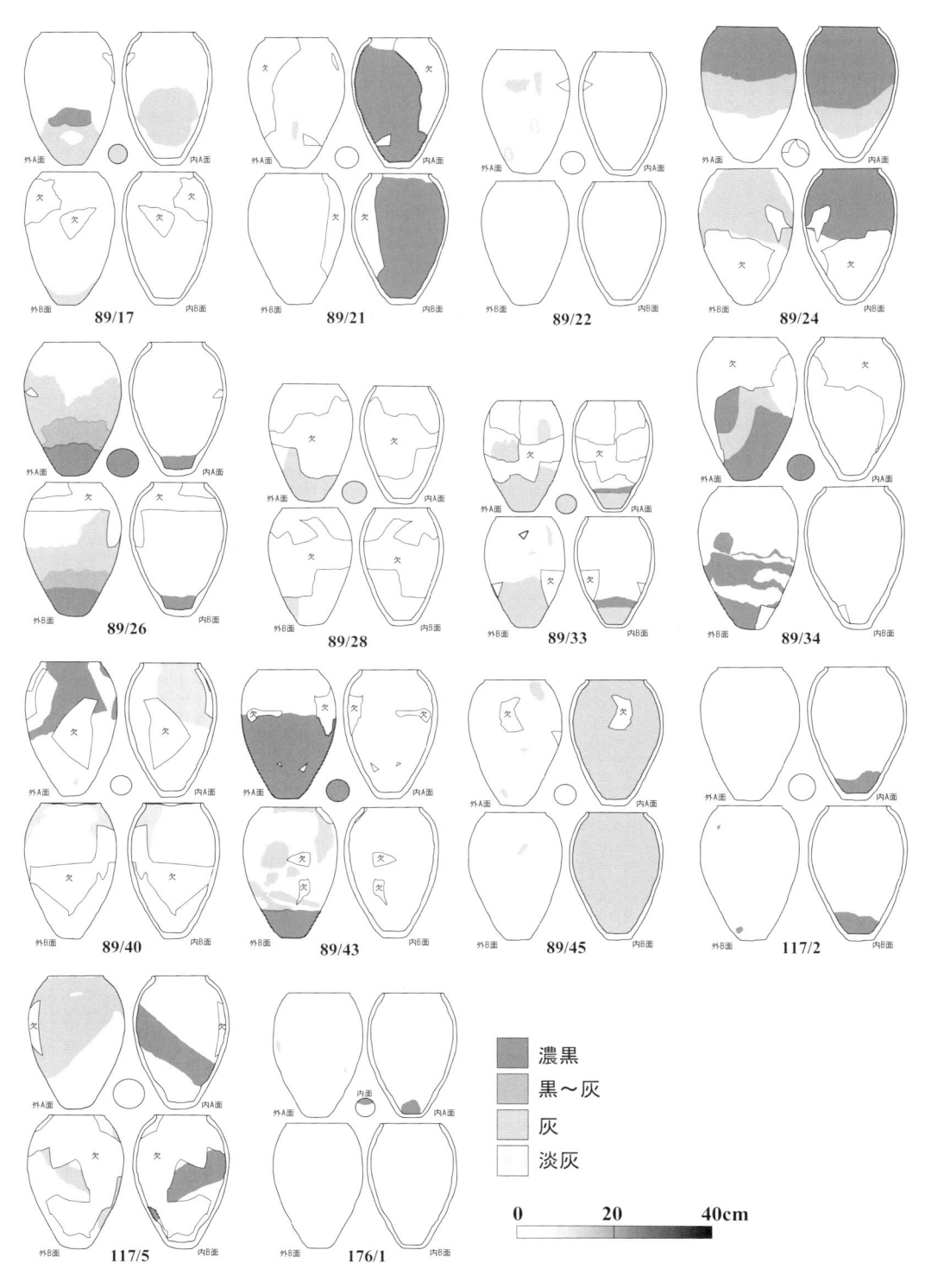

第 3 節　スサ混粗製壺型土器の焼成方法　165

第 90 図　顕著な黒斑を持つ土器群

濃黒
黒〜灰
灰
淡灰

一方，覆い型で規則的にみられる黒斑パターンは，②「180度の位置関係で付く2個1対の黒斑」である（岡安 1994: 45；長友 2006: 2）。これは，被覆材と接触する器外面の上面と地面と接する下面に黒斑が形成されるからであり，楕円形や円形の黒斑が多い。また，③「薪燃料との接触による棒状黒斑」も挙げられる（久世他 1997: 52）。これは開放型とは異なり，薪の炎が小さいため棒状を呈するものである（久世他 1999: 22）。また，地面に敷かれた藁燃料との接触による④「接地面の藁密着黒斑」も覆い型にみられる特徴とされ，その形状は，近くに薪燃料がない場合は調った楕円形を呈するとされる（小林 2007: 212-215）。

これら典型的な黒斑の有無について，資料の観察を行った。結果，①の黒斑は全くみられなかった。また，②の2個1対を成す黒斑のパターンも確認できなかった。③の棒状黒斑に関しては，資料89/34と89/43の外A面胴部に斜め横方法に走る黒斑がそれにあたるように思われる（第91図）。④の黒斑に類似する例は比較的多く確認され，上記の2例を含めて顕著な黒斑がみられる土器はおおむねこの「接地面の藁密着黒斑」の特徴を有している（第92図）。これら顕著な黒斑は，土器表面の半分以上を占め，かつ全面におよぶ例が多い。おそらく地面に敷かれた藁燃料に埋もれるようにして置かれたために形成されたものであろう（小林 2007: 212）。

こうしてみると，粗製土器の焼成方法としては，開放型野焼きの可能性は極めて低いと評価できる。よって覆い型野焼きが有望となるが，「接地面の藁密着黒斑」の黒斑は存在するものの，「2個1対の黒斑」は皆無であることから，弥生土器等で想定される典型的な覆い方法ではなかったものと推察される。その具体的内容を探るため，以下，焼成時の設置角度と積み重ねの視点から検討を加えることとする。

C. 設置角度について

設置角度は黒斑の位置から推測することができる。中でも角度を最もよく反映するのは内面に付着する黒斑，次いでその外面の黒斑とされる（久世他 1997: 55）。例えば，横倒しに置かれた場合，燃料の灰や熾きが燃え尽きず残った「熾き溜まり黒斑」が内面下側の胴部中央に見られ，外面もそれに対応した場所（接地面）に燃料付着による黒斑が形成される傾向が強いと指摘されている。設置角度が上がれば，内外面の黒斑の位置は底部付近となる。

そこでまず，内面黒斑を観察すると，28点中7点の土器にて，黒斑の位置から設置角度を推定することができた（第93図）。それは「直立」，「斜め」，「横倒し」の3つに分類できた（第93図）。「直立」の角度が推定される資料は2点あり，資料89/26と89/33は，内面黒斑が底部付近に水平に形成され，それに対応して外面には下部を中心に顕著な黒斑がみられ，89/26においては外面黒斑の濃淡が底部から上方に向かってほぼ水平なグラデーションを呈している。この2点は，口縁を上にして直立に置かれ，底部は燃料の灰や熾きに埋まっていたことが予想されたものである。「斜め」の設置を示す資料は2点あった。117/2は内面の「熾き溜まり黒斑」が底部全面に及んでいることから45度以上の比較的強い角度であり，一方176/1では内A面から底部の一部にかかる程度なので，45度以下の弱い角度で置かれたものと思われる。次に，「横倒し」に分類される資料は3点確認された。89/17は黒斑を内A面の胴部下側に持ち，外A面にもそれに対

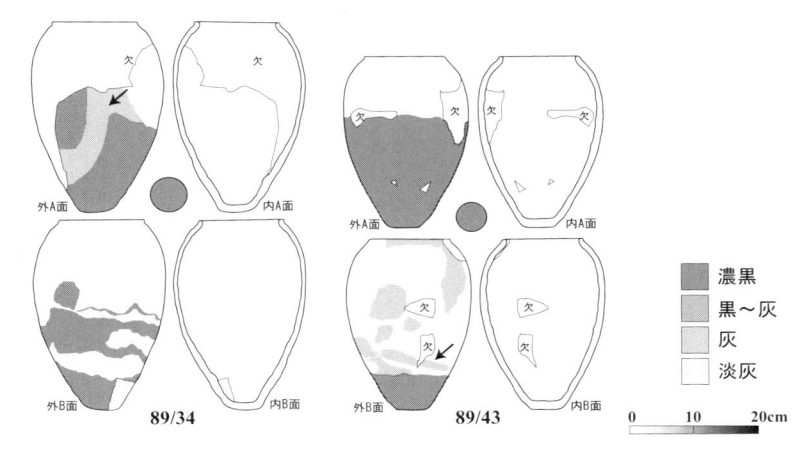

第3節　スサ混粗製壺型土器の焼成方法　167

第91図　棒状黒斑および接地面の藁密着黒斑

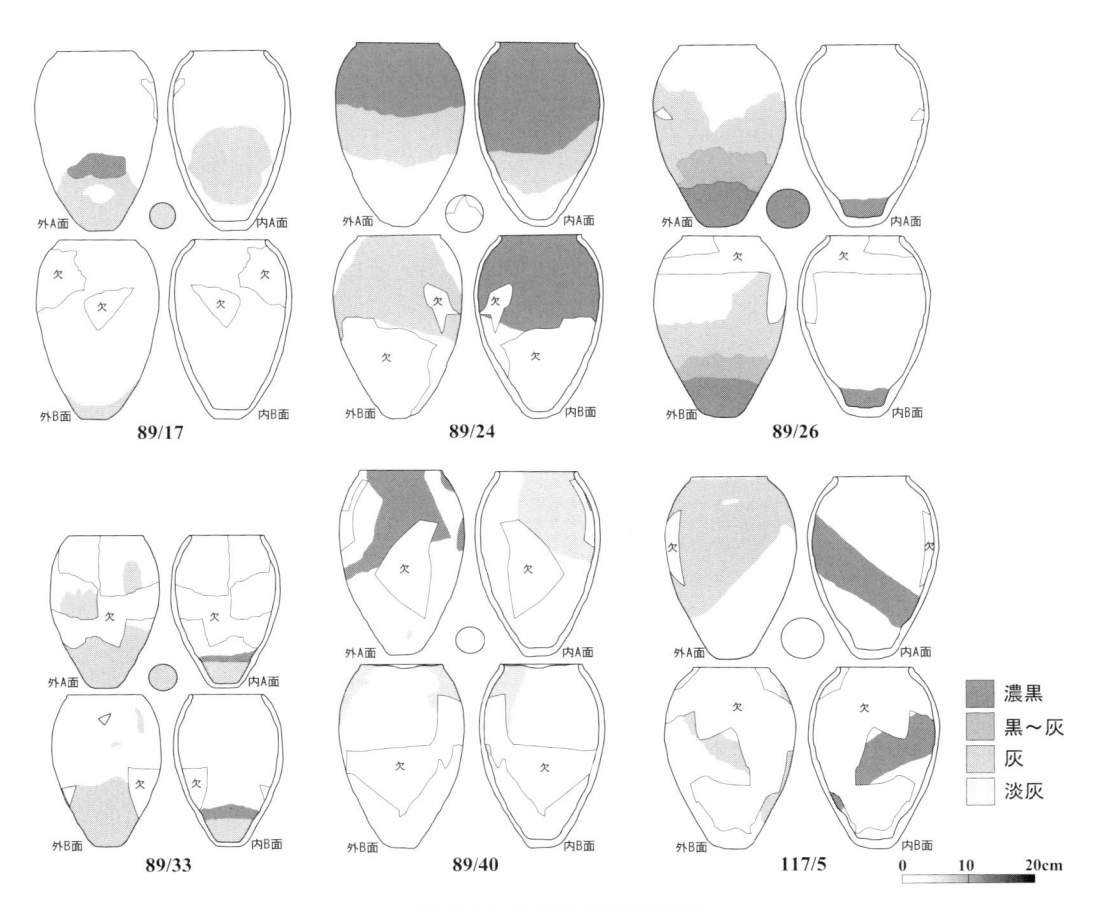

第92図　接地面の藁密着黒斑

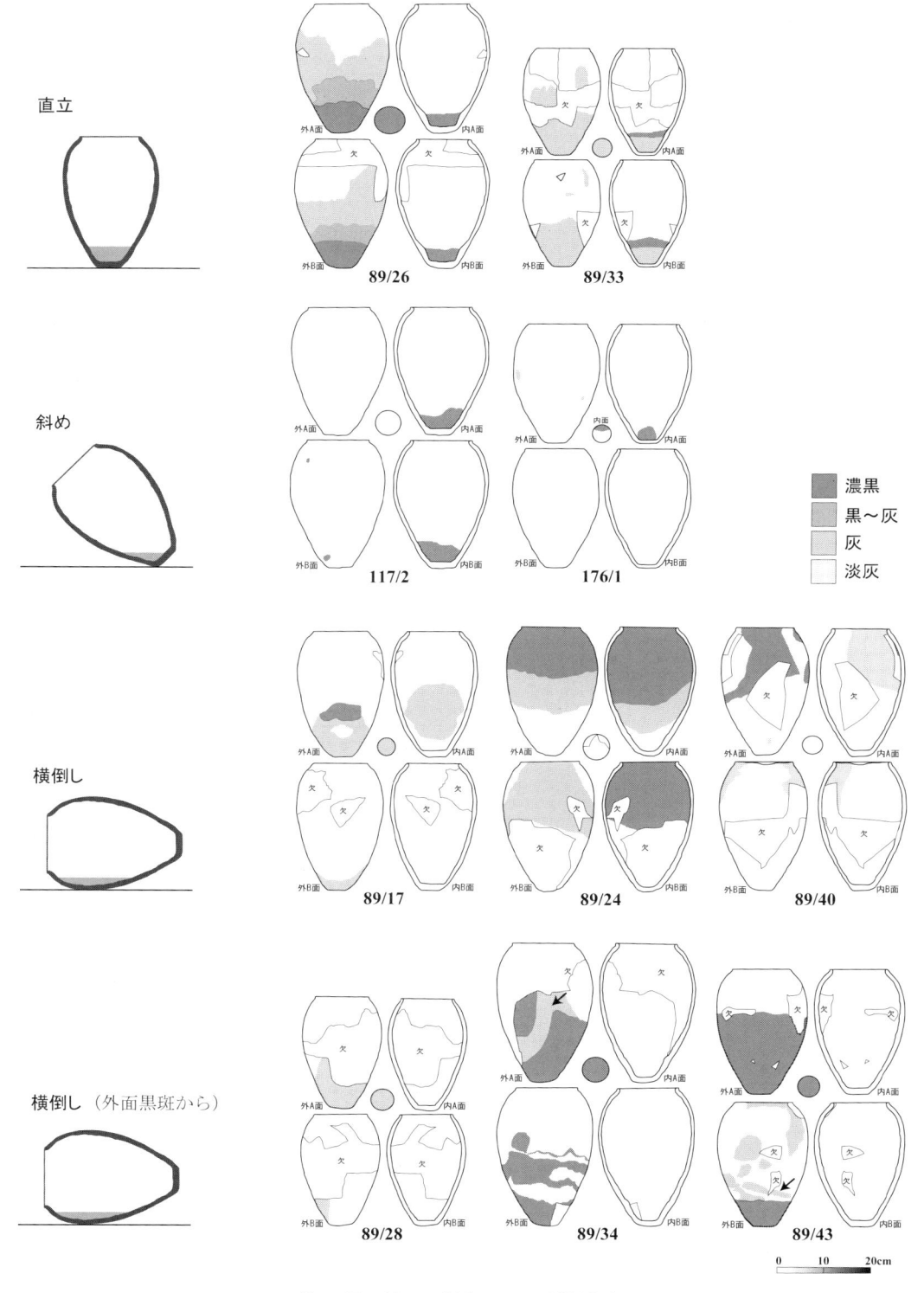

168   第6章 製作痕分析からみた技術（成形・焼成）

第93図　黒斑の位置からみた設置角度

応する位置に顕著な黒斑が観察されることから，外A面を下側にして口縁部が若干持ち上がった角度で設置されたと思われる。89/24では，内A・B面ともに胴部中央から口縁にかけて黒斑が付着するが，それとほぼ同じ範囲の外A面に黒みの強い黒斑が形成されていることから，外A面を下側にして底部側が若干上がった状態であり，口縁側が灰や熾きに埋もれていたことが予想される。89/40も同じく外A面を下に底部が若干持ち上がった角度であったと思われる。

このように内面の熾き溜まり黒斑を基準に観察すると，焼成時に下側となった面に顕著な黒斑が形成される傾向がみてとれる。これにより，外面のみに黒斑を持つ資料の設置角度もおおむね予想することが可能となる。外面のみに黒斑を呈する資料は3点あり，89/34と89/43では外A面に顕著で大きな黒斑をもつことから，この面を下側にして横倒したことが予想される。また89/28は胴部中央が欠損しているが，外A面の下部と底部に黒斑が付着していることから，外A面を下にした横倒しといえる。

以上から，土器設置角度は，「直立」2点，「斜め」2点，「横倒し」6点と，横倒しが優勢であることが分かった。

ところで，土器は単体で焼かれることは無く，同時に複数個を並べて焼成するのが一般的である。土器を密着させて焼成した場合，その接点に小さな円形もしくは楕円形（淡い灰色または淡い橙色）の「接触黒斑」が生じることが指摘されている（久世他 1997: 52-53; 長友 2006: 9, 写真6-18）。例えばもし，直立の角度で並べれば土器の最も張り出した外面胴中部に，他の土器によりかけるように斜めに置けば胴上部と反対側の胴中部または同上部同士に，それぞれ接触黒斑が形成されやすいと予想される（第94図・第95図）。つまりこの接触黒斑からも設置角度の推定が可能であり，ここでこれまでの分析結果をさらに絞り込んでみたい。

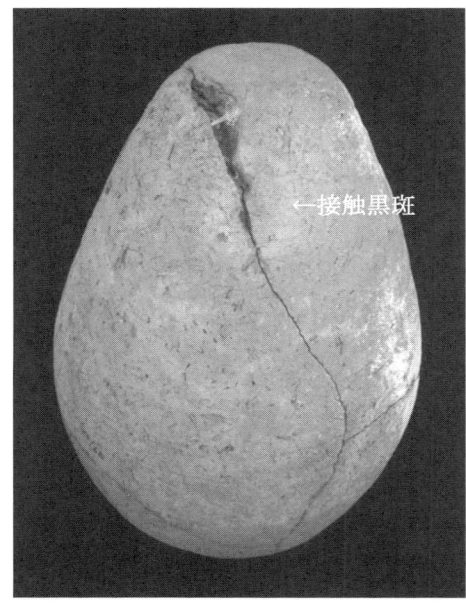

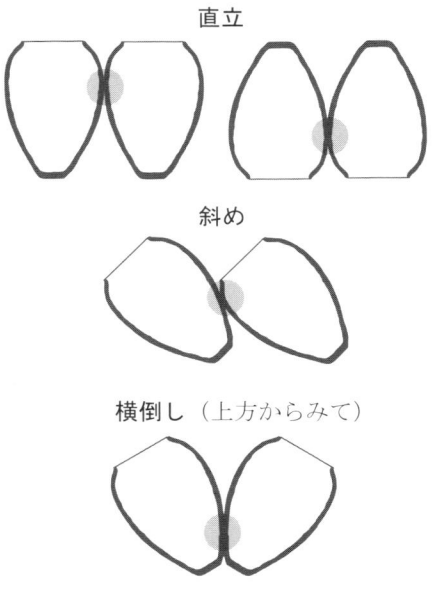

第94図　接触黒斑　　　　　　　　第95図　置き方模式図

資料を観察したところ、比較的良く焼成された土器9点にて、16個の接触黒斑が確認された（1つの土器に複数存在する例もある）（第14表、第97図）。その位置を胴上部、胴中部、胴下部に分けてカウントしたのが第96図である。胴下部が最も多く10点を数え、次に、胴中部が4点、胴上部が2点であった。接触黒斑が胴下部に集中するこの傾向から、蓋然性の高い設置角度は以下のように考えられる。粗製土器の形状（壺形）からして、「直立」の角度で胴下部が互いに接することはまず不可能である（第95図）。次に、「斜め」に立てかけた場合、胴下部が接することは考えられるが、そうなれば胴下部と同じ頻度で胴上部および胴中部に接触黒斑が形成されるはずであるが、観察結果からはそれは支持されない。残る設置角度は「横倒し」である。これなら胴下部が接することは十分に考えられ、互いに底部を寄せ合うように並べれば、胴下部に黒斑が集中することの説明が付く。また並べ方により、胴下部のみならず胴中部や胴上部も接することもあり得るだろう。

このことから、焼成時の設置角度としては、「横倒し」が最も蓋然性が高いと推察される。必ずしも全ての土器が同じ角度で置かれていたとはいえないが、「熾き溜まり黒斑」等の分析結果からみても、スサ混粗製土器は横に倒して焼かれる傾向にあったと考えられる。また、壺という器形の特徴を考慮しても、「横倒し」は他の角度に比べて安定した設置方法といえるだろう。

D. 積み重ね焼成の有無について

これまでの議論は1段のみの焼成として進めてきたが、土器を積み重ねて焼くことも十分考えられる。積み重ねて焼けば当然、土器同士が接することになり、先ほどの接触黒斑が形成されることが予想される（長友 2006: 10-11）。積み重ねの視点から再度、接触黒斑を観察するとその痕跡として複数の接触黒斑をもつ土器が注目される。

例えば、89/22と176/1では、外A面の胴下部および胴中部に2つの接触黒斑がみられるが、これは横倒しで並べられた土器の間に重ねて置かれたために形成されたものと思われる（第98図）。その内176/1は内面「熾き溜まり黒斑」の位置から「斜め」の設置角度が想定されたものであるが、外面に顕著な黒斑がないことから、地面に触れない、つまり積み重ねて焼かれたものといえる。また89/45と89/78は、外A面と外B面の表裏に接触黒斑が存在することから、横置きで積み重ねられ、かつその上にも土器が積まれたものと思われる[9]。このことは、これらスサ混粗製土器が少なくとも3段分積み重ねて焼成されていたことを示している。

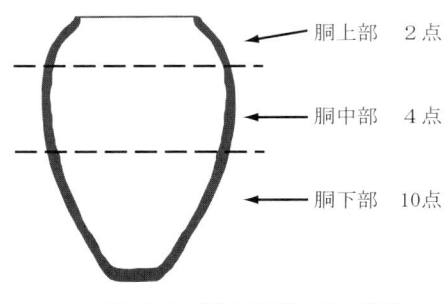

第96図　接触黒斑の部位別頻度

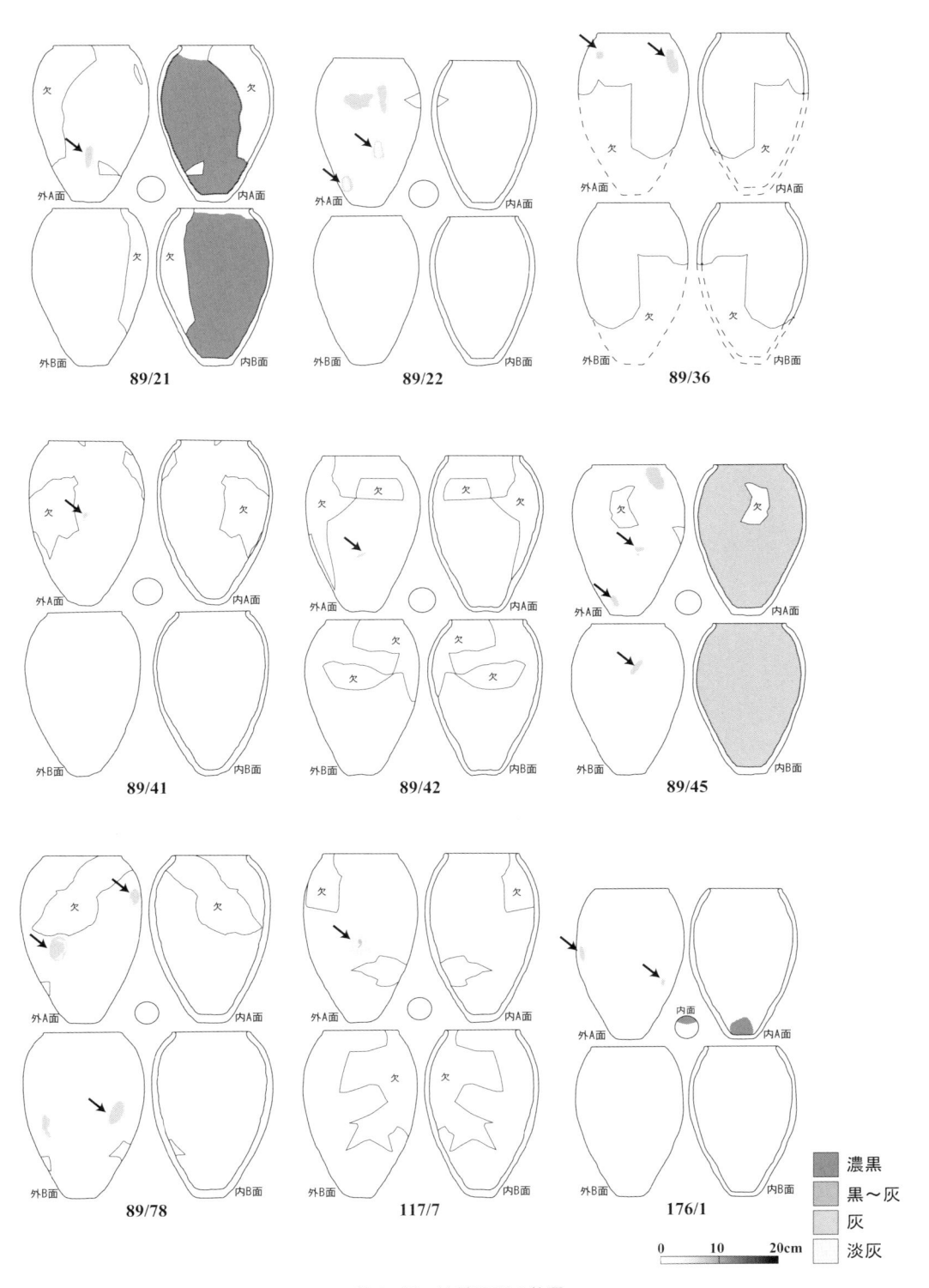

第3節　スサ混粗製壺型土器の焼成方法　171

第97図　接触黒斑の位置

濃黒
黒〜灰
灰
淡灰

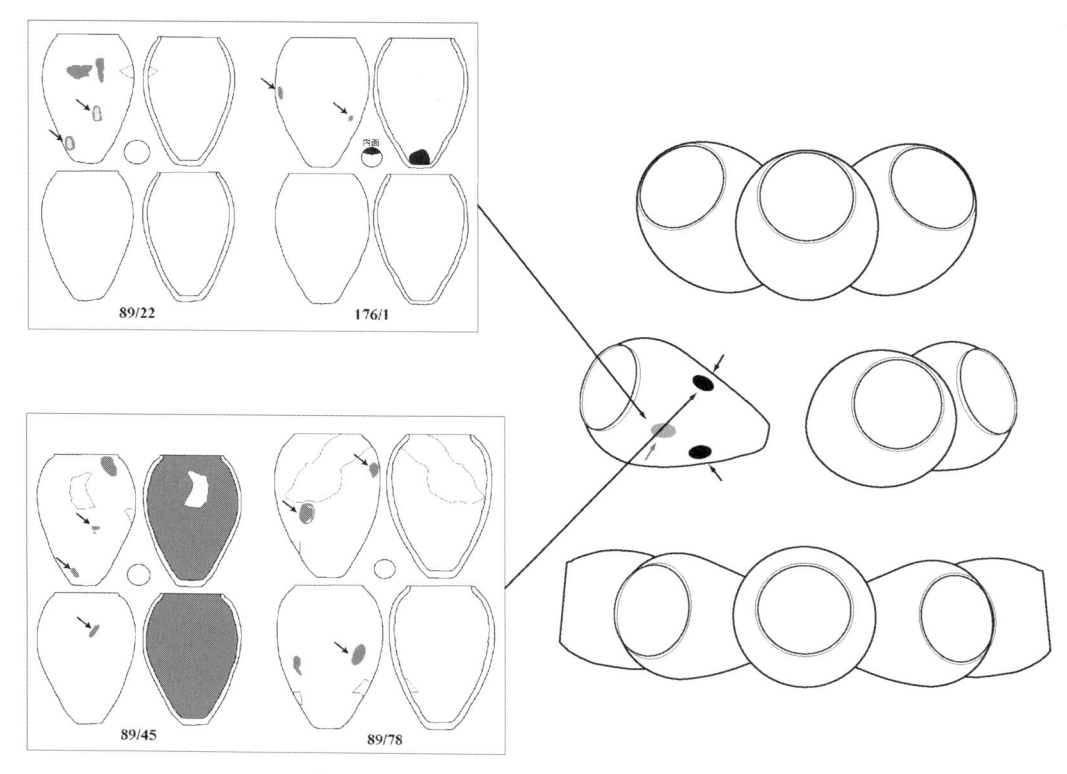

172　第6章　製作痕分析からみた技術（成形・焼成）

第98図　接触黒斑からみた積み重ね焼成の有無

　積み重ねて焼くことにより2段目以降の土器は地面に接しないため顕著な黒斑が付きにくい。さらに火回りの良い状況では接触黒斑も酸化消失するとされる（久世他 1997: 53）。つまり，観察土器の中にみられる無黒斑の土器（9点）も，こうした積み重ね焼成の存在を示唆する。また，上述した弥生土器に典型的な「2個1対の黒斑」がみられない理由も，積み重ね焼成によるものと判断できる。

E. まとめ

　色調と黒斑の視点から，焼成環境および設置角度といった焼成方法を検討してきた。その結果をまとめると以下のようになる。スサ混粗製土器の中型モデルド・リム壺は，①横倒しの設置角度で並べられ，②少なくとも3段分に積み重ね，③覆い型野焼きに近い環境で焼成された。ヒエラコンポリス遺跡のモデルド・リム壺がすべて同じように焼成されたとは言えないが，全体的な傾向としてはこのように捉えてよいであろう。

2　HK11C SquareB4-5 焼成遺構の復原考察

　以上の分析で得られた結果をHK11C SquareB4-5の遺構にフィードバックし，その焼成施設の構造を復原してみたい。
　黒斑分析により，スサ混粗製土器の焼成方法は覆い型野焼きに近いことが導き出されたが，で

は具体的にはいかなるものであったのか。焼成方法の考察で忘れてはならないのが，無黒斑土器の存在である。28点の資料群の中で，無黒斑土器は9点存在し，さらに接触黒斑のみの例も加えると14点と全体の半分にまで達する。これらはおしなべて焼き上がりが良く発色も極めて良好である。こうした焼成良好の土器を生み出すには，積み重ねによる黒斑の回避もさることながら，ある程度安定した火回りを供給する工夫も必要と考えられる。この点が復原の鍵となる。

ここで遺構の検出状況を再度確認しておこう。5つの地点で検出された焼成遺構の特徴は，ピットとその南側に付随する壁体である。壁体は強い被熱を受けていることから焼成時の擁壁であったと想定される。最も残りの良いKiln feature 3を例にとると，ピットは直径が70cm，深さは40cmほどである。地表面に据えられた壁体は，幅130cm，高さは40cmほどであり，壁体上面からピット底部までの高低差はおよそ80cmとなる。ピット内には，焼成残滓の堆積である炭化物の黒色層と焼土と土器片および焼土塊の赤色層がほぼ交互に包含されていることから，内部に燃料が敷き詰められていたと考えられる。炭化物はアカシアとタマリスクが主体とされるが，上述したように資料土器にみられる顕著な黒斑は「接地面の藁密着黒斑」の特徴を有することから，これら木材を主燃料として，その上に藁を敷いた可能性が高い。藁は熱源として持続性は弱いものの，着火材として広く民俗誌にもみられる（小林2007）。ただ，遺構の検出状況では，ピット内に平石が置かれていたことから，土器と燃料を直に接触させない工夫もある程度行っていたと思われる。それは土器片でも可能である[10]。

さて，まずは土器の設置方法から考えてみたい。円形のピットに土器を横置きで据えるには，口縁を外側に向け，ちょうど花びらのように並べる方法が最も無難であろう（第98図）。これなら土器が互いに接触する箇所は主に胴下部となる。次に積み重ねであるが，分析では少なくとも3段分が推察されたが，中型壺の最大幅の平均値は約21cmなので，横倒しで3段積むとその高さは63cmとなる。ピットと壁体の高低差が80cmほどであり，それに燃料の厚みを考慮すると，63cmの高さは壁体上面とほぼ同じレベルになると考えてよいだろう。つまり3段分の積み重ねは妥当である。

それでは，地上面から40cmほどの高さに積まれた土器に対して，どのように火回りの良い安定した焼成環境を与えることができるであろうか。弥生土器で想定される藁や灰を被せる覆い方法では難しい。ここで注目されるのが，ピット内またはその周囲で大量に検出された粘土付着土器片である。筆者は以前，HK29の遺構復原を試みた際，遺構に残る粘土付着土器片に着目し，その付着位置と色調の分析から，これらを使った覆い型野焼きの焼成方法を提示した（馬場2004）。HK11C SquareB4-5でもその特徴は同じであり，土器片は大きさの統一性はないが，口径1m前後の大型深鉢（1-2nLタイプ）の破片も一定量存在し，粘土は概ね被熱されている。このことから，壁体を支えとしつつ，大型の土器片等で囲い，粘土で固定するという比較的堅固な覆いを用いた焼成方法が復原される（第99図）[11]。つまり，一度の焼成で取り壊される簡易的な覆いではあるものの，壁体に近い構造的な構築物が想定されるのである。こうした覆い型野焼きは，構造上熱の拡散を抑え，800℃を超える温度にまで到達できる（Baba and Saito 2004）。ただ，完全

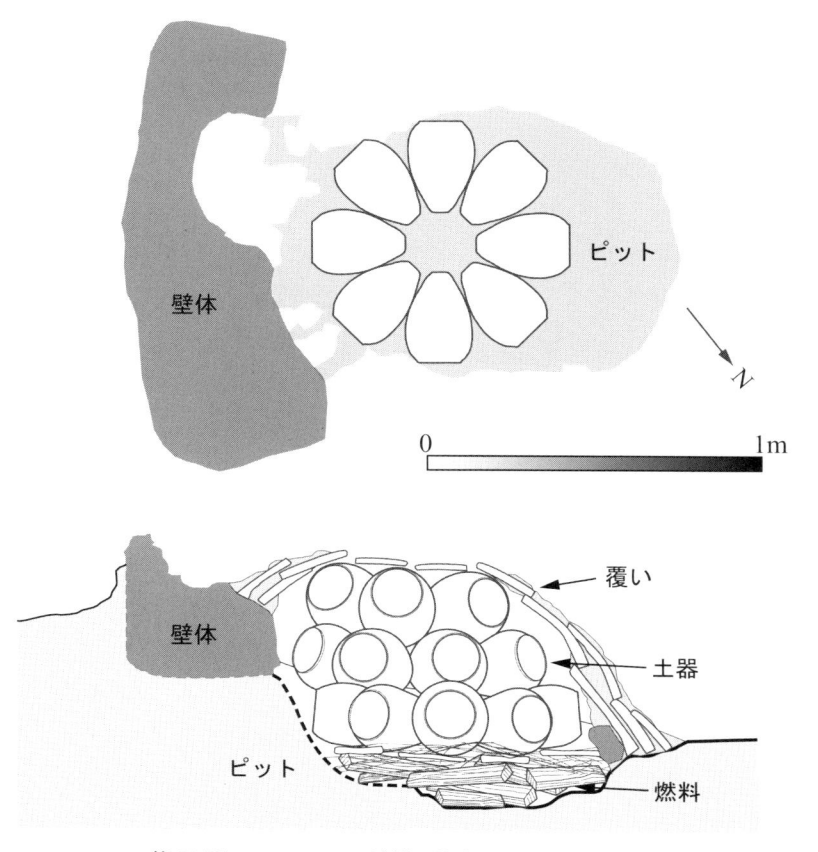

第 6 章　製作痕分析からみた技術（成形・焼成）

第 99 図　HK11C B4-5 遺構の焼成復原（Kiln feature 3）

に閉塞された環境ではなかったと思われる。なぜなら，5 章の SEM 分析結果が示すように，焼成温度にばらつきがあることは，比較的多くの酸素が供給される環境であったことが想起されるからである。頂上部を開放するなどしていたであろう。筆者がかつて実施した焼成実験では，頂上部を開放させた覆い焼きでも最高温度は 900℃ 以上に達し，焼成は成功している（馬場 2005: 186-189）。

　以上，HK11C SquareB4-5 の焼成施設は，ピットを用いた比較的堅固な「覆い型野焼き」が復原される。こうした粘土と土器片の建材としての利用は，これらピットのすぐ北でほぼ完全な状態で見つかったビール関連施設（vats）でも確認される（第 4 章参照）。そこでは大型土器片と粘土そして石をうまく使いこなして熱利用施設を構築しており，これと同じパイロテクノロジーが土器焼成にも用いられていたと考えられるのである。

第 4 節　小　　結

　以上，製作痕跡をたよりに，スサ混粗製胎土モデルド・リム壺の成形および焼成について検討

第4節 小　結

を加えた。

　成形の分析では，粘土紐づくりとナデ調整を基本とし，回転台と製陶工具を用いた定型化された技法であったことが判明し，それは効率的な製作方法と解釈された。この効率性は，本論で導き出された「積み重ね覆い型焼き」の焼成方法にも看取される。この焼成方法がいつ頃から始まったのは定かでないが，積み重ねることにより一度に焼成できる数は圧倒的に増え，それは効率性を求めた焼成方法であったといえる。

　これはまた，生産性の向上にもつながる。HK11C SquareB4-5 でその焼成方法を復原してピット窯であったと解釈したが，この復原案からすると，1つのピットでおよそ20個の中型モデルド・リム壺を焼成できる計算となる。SquareB4-5 では同様な構造をもつピットが5つ検出されているので，これらがもし同時に稼働したならば，1回の焼成で100個近くの土器を生産したことになる。これは窯焼きにも匹敵する数である。つまり当時の陶工は，「積み重ね覆い型焼き」のピット窯を複数構築することで，生産力を上げたと考えられる。この点は，次の第7章でさらに具体的に検討を加えることとする。

註

1) 確認される限りでは，左回りが17例と圧倒的に多く，右回りは僅か1例のみであった。これは陶工の利き手と関連すると思われる。
2) 中には，胴下部においても掻き上げが併用される例もあり（資料89/25, 89/27, 89/28, 89/40, 117/1, 176/2)，陶工のクセなのかもしれない。
3) 例外として，資料117/5 と埋設土器 E では，胴下部の成形でもこの指オサエ痕がある。
4) 指オサエ痕の方向は上方（16例）と右上斜め（14例）が圧倒的に多いが，僅かながら左上斜め（2例）も存在する。これは，陶工の成形時の姿勢と土器の角度・回転方向との関係，または陶工の利き手やクセが反映していると思われる。
5) 中央を穿孔した土器片は，エジプト学では伝統的に紡錘車として解釈されているが，あまりにも小さく不定形であるため紡錘車としての機能を果たすことは出来ないとの指摘もある（Needler 1984: 293）。
6) 現場における実際の作業では，10類型の大別のなかで平坦面，凸面，尖り面など各要素の組み合わせ方によって更に細別を行っているが，煩雑を避けるため今回は大別のレベルに留めた。
7) 同時代のマアディ遺跡では円盤形の土器片が壺に被さった状態で見つかっている（Rizkana and Seeher 1989: 12)。
8) 本実験では製作した試料を用いて，HK11C Square B4-5 検出遺構の焼成方法を探るための焼成実験も試みている（Baba 2005; 馬場 2005)。
9) 89/45 に関しては，内面全体が還元焔的な灰色を呈することから，内部に熱が入りにくい状態で積み重ねられたようである。
10) ピットの内外では，過度の被熱によって紫色に変色して捻れた土器片も出土しており，それも土器と燃料の隔離材に用いられた可能性が高い。筆者による焼成実験でも土器片を隔離材とし用いることで，黒斑の消失に成功している（馬場 2005)。
11) 覆いに土器片や粘土を用いる例は民俗誌でも散見され（Sinopoli 1991: 39)，東アジアの雲南式はその代表である（岡安 1994: 48; 佐々木 2001: 99-89)。また考古資料としても，インダス文明においてピット

による粘土と土器片の覆い型野焼きが報告されている（Miller 1997: 50-52）。これは前2300年のハラッパ期の遺構で，ピットの規模は80×75cm，深さ30cmであり，この遺構に相似する。また，より古い時期（前3000年紀前半）では，片側1面のみに壁体を伴う覆い型野焼きも報告されており，本論の復原案と似ており大変興味深い。

第7章　製作技術と生産形態

　本章では，これまでの分析結果をもとに，先王朝時代における土器文化と社会の関わりについて検討を加えたい。その視点は製作における技術連鎖とその変遷，そして専業化からみる生産形態である。

第1節　技術連鎖とその変遷

　前章まで胎土分析と製作痕跡分析からヒエラコンポリス遺跡における土器の製作技術を明らかにしてきたが，スサ混粗製胎土以外の土器については，成形と焼成の理解がまだ得られていない。よってここでは，まずそれらの情報を補い，胎土クラスごとの技術工程連鎖を再構築する。そして，それを時間軸に置き換えて技術の変遷を辿り，先王朝時代における土器製作技術の変容または画期を抽出してみたい。

　スサ混粗製胎土以外の主な胎土クラスとしては，精製ナイルシルト胎土，頁岩混粗製ナイルシルト胎土，そしてマールクレイ胎土が挙げられる。ただ，筆者自ら詳細な観察ができなかったものもあり，かつヒエラコンポリス遺跡の研究事例もこれら胎土クラスの製作技術をすべてカバーできていないため，他遺跡の既往研究も含めてみていきたい。

1　成形・調整

A. 精製ナイルシルト胎土

　筆者は以前，黒頂土器の資料化を行ったことがあるので（馬場，高橋 2001）その観察データを中心に精製ナイルシルト胎土の成形・調整について検討する。対象とした資料は，早稲田大学エジプト学研究所が所蔵する9点の黒頂土器である[1]。器形は無頸壺6点，有頸壺1点，ビーカー2点であり，これら器形から推察されるに時期はどれもナカダⅠ期からⅡ期と思われる（馬場 2000）。

　まず成形技法について，資料の中には成形痕を丁寧に消している例もあるが，程度の差はあれ概して器面上（特に内面）に水平方向の凹凸が残っていることから，すべて輪積みによる紐づくり成形と判断される。第3章で述べたように黒頂土器は叩きによる2次成形がされるようであるが，本資料においてはそれを示す長円形の圧痕は確認できなかった。

　次に調整方法についてであるが，調整の痕跡は9点すべてに観察された。土器内面には工具による調整痕が明瞭に残されているが，その痕跡から幅1cmほどの工具によるものと推定される。内面の調整方法は，下から順に水平方向に撫でていき，口縁付近は丁寧に調整している。また，

底部近くは指ナデの例も確認される。調整痕が内面を回っているものもあることから，回転力を活用していた可能性がある。なお，器厚が5mmほどと極めて薄く軽い資料もあり，工具で入念に削られたと推測される。

さて，黒頂土器全てに共通する特徴的な調整技法は外面の磨研と磨きである。赤色スリップの塗布後に磨研および磨きを施すことで，土器表面は滑らかとなり，焼成後に光沢を持つ赤色となる。全点に共通する磨研の手順は，先ず器表面全体を縦方向に行った後，口縁付近を横方向に磨研する[2]。なお，口縁内面にまで磨研が及んでいる例もある。ある資料では，器表面に浮き出た鉱物片が磨き取られ，筋状の痕跡が全て底部に向かって伸びている状況が観察されることから，縦方向の磨研については，口縁から底部に向かって磨研されたと復原される[3]。横方向の磨研については，口縁付近を一周する明瞭な水平方向の痕が残っていることから，回しながら作業していたことが想起される。磨研の道具については，木や骨で磨いたとの見解を持つ研究者もいるが（Spencer 1997: 46），こうした比較的軟質の道具では土器表面に光沢を持たせることは困難であることが，実験結果で確認されており（齋藤，佐々木 2000: 95），最も磨研しやすかったのが玉石とされている。本資料で観察される磨研の幅は1〜5mmほどであり，器面上に残る磨研痕の形状も，製作実験で行った玉石による磨研の痕跡と極めて類似しているので，本資料も同様に玉石を使って磨研したと考えられる。なお，磨きについては，獣皮や布，葉（Arnold and Bourriau 1993: 85）など軟質材を用いて，磨研後に行われたものと推察される。

以上，黒頂土器を例にとり精製胎土の成形・調整方法を述べたが，この見解は既往研究ともほぼ合致する。フリードマンによれば，ナカダ文化の精製胎土の土器は地域を問わず同じ方法で成形されており，それは紐づくりで祖形をつくり，削りとナデで器面を調整し，回転力を使って口縁を調整していたとする（Friedman 1994: 872）。ボリオも古代エジプトの土器を概観した著作のなかで精製胎土土器を観察しており，ほぼ同じ見解を示している。ただ彼女は，回転台の利用に関しては，ナカダⅡ期以降にその頻度が増すと述べる（Bourriau 1981: 44）。なお，筆者が観察した資料には叩きの痕跡は認められなかったが，フリードマンも含め既往研究では夙に指摘されるので（Arnold and Bourriau 1993: 17; Friedman 1994: 872），叩きも精製胎土土器では一般的な技法であったのだろう。

B. 頁岩混粗製ナイルシルト胎土

頁岩片を混和する胎土は，ヒエラコンポリス遺跡やアダイマ遺跡といった上エジプト南部や西部砂漠のオアシスに限定されるため，成形技法に関する情報はさほど多くはない。フリードマンによれば，祖形は紐づくりまたは板づくりで，ナデで器面を調整し，まれに磨研がみられるが，叩きは一切ない（Friedman 1994: 867）。アダイマ遺跡を調査するブシェは，丸底の器形について，胴部は紐づくり，底部は型づくりで成形して器面を整え，セルフ・スリップを塗布したあと，指または工具でナデ調整していると述べる（Buchez 2004a: 17, fig.2）。つまり成形方法は，紐づくりと型づくり成形，そしてナデ調整とセルフ・スリップとなる。

C. マールクレイ胎土

マールクレイ胎土土器の成形方法は，ヘンドリックスによるエル・カブ遺跡の報告書が参考になる（Hendrickx 1994）。エル・カブ遺跡はナカダⅢ期から初期王朝にかけての墓地遺跡であり，副葬されたマールクレイ胎土の土器は，平底の碗，丸底の有頸壺，平底の有頸壺，そしてビーカーが主体となる。その成形について（Hendrickx 1994: 76-79），碗は底部を型づくり，胴部を紐づくりで祖形をつくり，入念に削って器厚を薄く整える。この工具は固く鋭利なものであったとし，フリント製ナイフの使用を示唆している。最後に内外面ともに布や皮でナデ調整または磨きを施し完成させる。壺とビーカーについては，底部から紐づくりで成形し，削りで器厚を均一に整える。次に，外面を掻き上げまたは削りで整形し，口縁付近は水平方向の指ナデで調整する。最後に，回転台を利用して口縁と頸部を整える。よって成形方法の特徴は，紐づくりと型づくり，削り整形とナデと磨き調整，そして回転台の使用といえる。

この他，ナカダⅡ期に特徴的な装飾土器についてボリオは，上記とほぼ同じ見解であるが，壺形には頸部付近に成形時の作業中断面がある点を指摘している（Bourriau 1981）。

2 焼　成

第6章で述べたように，スサ混粗製ナイルシルト胎土のモデルド・リム壺の焼成は積み重ねによる覆い型焼きであったと復原したが，では他の胎土クラスはどのような焼成方法であったのだろうか。第5章のSEM分析で得られた知見をもとに考えてみたい。

A. 精製ナイルシルト胎土

まず精製ナイルシルト胎土であるが，これについてはSEMの結果から800℃以下の一定した焼成温度，さらにその胎土の緻密さから穏やかな昇温の焼成方法が想起された。

4章で述べたように，既往研究では赤色磨研土器の唯一の焼成遺構とされていたヒエラコンポリス遺跡HK59等では，吹き抜ける北風を利用した焼成が想定されていたが，これでは温度の安定した焼成は不可能であり，筆者の指摘したように，やはりここで精製胎土の土器が焼成されていたとは考え難い。そこで注目されるのが，黒頂土器の製作方法である。筆者も参加した一連の製作実験により，黒頂の施色は覆い型野焼きによる伏せ焼きが最も有望な方法として挙げられた（Baba and Saito 2004; 齋藤，佐々木 2000）。伏せ焼きとは，土器を有機物（籾殻等）の上に伏せて置いて焼成することで炭素吸着を達成する方法であるが，これが最も効果的に働いたのが覆い型野焼きであった。なぜなら覆い型野焼きでは，地面に近い有機物の吸炭材は燃え尽きない程度の低温を保つことができ，かつ全体的には熱の拡散が抑えられるので，焼結に必要な温度にまで到達し，酸化焔による磨研の赤色を見事に発色させることができるからである。全体を藁と粘土で覆うこの方法は，スサ混粗製土器で想定された覆い構造よりも密封性が高く，緩やかな温度上昇と安定した焔を得ることができる。つまりこれは，赤色磨研土器に対しても有効な焼成方法といえる。炭素吸着つまり黒斑を抑えるには，土器片や石を燃料との間にかませることである程度可能となろう（馬場 2005: 189）。

ヘンドリックス等は黒頂土器の焼成に単室用に近いスクリーキルンを提案しているが（Hendrickx et al. 2000）、壁体で囲うこうした構造であれば遺構として幾らか残っていてもおかしくない。しかも黒頂土器と赤色磨研土器はバダリ文化からすでに併存しており、両者がそれほど高度な技術で焼成されていたとは考え難い。よって、焼成ごとに取り壊される簡易的な覆い型野焼きが精製胎土土器の焼成方法であったと考えられる。

B. 頁岩混粗製ナイルシルト胎土

次に頁岩混粗製ナイルシルト胎土についてであるが、特徴として器表面に煤が付着する例が多いことが指摘されている（Friedman 1994: 155）。これは使用時（調理）の痕跡の可能性もあるが、近郊のアダイマ遺跡の報告では、頁岩混胎土土器の底部から胴部にかけてグラデーションを呈する黒斑が観察されていることから（Buchez 2004a: 17, 43）、燃料と直に接する野焼き焼成であったと推察され、それはSEMの温度推定結果とも矛盾しない。ブシェが示唆するように、オーブンなどの簡単な野焼き焼成であったのだろう（Buchez 2004a: 17）。ただ、開放型か覆い型かの判断は現段階では難しい。

C. マールクレイ胎土

最後にマールクレイ胎土の焼成方法について述べたい。SEM分析の結果では、焼成温度は800～900℃の範囲と他に比べて高いことが明らかとなった。900℃の温度を達成させることは野焼きでもそれほど困難ではないが、だが常にその温度域を維持するとなると、窯焼きでないと難しい。例えば昇焔式窯では、高い到達温度（750～950℃, Tite 1995: 39）もさることながら、長時間にわたる焼成と理想的な温度推移を達成することができる（Nicholson and Patterson 1989; 佐々木他 2005: 154）。管見の限りでは、スサ混粗製土器のような断面に煤切れ未完の黒芯を残す例はきわめて少なく、一般的に断面と器表面はほぼ同じ色調を呈している[4]（Friedman 1994: 158-160）。これは窯焼成が可能とする長時間の一定した雰囲気の焼成を示唆している。加えて、野焼き焼成では回避が難しい顕著な黒斑を持つ事例もみられない[5]（Friedman: pers. comm.）。これまでのところ遺構として確認されてはいないが、マールクレイ胎土の焼成には、燃料と土器が直接触れない昇焔式窯が用いられた可能性が高いと考えられる。

ちなみに、王朝時代では昇焔式窯が考古資料として存在するが、ただ推定される焼成温度の点で先王朝時代とは異なる。王朝時代を対象としたマールクレイ胎土の焼成温度の見解は、ホープは700～1100℃（Hope 1987: 19）、ボリオ等は1000℃または1100℃（Bourriau, Nicholson and Rose 2000: 131; Nordström and Bourriau 1993: 157）、さらに再焼成実験を行った齋藤氏も1100℃（齋藤 2004）とするなど、おおむね1100℃の高い温度が想定され、本論を含めた先王朝時代の見解とは200℃ほどの隔たりがある。それは窯構造や焼成技術の向上によるものかもしれない。

3 技術連鎖の再構築

以上、スサ混粗製ナイルシルト胎土以外の成形と焼成の技術について既往研究等から検討した。それを前章までの分析結果とまとめると、各胎土クラスの技術の工程連鎖は第100図のようにな

第1節　技術連鎖とその変遷　181

	精製ナイルシルト胎土	頁岩混粗製ナイルシルト胎土	スサ混粗製ナイルシルト胎土	マールクレイ胎土
粘土採取	サハバ・ナイル沖積土	サハバ・ナイル沖積土 + 頁岩堆積土	サハバ・ナイル沖積土 and マスマス・ナイル沖積土	石灰質粘土
（採取場所）	低位砂漠緑地帯付近	頁岩風化堆積場（涸れ谷内？）	低位砂漠緑地帯付近 and 涸れ谷内	石灰岩風化堆積場（エスナ以北？）
	↓	↓	↓	↓
素地づくり	水簸による精製	簡略的精製	簡略的精製 + スサ混和	丁寧な精製
	↓	↓	↓	↓
成形	紐づくり（輪積み） + 叩き	紐づくり + 型づくり（底部）	紐づくり（輪積み） + 型づくり（底部？）	紐づくり + 型づくり（底部）
整形・調整	削り + ナデ + 磨研と磨き + スリップ	ナデ + セルフ・スリップ	掻き上げ + ナデ + セルフ・スリップ	削り + ナデと磨き
（道具）	回転台（ナカダⅡ期以降顕著）		回転台 + 製陶工具（土器片）	回転台 + 製陶工具（石器？）
	↓	↓	↓	↓
焼成	覆い型野焼き（密封度強）	野焼き	覆い型野焼き（密封度弱）	昇焔式窯

第100図　胎土クラスの技術連鎖

る。なお、スサ混粗製胎土の技術はモデルド・リム壺を代表したものである。それでは以下、注目される点をみてみたい。

ナイルシルト胎土では、粗製において涸れ谷内の粘土も利用するなど採取活動の範囲が広がるが、基本的にはどこでも容易に入手できるナイル沖積土を利用している。そしてこれらが精製と粗製に分岐するのが、素地づくりの工程である。精製では丹念な水簸、粗製では簡略的な精製作業とスサの混和により、それぞれ求める質の素地が生成される。一方、マールクレイ胎土は、他とは全く性質が異なる石灰質粘土を用い、その採取地は石灰岩盤の露呈するエスナ以北の地域に限定される。素地は丁寧に精製される。

次の成形工程に至ると、その技法はほぼ共通する。どの胎土クラスも紐づくり成形とナデ調整を基本とする。精製ナイルシルト胎土とマールクレイ胎土においては、整形・調整段階で削りと磨研または磨きが加わるが、当然これは、素地づくりから続く高質の土器を目指したための作業であり、紐づくりという成形の根幹は変わらない。また、頁岩混粗製胎土以外は、口縁等の整形・調整に回転力が援用される点で共通する。

最終工程の焼成では、ナイルシルト胎土はどれも野焼きを基本とするが、マールクレイ胎土のみ昇焔式の窯焼きとなる。

こうしてみると、ナイルシルト胎土はどれもその基本的な製作技術はさほど変わらず、胎土の精粗を分ける大きな違いは素地づくりの精製方法のみであることがわかる。序章で述べたように、既往研究では、スサ混粗製ナイルシルト胎土は技術的に向上した新しい土器と評価されていたが、この工程連鎖をみる限り、全く新しい土器とは言い切れない。

ただ、その出現時期に着目すると興味深い点が窺われる（第2章参照）。スサ混粗製胎土はナカダⅡ期に顕現するが、それに若干遅れてマールクレイ胎土の製作も開始される。これら2つに共通する技術は、回転台と製陶工具の使用、そしてマールクレイ胎土においては昇焔式窯の利用である。確かに精製胎土でも回転力が利用されているが、それが顕著となるのはナカダⅡ期以降とされる。つまり、これらの技術はナカダⅡ期に新たに加わった技術とみなすことができるかもしれない。

こうした傾向をより具体的に掴むため、以下では、成形・調整と焼成の技術に着目しながら、先王朝時代の技術の変遷をみてみたい。

4　技術変遷

これまでナカダ文化を中心に土器製作の技術をみてきたが、それ以前の新石器時代から技術の変遷を辿ことととする。

A. ナカダ文化以前の製作技術

北アフリカでの土器誕生は、南サハラやサヘールなどの地域にて、放射性炭素年代測定値9000b.p.頃とされる（Close 1995）。ナイル川流域に限定すると、スーダンのサルラブやサッガイ、アブ・シンベル西方砂漠地帯のビール・キセイバやナブタなど、1万年ほど前の終末期旧石器時

代から新石器時代にかけての遺跡で最古の土器が見つかっている。この時代は狩猟・採集と漁猟を生活基盤とし，定住性も低かったものの，在地粘土を用いた土器の製作が行われていた。これら最初期の土器は，波状の櫛掻文や点状の刺突文を特徴とする点で共通する。ナブタ遺跡の報告によると，初期新石器時代（前7000～6700年頃）の土器は，紐づくりまたは叩きとの併用で成形され，焼成は比較的低温の酸化焔によるもので，開放型野焼きが行われたであろう遺構も検出されている（Nelson 2002b: 28-29）。ここで興味深いのが，後期新石器時代（前4500～3600年頃）になると赤色磨研土器と黒頂土器が出現し，さらにその終末段階ではバダリ文化を代表する櫛掻文様土器も現れるなど，ナイル川流域の先王朝時代に特徴的な土器が西方砂漠でもみられる点である（Nelson 2002c: 98）。

　新石器時代の土器は，ナイル川下流域の遺跡でも出土している。エジプト最古の農耕・牧畜文化とされるファイユーム遺跡（前5200～4200年頃）では，ナイルシルトに有機物を豊富に含んだ粗製の土器が多く出土し，中には赤色磨研土器もみつかっている（Caton-Thompson and Gardner 1934）。これらの成形に関して，詳しい報告はないが，左右対照な器形が皆無に近いことから，紐づくり等の手作りであったと了解される。器面のナデ調整も観察される。焼成については，器面に黒斑が残る例が多いことから，焔が不均一な焼成であったとされ（Caton-Thompson and Gardner 1934: 36），また断面部に煤切れ未完の黒色芯がみられることから，低温の酸化焔で短時間の焼成，つまり野焼き焼成であったと推察される。

　ファイユームと同時期の遺跡に，カイロ近郊のメリムデ遺跡がある。ここの土器は様相がファイユーム遺跡とほぼ同じであり，その製作技術も近似したものと思われる。

　同じくカイロ近郊のオマリ遺跡では，ファイユームやメリムデよりも若干新しい新石器時代（前4600～4400年頃）の土器が検出されている（Debono and Mortensen 1990: 24-40）。ここの土器もファイユームと同じく，ほぼ全てナイルシルトに有機物（パピルス？）を加えた胎土である。成形は全て紐づくりで，調整はナデを基本的とし，全体の2/3以上に磨研が施されている。赤色スリップが塗布される例も多い。回転台の明確な使用痕跡は無いが，ナデ痕が器面上方や口縁付近に水平方向に走っていることがあるため，何らかの原始的な回転装置を利用したかもしれないと指摘されている。焼成については，土器の様子から全て酸化焔焼成であり，単純な野焼きが想定されている。土器は大抵，器面と断面に黒半があるので，焔のコントロールが悪く，短時間の焼成であったとされる。

　ふたたび南方に戻ると，ルクソールのターリフ遺跡で上エジプト最古の土器が見つかっている（Ginter and Kozlowski 1984; Ginter et al. 1997; Ginter et al. 1979）。年代は前5,580 ± 420～5,495 ± 405年頃とされる。調査区域が狭くその全貌は明らかでないが，これまでのところ農耕・牧畜の痕跡はない。ただ，当遺跡の重要な点は，ターリフ文化層から黒頂土器や赤色磨研土器を含むナカダ文化層への連続性が層位的に確認されたことである。ターリフ文化の土器は，有機物（スサ）と砂粒を混ぜた胎土が一般的であるが，利用粘土は2種類あり，1つは後期更新世のサハバ・ナイルシルト，もう一方は玄武岩と輝緑岩を起源とする新しい堆積のナイルシルトである。成形方法

もこの2種の胎土に応じて異なり，サハバは手捏ね，新しいナイルシルトは回転力を用いた成形となる。この回転力とは，器面上の粒子が水平に規則的に流れていることから，何らかの可動する台が考えられている。ナデ調整の実施は全体の約10%のようである。興味深いことに，この2つの成形方法の違いは焼成温度の差にもみられる。手捏ね成形の土器が350～650℃，回転成形は600～900℃以下と推定されている。その焼成方法についてであるが，後者の温度について報告書のデータをみると，600℃，800℃，800～900℃，900℃，そして900～950℃と，土器ごとにかなりのばらつきがある（Kozlowski and Pawlikowski 1997: 33-35）。このばらつきから，開放型野焼きと考えるのが妥当と思われる。

最後に，先王時時代最初のバダリ文化（前4400-4000年頃）をみてみたい（Brunton and Caton-Thompson 1928）。この文化の土器は，櫛掻文を持つ黒頂土器と赤色磨研に特徴付けられ，これらは全てナイルシルトを基質とする極めて緻密な良質胎土で製作されている。ただ中には有機物（植物茎）を混和した粗製も存在する。成形について，ボリオは観察した5点のうち3点は手捏ねと述べるが（Bourriau 1981），フリードマンは，紐づくりまたは板づくりが基本で，手捏ねは小さな土器に限られると指摘する（Friedman 1994: 239, 869）。加えて，叩きの可能性も示唆している（Friedman 1994: 869）。良質胎土の土器はほぼすべて器壁が薄く，入念な叩きと削り整形がなされたとものと思われる。スリップが施された土器は概して磨研と磨きで調整される。焼成については詳しくわかっていないが，フリードマンによれば，バダリ文化の良質な胎土の土器は断面に黒色の芯が明瞭に残っているようであり（Friedman 1994: 350-351），焼成方法としては野焼きが想定される。

B. ナカダ文化の技術変容

こうしてみると，ナブタ遺跡にはじまるナカダ文化以前の土器製作技術は，紐づくりまたは叩きの成形方法と野焼き焼成を基本とし，後に回転力を用いた整形・調整方法が加わっていく流れがみてとれる。これはナカダ文化の精製ナイルシルト胎土の技術に通じるものである。換言すれば，精製胎土はこうした伝統的技術体系で製作されていたと評価できる。ではナカダⅡ期に台頭するスサ混粗製胎土はどうであろうか。素地に有機物を混和する習慣は，確かにファイユームやターリフの新石器時代から既に存在し，上述した工程連鎖における技術も精製胎土とさほど変わらないが，やはり回転台と製陶工具はこれまでにない新たな要素である。それまでも回転力の援用はあったが，モデルド・リム壺にみる痕跡は安定した回転台の利用を示しており，それまでとは確実に画される。つまり，スサ混粗製胎土の製作は，ナカダⅡ時期に新たな技術が伝統的技術体系に組み込まれたことを物語っている。

ナカダⅡ期に始まる回転台の利用は，この時期開発されるマールクレイ胎土，そして精製ナイルシルト胎土にもみられ，ナカダ文化の全体的な変化であったとも考えられる。これについて既往研究からさらに検討を加えてみたい。

パインはアシュモレアン博物館に所蔵される先王朝時代遺物[6]のカタログのなかで（Payne 1993），1000点近くの土器を紹介しており，成形方法についても1つの観察項目を設定して言及

している。それは，器表面にみられる整形痕を以下の4つに分類して記載している。パインによれば，AとBは手作り，CとDは回転台を利用した成形方法という（Payne 1993: 28）。

A　水平条痕がない。
B　短い水平条痕がある。
C　完全に一周する水平条痕がある。
D　一周する水平条痕が連続する。

この観察項目について，カタログから時期[7]の判明する資料を抜き出し，統計したのが第15表である。資料数は651点を数える。これを土器クラスごとに成形方法の別をパーセントで表したのが第101図となる。注目される点をみてみたい。

まずスサ混粗製（R）について，ナカダⅡA-B期ではA/Bが79％と高いものの，ⅡC-D期になるとC/Dが38％と若干であるが伸びる。次にマールクレイ胎土だが，その出現が最も早い彩文土器（D）は，ナカダⅡA-B期では86％対14％とA/Bの割合が極めて高いものの，ナカダⅡC-D期になるとそれが逆転してC/Dが82％と格段に高くなる。それに続いてナカダⅡC-D期に現れる波状把手付土器（W）と後期土器（L）では，C/Dが圧倒的に多い。これに加えて興味深い点は，赤色磨研（P）や黒頂土器（B）であり，これらもナカダⅡ期になってC/Dの割合が増し，赤色磨研土器においてはC/DがナカダⅡA-B期では34％，C-D期では52％と増加する。

こうしたことから，スサ混粗製ナイルシルト胎土やマールクレイ胎土にみられた回転台の利用は，やはりナカダⅡ期に始まる新たな技術であり，そしてそれは精製ナイルシルト胎土など既存の技術体系にも影響を与えていたのである。

このⅡ期の技術変化は，マールクレイ粘土の開発に伴う焼成方法にもみられる。ナイルシルト胎土はおしなべて伝統的な野焼き方法で焼成されているが，マールクレイ胎土は昇焔式窯が想定され，その出現は装飾土器が製作されるようになるナカダⅡ期中葉となる。この時期は日乾煉瓦の利用が始まり（第1章参照），王朝時代にみられるような昇焔式窯を構築できる材料は十分揃っている。考古学的痕跡は今のところないが，この時期ナカダ文化の生活圏がナイル沖積地に集約する傾向があるので，それゆえ検出が難しくなっているのかもしれない。

こうした問題はあるものの，土器製作技術の大きな画期は，やはりナカダⅡ期に求められるであろう。

第15表　成形方法の時期的変化（Rayne 1993）

		ナイルシルト胎土				マールクレイ胎土			合計
		P：赤色磨研	B：黒頂	C：白色交線文	R：粗製（スサ）	D：彩文	W：波状把手	L：後期	
ナカダⅠ期	A/B	18	54	42	0	0	0	0	114
	C/D	2	12	0	0	0	0	0	14
	合計	20	66	42	0	0	0	0	128
ナカダⅡA-B期	A/B	27	46	5	15	18	0	0	111
	C/D	14	76	0	4	3	0	0	97
	合計	41	122	5	19	21	0	0	208
ナカダⅡC-D期	A/B	34	13	0	42	21	2	2	114
	C/D	37	11	0	26	96	31	13	214
	合計	71	24	0	68	117	33	15	328

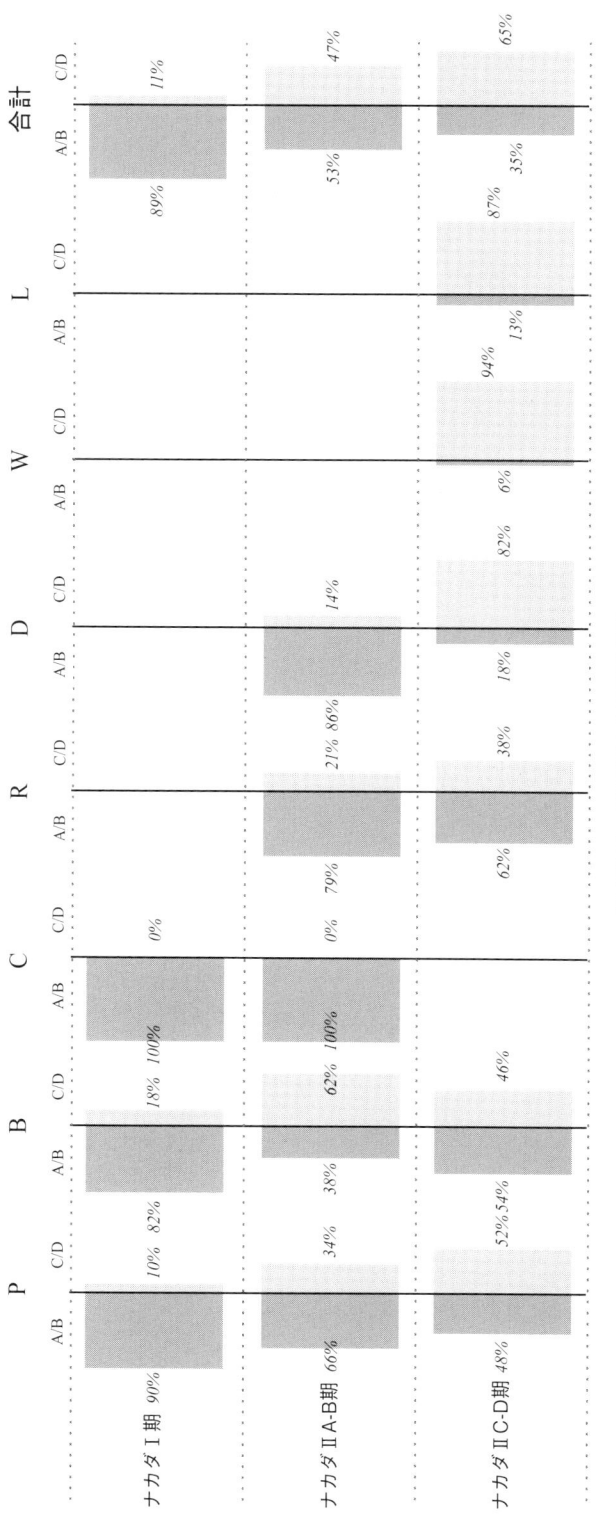

186　第7章　製作技術と生産形態

第101図　成形方法の時期的変化

ただここで注意しておきたいのが，回転台と昇焔式窯の出現には時期差がある点である。齋藤氏は，マールクレイにみられる粘土，回転台，昇焔式窯の導入は一連の技術体系として一度に導入されたとの見解を述べているが（齋藤 2006）[8]，回転台は，パインのカタログではあまり顕著ではないものの，ヒエラコンポリス遺跡のモデルド・リム壺にみるように，ナカダⅡA-B期にはすでに利用されている。装飾土器の初現がはやくともナカダⅡB期であることを勘案すると，回転台の出現はマールクレイの開発よりも早く，それはつまり昇焔式窯に先行することとなる。つまり回転台の利用は，マールクレイおよび昇焔式窯の導入に伴うものではなく，ナイルシルトを扱う既存の技術体系から発展したものと捉えられるだろう。このことは，装飾土器がナカダⅡA-B期では手作り成形（A/B）が圧倒的に多いことからも窺われる。

いずれにしても，ナカダⅡ期に土器の製作技術は大きな変容を向かえたことは確かなようだ。第1章で述べたように，文化や社会もこの時期に変化を向かえており，技術の変容もそれに連動したものと想起される。以下では土器の生産形態からこの点をより深く検討してみたい。

第2節　専業化からみた生産形態

1　はじめに

土器製作技術の変遷にみるナカダⅡ期の大きな変化には，生産形態との関連性が想定されるが，専業化を切り口としてこの問題を探ってみたい。

考古学における専業化の研究は1970年代頃から活発になり，新大陸研究を中心に様々角度から議論され，その理論や方法に関する研究は蓄積されつつある（Costin 1991, 2001; Rice 1981）。特に工芸の専業化は社会の発展と密接に関連するとされ，複雑化社会を政治経済的視点で研究する際のキーファクターとして（Stein 2001: 363），近年では新大陸のみならず西アジア研究においても，国家形成論や都市論の中で専業化のテーマが重要視されている（Blackman et al. 1993; 小泉 2000; 西秋 2000b）。エジプトにおいても近年，初期国家形成期にあたる先王朝時代研究において，この専業化の問題が取り上げられている（Takamiya 2004; 高宮 2003）。とりわけ土器生産に関する言及が多く，ナカダ期の土器の専業化は夙に指摘されているところである（Buchez 2004b; Friedman 1994, 2000; Maczynska 2004）。しかし分析を交えた実証的な研究は決して多くはない。その原因は，これまでも述べているように，製作址の検出例が極めて少ないという資料的制約が大きいのだが，近年のヒエラコンポリス遺跡の調査では，分析に耐えうる資料が得られているので，専業化と生産形態について分析と検討を通じて具体的に迫ってみたい。

2　専業化に関する先行研究

A. 専業の定義

エジプトの事例に入る前に，専業化一般に関する近年の研究について概観しておきたい。先ず

は専業の定義であるが，工芸の専業化（craft specialization）をめぐる研究動向を的確にまとめた西秋良宏氏による[9]（西秋 2000b）と，近年提示されている専業の定義は主に2つに分けられる。第1は，コスティンに代表される定義で，彼女による専業とは「分業による規則的かつ恒常的な，そして組織化されている場合もある生産システムであり，そこでは生産者は生計の少なくとも一部を世帯構成員外との交換関係に依存し，一方で消費者は自ら生産しない物品の入手を彼らに依存している」関係というものである（Costin 1991: 4）。もう1つはクラークに代表されるより広義の定義である。彼は専業を「譲渡可能な恒久財を非扶養者の消費のために生産すること」と定義する（Clark and Parry 1990: 297-298）。つまり，コスティンの定義が，生業分化の恒常性と交換という生産者と消費者の相互依存の関係を重視する一方，クラークの定義は，生産者から消費者に物品が渡る全ての生産形態を対象とし，そこに相互依存の関係を含まないのである（Clark 1995: 273-279）。なぜなら，相互依存に頼らない専業工人は民族例にも認められるからである。

クラークらの広義では，本質的な見返りを得ない例や単発的な行為も含まれることから，いかなる集団や社会にも当てはまることになる（西秋 2000b: 3）。コスティンらの狭義は，相互依存という社会経済的関係を重視することから，ある程度複雑化した社会を対象にしたものといえる。エジプトの先王朝時代研究を対象とする本論では，後者の定義が有効とされる（高宮 2003: 175-176）。なぜなら当該時代は，後述するように生産活動の分業または非生産者（エリート）の存在，さらには埋葬資料による社会構造の分化も指摘されているからである（Bard 1994; Savage 1995, 1997）。よって，ここではコスティンの定義に即して専業化を論ずることにする。

B. 生産形態の分類指標

コスティンによれば，専業化は単一の概念ではなく，あるなしの問題でもない。そこには様々な生産形態が存在するという（Costin 2000, 2001）。当然，集団や社会が異なれば生産形態の性格もおのずと変わってくるだろう。それでは実際，多種多様な形態の専業をどのよう推し量ればよいのだろうか。コスティンは生産形態を分類し記述する指標（parameter）として，生産者と消費者の関係（context），地理的関係（concentration），規模（scale），専門度（intensity）の4つを挙げている（Costin 1991: 8-18）。この他にも，生産物の性質（日用品か贅沢品か），種類（物品か行為か），生産者あたりの生産量（少量か大量生産か），生産者と消費者の依存度（交換か給付か，貢納か）といった視点に基づく分類が可能であるとされるが（西秋 2000b: 3），これらはコスティンの指標をさらに細分したもので，彼女の指標でカバーできる。よってここで，彼女が掲げる4つの指標を若干詳述してみたい（Costin 1991: 8-32; Costin and Hagastrum 1995: 620-623）。

生産者と消費者の関係（従属・独立）

この指標は生産者の所属（context）に注目したもので，それは従属（attached）か独立（independent）かで分類される。従属専業とはエリートや行政機関のパトロンによって支援・管理された生産形態であり，奢侈品や威信財，武器など支配者層が社会を政治的に管理・統制するために必要な製品を主に生産する。一方独立専業とは日用品といった一般マーケットに応える製品を主に生産し，ここでは生産者と消費者の間に生産効率を指向する需要と供給の経済的関係が生じる。独立専業

の発展には，需要をもたらすマーケットの存在が不可欠である。つまり，高い人口密度，政治的に安定した社会と物流システムの存在である。逆に従属専業の発展の契機にはエリートクラスの存在が最も重要であり，社会の不平等化とともに従属専業は発展する。

つまり，従属専業は政治的主因，独立専業は経済的主因によって誕生，進展したと考えられる。よって，この視点を用いることで専業化の発展の契機を政治的または経済的側面から説明することができ，専業化と関連させた複雑化社会研究の近年の成果は，まさにこの指標が指摘されたところが大きい（Brunfiel and Earle 1987; Earle 1981）。

実際の考古資料においては，独立と従属の専業の差は生産場所の違いに現れるとされる（Costin 1991: 25）。従属専業の工房は支配者層の住居や施設に隣接し，他の生産エリアから隔離された場所に築かれることが多い。独立専業では，規模が小さい場合には一般家屋に隣接し，大きくなると独立した工房となるが，従属専業のように隔離されることはない。

地理的関係（分散・集中）

生産者と消費者の空間的関係（concentration），つまり距離からみた視点である。極端な例では，生産者（工房）がコミュニティー内で均一に分散し（dispersed），その逆では一個所に集中する（nucleated）。この地理的関係に影響を与える要因には，地理的状況や原料の分布などの自然環境，製品やマーケットの性質といった社会環境，または独立・従属専業の違いも含まれる。従属専業では上述したように隔離された集中工房になる傾向が強い。

この指標が重要な点は，製品または工房の分布状況から原材料の獲得や流通の方法，さらに生産体制もある程度推測できるからである。

規　　模（個人・集団）

一生産単位の生産者数（scale）からみた指標である。その規模は，個人または家族による世帯内生産から（small, kin-based），複数人が集まる工房や工場（factory），さらには地域全体に及ぶ大規模な生産まで推測される。

規模は需要の性質と強く関連することから，これを指標に社会の経済的および政治的側面を考察することもできるとされる。

専業度（常勤・非常勤）

専業度（intensity）とは一生産者が生産に費やす時間の量であり，常勤（full-time）か非常勤（part-time）かに分けられる。独立専業の場合，効率性が専業度を計る主な指標となる。専業度が増すと効率性は高くなるとされる。なぜなら効率性（生産性）を高める製作技術や恒常的設備が常勤生産者に備わっているからである。また，従属専業では生産者は常勤となる傾向が強く，それは熟練した技術を要する製品が求められるからである。

常勤生産者は食糧など基本的な生計を社会の他内の構成員に依存しなければならないことから，その誕生には生業分化がある程度進んだ社会環境が必須となる。この条件を踏まえると，この指標は社会の成熟度を見通す1つの視点となる。

C. 専業的生産形態の類型

これら4つの指標を考慮して、コスティンは専業生産の形態を、以下の8つに類型化している（Costin 1991: 8-11, table 1-1; 西秋 2000b: 表1）。なお、この中で最初の4類型は独立専業、後の4類型は従属専業とされる。

個人専業（Individual specialization）　独立した個人または世帯が規制されることなく在地消費の目的で生産。

分散工房（Dispersed workshop）　共同体内のやや大きい工房が規制されることなく在地消費の目的で生産。

集団専業（Community specialization）　独立した個人または世帯単位の生産者が共同で、規制されることなく地域レベルでの消費目的で生産。

集中工房（Nucleated workshop）　共同体内のやや大きい工房が規制されることなく地域レベルでの消費目的で生産。

分散労役（Dispersed corvée）　非常勤の工人が世帯または在地社会レベルでエリートないし政権のために生産。

専属工人（Individual retainers）　主に常勤の個人がエリートのパトロンないし政権のために生産

集中労役（Nucleated corvée）　政権に雇用された非常勤の個人がエリートないし政権の専用工房で生産。

専属工房（Retainer workshop）　常勤の個人がエリートのパトロンないし政権のために隔離された専門工房で大規模に生産。

先に述べたように古代の専業生産は他種多様な形態であったと思われるが、こうした類型が提示されたことで、専業を整理し体系的に捉えることができるようになった。また、その分類指標により、専業研究から社会の政治的および経済的側面を見通す可能性が開かれた。

D. エジプトにおける専業化研究

さて、考古学および人類学における近年のこうした専業化研究の潮流を受け、エジプト学においても専業化の視点を取り入れた研究が増えている。エジプトにおける専業化の問題は主として、社会の複雑化が顕在化する先王朝時代の研究で取り上げられており、そこでは土器をはじめ、石器や石製容器、ビール醸造などの製品生産への専門家の関与が指摘されている。こうした先王朝時代の専業化問題は、高宮氏により的確にまとめられているので（Takamiya 2004; 高宮 2003: 175-196）、ここでは土器に限定した専業化の研究例を概観したい（第16表）。

マールクレイ胎土装飾土器

土器の専業化の存在は古くから指摘されてきたが、その主な対象となっていたのが、ナカダⅡ期中葉に出現する装飾土器である。主に墓から出土することから副葬用または祭儀用としての機能が強いとされるこの土器は、エジプトで初めてマールクレイを採用して製作され、赤褐色顔料によって施された装飾文様を特徴とする。トリガーは、器形の規格化と限定的な粘土採取地の点から、限られた地域（集中工房）による専業的な大量生産を示唆した（Trigger 1983: 33）。また、

第16表 研究史による土器の生産形態

	分類指標			
	生産者と消費者の関係	地理的関係	規模	専業度
マールクレイ胎土装飾土器	従属	集中	工房	常勤
精製ナイルシルト胎土土器	独立	?	工房	非常勤
粗製ナイルシルト胎土土器	独立	?	工房	非常勤

刷新的な回転台の使用を専業化の発展と関連づけるなど，彼のこうした先駆的な指摘は，その後，装飾モチーフの分析を行った研究者からも支持されている。アクサミットは，器形や装飾要素のレパートリ，描き方等を分析した結果，どの属性も極めて類似していることから，彩文土器の一部は，ナカダからアビドスにかけた地域内の同一工房もしくは同一陶工によって製作された可能性を指摘する（Aksamit 1992: 20-21）。ニードラーも粘土採取地の視点から同じくエスナ以北の地域で，限られた工房で大量生産されていたと述べる（Needler 1984: 202）。高宮氏は，その製作に熟練した知識と技術が必要であることから，常勤の専門家による従属専業を想定する（Takamiya 2004: 高宮 2003: 175-196）。

精製ナイルシルト胎土土器

ナイルシルト胎土土器の専業化については，ナカダ文化の集落址出土土器を比較分析したフリードマンが示唆に富む多くの言及をしている（Friedman 1994, 2000）。ナイルシルト胎土土器は主に粗製と精製に分かれるが，その両者において製作に専門家が関与していたと指摘する。ナカダ全時期を通じてみられる精製胎土土器は，第5章の胎土分析でも示唆したように，精緻で混和材の少ない良質な胎土と器表面の入念な磨研を特徴とし，粗製胎土土器に比べて製作には手間と時間，熟練した技術と知識が必要な土器であり，威信財または奢侈品としての機能が推察されている。この土器は，ナカダ文化圏内の各遺跡で在地製作されているにもかかわらず，素地づくりから焼成に至る工程において製作技術が極めて類似する。こうしたことから，ナカダⅠ期から既に，上エジプト全域に広がる共通の技術に熟知した専門家が存在していたと推測する（Friedman 2000: 197）。フリードマンはまた，生産形態についても言及している。ヒエラコンポリス遺跡の精製土器を専門的に焼いたとされる焼成遺構（HK59等）が涸れ谷奥のエリート墓地の近くに位置することや，器形や大きさに画一性がある程度みられることから，世帯内生産を越えた工房生産を想定する（Friedman 1994: 876-877）。

専業度に関して高宮氏は，精製胎土土器はナカダ文化の初期から製作されおり，高度に専門化した組織であるとは考えがたいことから，非常勤での生産であったとする（高宮 2003: 186-187）。また生産者と消費者の関係については，独立専業を想定している。

粗製ナイルシルト胎土土器

一方，粗製土器は，混和材を多量に含む粗い胎土を特徴とし，いわゆる生活雑器とされる。フリードマンによれば，ナカダ文化内の遺跡（地域）ごとに粗製胎土の混和材が異なり，ヘマミエ遺跡では有機物（植物茎），ナカダ遺跡ではグロッグ（土器破砕片），ヒエラコンポリス遺跡では頁

岩破砕片の混和を特徴とする（Friedman 2000）。だがこうした地域的多様性はナカダⅡ期になると薄れ，上エジプト各地の粗製土器は画一的にスサ混粗製胎土に取って代わる（Friedman 2000: 174）[10]。この新たに出現した粗製土器には，器形の規格化が看取されることなどから，専業的大量生産によるものと了解される（Friedman 1994: 266, 912-913）。ヒエラコンポリス遺跡にみられる頁岩混からスサ混胎土へのシフトはアダイマ遺跡でも起きており，それは家内生産から規格化を伴う大量生産への変化と捉えられている（Buchez 2004b: 678-680）。

フリードマンはさらに，スサ混粗製胎土土器を主に製作していたとするヒエラコンポリス遺跡HK29の焼成窯と隣接する家屋の状況から，その生産形態は，複数の陶工による工房生産で[11]，おそらく非常勤によるものであったとする（Friedman 1994: 913）。なお高宮氏も，日用品である粗製胎土土器は製作に熟練した技術をそれほど必要としないことから，非常勤の体制であり，独立専業を想定する（高宮 2003: 191）[12]。

このように，ナカダ文化の土器生産には専業化の存在が指摘されているのだが，重要な点は，やはりナカダⅡ期に起きた土器の変化である。つまり，マールクレイ胎土の装飾土器の出現と，スサ混粗製ナイルシルト胎土土器の台頭である。どちらも規格化と大量生産が掲げられているが，その機能は異なり，前者は威信財的な奢侈品，後者は一般向けの生活雑器とされる。これによりおのずと推測される生産形態も異なり，装飾土器は常勤による従属専業，スサ混粗製土器は非常勤による独立専業となっている。社会との関わりで言えば，前者が政治的側面，後者が経済的側面となるであろう。従属専業の発展には，それを可能にするエリートの存在が必須とされるが，ナカダⅡ期には手の込んだ大型墓や神殿が出現しており，このエリートの存在は確実視される。従属専業が発達する条件は整っていたと言える。

一方，生活雑器における専業的大量生産化は，複雑化がより進行した社会の産物とされ，そうした社会の成熟度を見通すための主要な指標とされている（Rice 1981: 223; Wenke 1991: 307）。なぜなら，世帯内生産で十分まかなっていた日用品土器が，専業的陶工による商業的製品に置き換わる背景には，社会内の恒常的分業やマーケットの確立など社会の経済的発展が想起されるからである。第1章で述べたように，ナカダⅡ期中葉に都市化や対外交易の活発化がみられるが，それに伴い国内の経済活動もより発展したに違いない。

ただ，こうした専業化の問題に対して，実際に考古資料の分析結果を明示して論じた研究事例はほとんどない。例えば，規格化や大量生産といった専業化が想定されるスサ混粗製土胎土土器について，フリードマンは上述したようにヒエラコンポリス遺跡HK29の分析を通じて土器の専業化を示唆しているが，その規格化を示すデータは開示していない。同じくヒエラコンポリス遺跡の土器を扱ったゲラーやハーランは（Geller 1984; Harlan 1985），法量分析や変動係数（CV）を用いて専業化について言及しているものの，規格化を指し示す明瞭な分析結果は得られず，ハーランにおいては「セミ・スペシャリスト」の可能性を記すに留まっている（Harlan 1985: 185-205）。彼らが納得いく分析結果を得られなかった理由は，表採資料を主な対象としているからと思われる。その点，HK11C SquareB4-5の調査では，スサ混粗製胎土土器が焼成遺構と共に大量に出土

第2節 専業化からみた生産形態　193

しており，コンテキストの明確な発掘資料を定量的に分析することが可能な状況にある。よって以下では，スサ混粗製土胎土土器の専業化を検討し，その生産形態について再考してみたい。

3　スサ混粗製土器の専業化に関する分析

コスティンによる分類指標はさまざまな側面を持つ専業をいかに分類し記述するかの視点を与えてくれるが，それら全ては専業あっての議論である。エジプト先王朝時代のスサ混粗製土器は非常勤の独立専業で，大量生産との見解が提示されているものの，まずは専業の存在を確認し，その「度合い」を認識するための分析が必要である。考古学的にそれを探るには，製作址などの直接的資料の考察と，製品などの間接的資料の分析の2つがある。後者に対しては以下に詳述するように，規格化，効率性，技術，分布パターンといった観点からの分析方法が挙げられる（Costin 1991: 18-43）。

A. 分析方法

規格化

規格化は専業化研究で頻繁に用いられる視点であり（Blackman et al. 1993; Costin and Hagstrum 1995; Sinopoli 1988; 小林 1998），その分析はある仮説にもとづいている。すなわち，「生産性が高まり，かつ生産者が限定されると，製品にみられる均一性は高まる傾向にある」とする考え方であり，そこから逆に，製品にみられる均一化（規格化）の度合いを調べることで，専業化の度合いも推し量れるというのが規格化の分析視点である（Blackman et al. 1993: 61）。高い規格性は専業化された大量生産の存在を，逆に多様性が強ければ専業度の低い世帯内生産を推察することができる（Costin 1991: 35-36; Rice et al. 1981: 222）。実際の分析方法では，法量分析が最も一般である。これは各属性における変異のばらつきの度合いによって規格性を計る方法であり，変異幅がより小さくまとまれば，高い規格性を想定することができる。

この規格化の分析を検証した研究例に，ブラックマン等によるシリアの土器分析がある（Blackman et al.1993）。彼らは，レイライン遺跡の都市化以後（前2500-2200年頃）の層で出土した過焼成不良品土器の一括資料を用い，胎土の科学分析（中性子放射化分析）と口径や器厚などの法量分析から，大量生産における規格化について検討を加えた。その結果，一括資料には大量生産をも想定できる高い規格性が認められ，土器の規格化分析において法量と胎土の視点は有効であると結論付けている。ただこの視点は，一括遺物のような場所と時間が限定された資料においてのみ効果を発揮するとも指摘する（Blackman et al. 1993: 77）。

また，こうした分析の際に留意すべき点として，規格化は相対的な概念であるため，資料群間の比較検討が必須とされている（Blackman et al. 1993: 61; Costin 1991: 35）[13]。そこでしばし実施される分析手法に，変動係数（CV）がある。これは標準偏差を平均値で割ったもので，諸属性に固有のスケールが除去されるため，他の属性やコンテキストの異なる資料群間の比較が可能になる。

効率性

効率性も専業化研究に度々取り入れられる視点である（Feinman *et al.* 1981; Hagstrum 1985）。工芸における効率性とは低コストの生産を意味し、効率的（低コスト）な生産であればあるほど、専業性も高くなると考えられている（Costin 1991: 37）。つまり、最小努力による最大効果の獲得といった機能主義的な考え方である。効率性を計る方法は様々であるが、なかでも製作技術にみられる効率化や労働投下量の推定がしばしば取り上げられている[14]。製作技術からの推測では、例えば土器に関しては、轆轤や専用工具の使用は効率性を高めるものと言えるだろう。ただ効率性の視点は、主に独立専業において有効であり、従属専業では効率性を度外視した生産が行われるため不向きとされる（Costin 1991: 38-39）。

技　術

一般的に、専業度および生産性が増すと製作者の技術も向上すると考えられ（Costin 1991: 39-40）、そこから逆に製品にみられる技術レベルから専業化を推し量るという視点である。従属、独立の両者にあてはまることだが、専業生産ではミスの少ない安定した技術が求められることから、それを可能にする熟練技術の存在から専業化を想定できる。特に従属専業においては、威信財等の製品にみられる卓越した技術も1つの指標となる（Rice 1981: 220）。

分布パターン

生産グループの違いは製品の差（属性変異幅の差）に反映されるとの仮定に基づき、1遺跡における遺物群の変異差が低ければ、少数グループによる高い専業化を推測する方法である（Costin 1991: 41）。またそれが地理的に偏った分布を示していたら、そこには集約的な専業生産を想定することができる。従属専業においては特に、その分布の偏りが顕著になる傾向が強い（Rice 1981: 223）。

B. 規格化の分析

以上4つの観点から、HK11C Square B4-5 土器焼成遺構の専業化について、スサ混粗製胎土土器の中でもここの主要生産品であるモデルド・リム壺を対象に考察する。なおこの4つのうち、規格化と効率性を分析の視点とし、それ以外は解釈の際に用いることとする。

法量分析

規格化については、研究史で一般的に用いられている法量分析と変動係数（CV）分析を行う。属性としては口径、器高、胴部最大径、器厚などが挙げられるが、ここでは口径のみを取り上げる。出土した土器はほぼ全てが破片であるが、その中で口縁部が残る土器片が最も器種タイプの判別が容易でかつ一定した計測が可能であり、これまで出土した口縁片の全点がデータ化されているからである。ただ、口径が土器の全体的プロポーションをどこまで反映するのか定かではない。そこで参考として、HK6 エリート墓地出土の完形土器の法量値をみてみると（第102図）、若干の乱れはあるものの、口径値が上がるにつれ器高と最大径の値も概ね上がっている。口径の規格化が器形全体の規格性を表すとは確実に言えないものの、規格化分析の一指標として口径値は有効であろう。

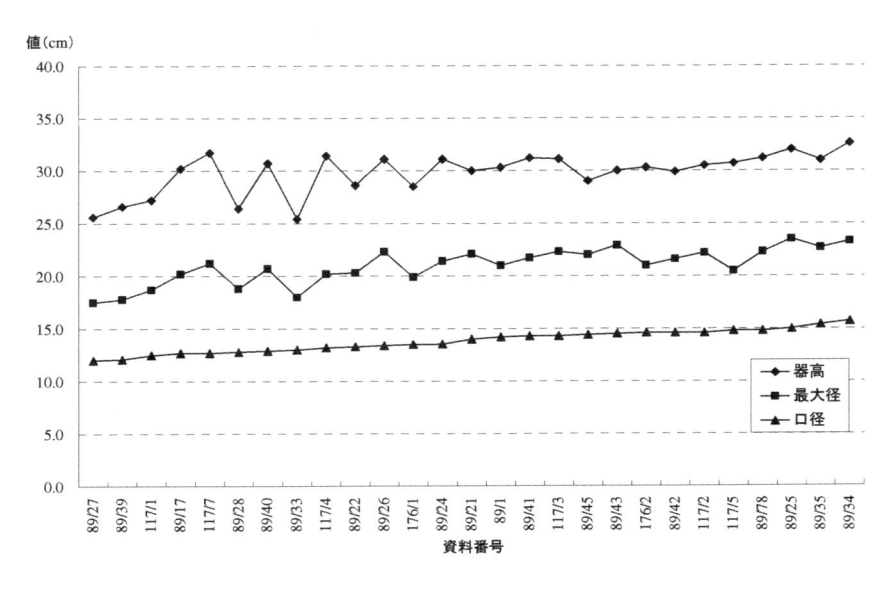

第 102 図　HK6 エリート墓出土完形土器の口径と器高および最大径の関係

　なお，資料の精度を高めるため，表層の出土資料は除外し，コンテキストが明確な上層と下層の資料を扱う。総点数は 449 点である。

　口径分析

　モデルド・リム壺の口径値の分布を第 103 図に示した。一瞥して明らかのように，出土頻度は上層では 16cm から 20cm に，下層では 14cm から 18cm にまとまる傾向を示している。その中でも特定の値に集中しており，上層では 18cm，下層では 16cm と 18cm である。この点は極めて興味深く，HK11C で製作された製品規格の時期的推移を表しているかもしれない。つまり，当初は口径 16cm と 18cm の 2 つの規格が指向されていたが，やがて 18cm の規格に統一されたと考えられる。これは下層に中型壺，上層に大型壺がそれぞれ多く出土する傾向に呼応したものと思われる。いずれにせよ，口径値の分布からは上下層ともに変異幅の集中が認められ，明らかな規格化が看取される。

　変動係数分析

　次に，この認識された規格化を客観的に評価するために，変動係数（CV）による比較を行う。CV とは標準偏差を平均値で割ったものであるが，その値が低いほどまとまりの度合いが高く，よって規格性も高いとみなすことができる。第 17 表では，比較のために HK11C Square B4-5 で出土した代表的な他の器形タイプのデータを載せた。モデルド・リム壺の 1-2b タイプは，上層では外れ値が多いためかさほど低い CV 値（30.88）ではないが，下層では 21.41 と他のタイプと比べても格段に低い値を提示している。上・下層の総合でも CV 値 27.63 と，その差は僅かではあるものの最も低い値である。なお，外れ値を除外した CV 値をみた場合，その低さは歴然である[15]。

上層

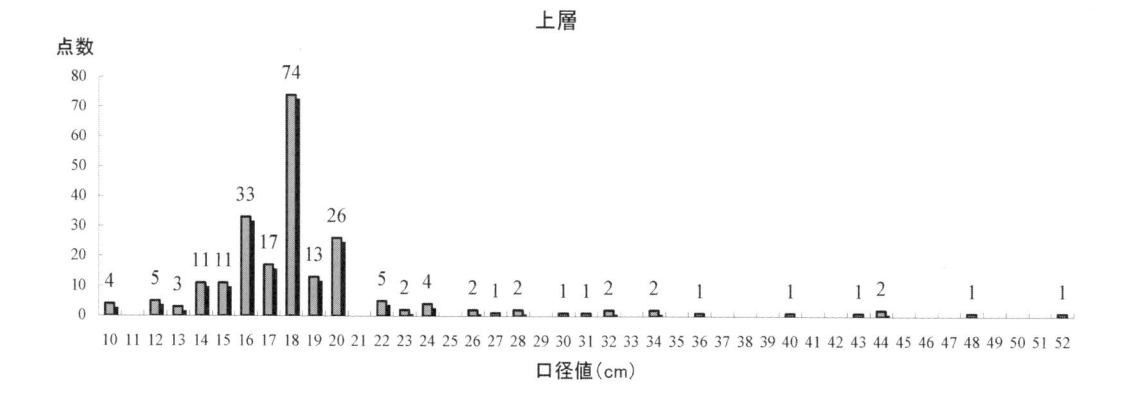

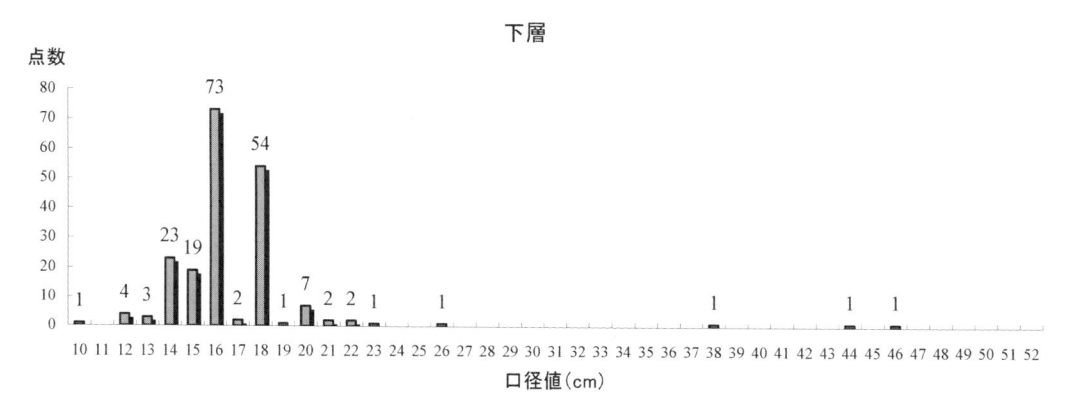

[Histogram with values: 10:4, 12:5, 13:3, 14:11, 15:11, 16:33, 17:17, 18:74, 19:13, 20:26, 22:5, 23:2, 24:4, 26:2, 27:1, 28:2, 30:1, 31:1, 32:2, 34:2, 35:1, 40:1, 43:1, 44:2, 48:1, 52:1]
口径値(cm)

下層

[Histogram with values: 10:1, 12:4, 13:3, 14:23, 15:19, 16:73, 17:2, 18:54, 19:1, 20:7, 21:2, 22:2, 23:1, 26:1, 38:1, 44:1, 46:1]
口径値(cm)

第103図　HK11C Square B4-5 出土モデルド・リム壺の口径値

　さらに，ヒエラコンポリス遺跡の他の遺構との比較も試みたい。ゲラーとハーランが報告しているCV値との比較である[16]。彼らが提示するデータは基本的には表面採取によるものなので，純粋に比較することはできないが，赤色磨研土器の焼成施設とされるHK59では簡単なトレンチ発掘も実施されているので，大まかな比較対象にはなるだろう。HK59資料の中で点数の多い上位3タイプを表7-3に載せた（Geller 1984: 163-166）。ここで専門的に生産されたとされる赤色磨研の精製土器（2-1b，2-1d）と比較しても，HK11C Square B4-5の粗製胎土モデルド・リム壺のCV値は低い。また，ハーランが報告する遺構と比較しても（Harlan 1985: 74-279, tableVI1-5），HK11Cの精製の2-1bタイプやHK22の1-1aタイプなどCV値の低いものがあるものの，Square B4-5のモデルド・リム壺はやはり相対的に低いと判断される。ちなみに，これらの比較資料をみると，どの遺構においても最も低いCV値を示しているのは，ほぼ全て1-2bタイプのモデルド・リム壺である点は注目される。

　なお，ここに載せたデータで興味深い点がもう一つある。ゲラーが提示した同形のモデルド・リム壺の口径平均値に注目すると，おおむね14〜20cmの範囲内に納まっている。これはSquare B4-5資料の平均値と近似している。また，このタイプが多く出土する窯址遺構のHK29とHK25Dでも，口径値は前者が14〜18cmに，後者は若干幅があるが12〜20cmに収斂するという

第17表　口径の法量比較

器形タイプ	点数（計測可能資料）	平均値（cm）	標準偏差（S.D.）	変動係数（C.V.）	変動係数（外れ値除外）
＜HK11C SquareB4-5＞					
1-2b total	449	17.90	4.95	27.63	14.62（外れ値16点）
1-2b upper	226	18.85	5.82	30.88	17.66（外れ値13点）
1-2b lower	223	16.94	3.63	21.41	11.75（外れ値3点）
1-1a	27	42.70	12.28	28.75	24.92（外れ値3点）
1-2a	63	38.71	11.52	29.76	23.55（外れ値4点）
1-2n	98	67.04	19.80	29.53	28.34（外れ値2点）
2-1a	34	21.79	6.94	31.83	30.11（外れ値1点）
2-1c	31	20.74	6.71	32.34	32.34（外れ値0点）
2-1d	33	20.74	7.44	35.88	27.56（外れ値3点）
＜HK59 + 59A（Geller 1984）＞					
1-2b	37	21.54	7.00	32.51	
2-1b	50	23.80	9.26	38.92	
2-1d	105	21.58	8.77	40.65	
＜HK11C（Harlan 1985）＞					
1-2b	25	16.16	4.52	28.00	
2-1b	52	17.07	4.39	25.74	
2-1c	57	12.64	4.14	32.74	
＜HK22（Harlan 1985）＞					
1-1a	13	20.53	5.22	25.42	
1-1b	20	39.10	12.69	32.47	
1-2b	101	17.49	3.74	21.41	
＜HK34（Harlan 1985）＞					
1-1a	10	24.10	14.20	58.92	
1-1b	16	28.50	10.45	36.68	
1-2b	144	14.57	3.47	23.87	
＜HK29 Grid south（Harlan 1985）＞					
1-1c	52	32.75	10.30	31.46	
1-1j	15	20.13	6.72	33.41	
1-2b	182	14.68	3.51	23.91	

（Friedman 1994: tables 9.12, 20）。つまり，スサ混粗製胎土のモデルド・リム壺にみられる規格化はSquare B4-5だけでなく，ヒエラコンポリス遺跡全体の現象と捉えることができる。さらに，近接するアダイマ遺跡でも，ナカダⅡ期以降，同じ器形に規格化が認められるとされ（Buchez 2004b: 679-680），規格化製品の生産は上エジプト南部一帯に及んでいた可能性が高い。

効率性

効率性の問題に対しては，胎土の特性に注目したい。岩石学的に精製土器と比較することで，スサ混粗製土器の胎土製作時の効率性を考えてみたい。

5章の胎土分析では，精製土器はきわめて良質な胎土であることが明らかになったが，これは

均質で細かなシルト質の基質と，含有鉱物の大きさがほぼ均一で一様に分散している点を特徴とする。一方，スサ混粗製土器は基質は粗く，含有する鉱物も大きさが不均一であり，空洞も多い。素地づくりに関しても，精製土器では水簸(すいひ)の実施がほぼ確実視されたが，粗製土器に関しては，水簸はされず，せいぜい大きな夾雑物を取り除く程度と考えられた。つまり良質胎土の精製土器に比べて，粗製土器の胎土はきわめて粗悪と評価される。だが，この質の悪い胎土も，効率性の点からみれば，水簸という手間を省いた低コストの製作と捉えることができる。

しかし，水簸は粘土の粒子をきめ細かくし，土器粘土に必要な粘性（可塑性）をもたらす重要な作業なので，粗製土器の製作でこの作業を省いたならば，それによって生じる弱点を補う必要がある。その役目を担うのがスサである。第5章で既に指摘したが，水分を多く含んだ粘土であればスサを混和することによってその粘性を高めることができ，それは製作時の効率性を高める効果につながる。つまり，スサは水分を吸収してくれるのですぐに使用することができ，かつ高い粘性は成形を容易にしてくれる。また，収縮やひび割れに対する抵抗力が増すため，乾燥時のケアもそれほど必要としない。焼成時においても，スサの混和材は胎土に「あそび」をもたらしてくれるので，急激な温度上昇による熱衝撃にも耐えられるようになり，破損品の軽減につながる。第6章で復原したHK11C Square B4-5の覆い型野焼きの焼成方法を考えると，それに適した胎土と言える。さらに，HK11Cのスサ混粗製胎土土器は近隣で採取できるマスマス粘土を利用し，成形・調整工程では回転台と製陶工具を使用するなど，製作工程全体において生産の効率性が窺われるのである。

このようにスサ混粗製土器は，効率性を指向した専業的生産体制によって製作されたものと評価できる。

C. 生産形態の考察

以上，規格化と効率性の観点から分析を行ったが，スサ混粗製胎土のモデルド・リム壺には専業化の特徴が明瞭にみられ，先行研究で指摘されていた専業生産は追認された。研究史では，スサ混粗製土器は生活雑器で非常勤による独立専業と解釈されているが，ここで今一度，生産形態の具体的な内容について，コスティンの分類指標に則して考えてみたい。

規模

まず規模についてであるが，これは遺構の状況を加味する必要がある。HK11C Square B4-5では，下層にて少なくとも5基のピット窯が確認されている。第6章でも述べたように，覆い型野焼きによる積み重ね焼成であれば，1つのピットで中型壺が一度に20個ほど焼成できる計算になる。そして5基が同時に稼働したと仮定すると，1回の火入れで焼成される土器の数は100個近くにのぼる。ナイル川流域の民族例では，昇焔式窯であれば1回に中～大型の土器が500～700個（Nicholson and Patterson 1985: 230; 齋藤 2005: 96），開放型野焼きでは，小型～中型土器が15～80個（Tobert 1984b: 225; 齋藤 2005: 89）と報告される。また，民族例を参考に推定した西アジア先史時代の昇焔式窯では，小型鉢形土器を最低184個焼成できたとする（常木 1997: 183）。つまり，相対的にみて100個という生産量は，昇焔式窯にはやはり劣るものの，だが開放型野焼きに比べ

れば確実に高い。ここでは個人や家族による世帯内生産の規模を超えた生産が行われていたと想定される。

そしてSquare B4-5の上層では、焼成施設はプラットフォーム状の規模の小さい遺構のみであるものの、柵で囲われた矩形の遺構が検出されており、その内外から検出された製陶工具のカシェや、粘土混練場、炉址などが見つかっていることから、この遺構は土器製作の工房であったと考えている（第4章参照）。その規模は少なくとも3.5×4mはある。さらに上下層共に、製陶工具の出土数は1500点以上にものぼり、上層の工具カシェでは、多いもので554点の製陶工具が含まれていた。こうしたことから、Square B4-5は複数人の陶工が集まって作業した工房であったと解釈して良いであろう。

ところで、既往研究ではスサ混粗製胎土土器は大量生産とされるが、具体的には何を基準に識別できるのであろうか。コスティンによれば、大量生産とは高度に規格化されたものとし（Costin 1991: 35）、ライスはその要素として、迅速で画一的な生産を可能にする工具、法量値の規格化、貯蔵や運搬が容易な器形、そして工房における原料や製品の置き場の存在を挙げている（Rice 1981: 223）。つまり大量生産は高度な規格化、それを可能にする道具と恒常的な設備の存在により識別されるわけだが、これまで示してきたように、回転台や製陶工具など、モデルド・リム壺はそのほぼ全てを兼ね備えており、推定される一度の焼成個数からしても、先行研究同様、大量生産であったと判断してよいであろう。ここでの専業形態は、複数の陶工が集まった工房による大量生産であったと考えたい。

専業度

次に専業度に注目したい。専業度が増すと製作の技術レベルも向上するとされるが、スサ混粗製胎土のモデルド・リム壺は、彩文土器などの威信財的な逸品にみられる技術要素はないものの、6章で示したように定型化された成形技法と、製陶工具と回転台を駆使して製作されている。これが規格性をもたらしているのであるが、こうした技術の確立は、熟練した陶工の存在と、その技術情報の共有と継承があったことを物語っており、そこには高い専業度が窺われる。

専業度は常勤、非常勤の問題となるが、ケーラーは下エジプトで常勤陶工の出現が遅れた理由の1つにデルタの気候を挙げ、冬場の多雨で高湿の気候により1年間を通じて働くことが困難だったと述べる（Köhler 1997）。また、小泉氏は西アジアにおける常勤的陶工の出現を示す考古学的証拠に、そうした雨風をしのぐ屋根の存在を挙げている（小泉 2000: 28）。確かに先王朝時代の上エジプトは、デルタほど高湿多雨ではないが、サバンナ的気候であったことから現在よりも雨量は比較的あったことが予想される。家屋の構造については、HK11C Square B4-5では柵の木杭しか検出されてないが、同じナカダⅡ期の陶工の家屋とされるHK29では、床面の検出状況等から屋根を持つ構造が復原されており（第104図）、当時、年間を通じて常勤的に作業できる環境条件は十分備わっていたと言える。

先行研究では粗製胎土土器の生産は非常勤との見解が強いが、本論では、常勤に近い陶工による専業的生産であったと考える。

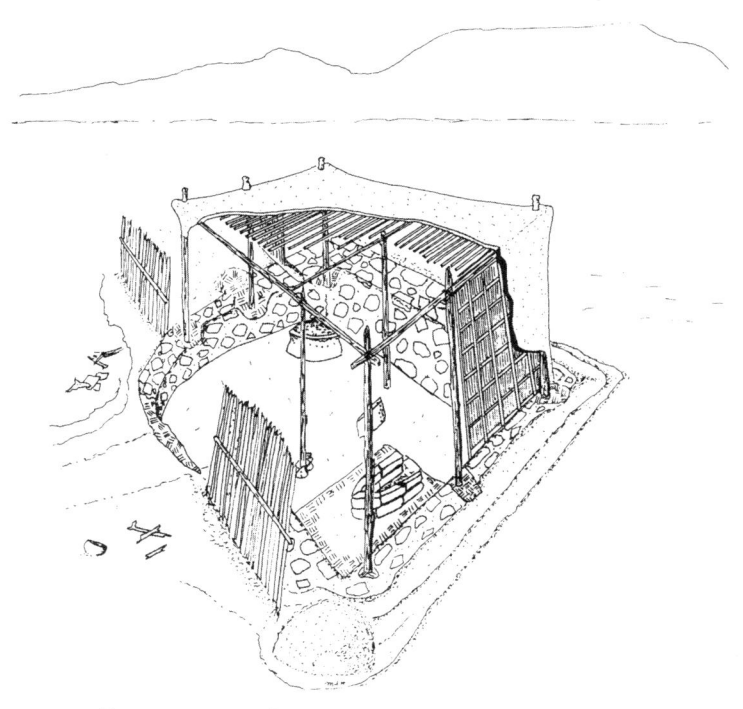

200   第7章　製作技術と生産形態

第104図　HK29家屋の復原図（Hoffman 1982: fig.VI.4）

地理的関係

　それでは地理的関係の指標についてはどうか。つまり生産者と消費者の距離の問題であるが，これは HK11C Square B4-5 の立地環境が鍵となる。第5章の胎土分析が示すには，涸れ谷内の HK11C ではスサ混粗製胎土のみ近隣で採取できる粘土を利用していたが，その他の在地土器は基本的に緑地帯付近の粘土が用いられ，おそらく製作もそこで行われていたであろう。確かに，涸れ谷内の古環境は緑が繁茂するステップ的植生とされ，HK11C は集落（settlement）と呼ばれているが，やはり主要な集落域は緑地帯付近であったであろう（Hoffman 1982a: 129-132）。そこが当時の一般的なマーケット（消費者）であったと考えると，約2kmも離れた涸れ谷内に工房と焼成施設を構えた理由があったに違いない。それは，HK11C の対岸に位置する HK6 のエリート墓地に供給するためであったと思われる。HK6 はナカダⅡA期からⅢC期まで断続して営まれた支配者層の墓地であるが（Adams 2000: 179-182），近年の調査により，ナカダⅡA-B期の23号墓では墓坑を取り囲むように木柱と柵で囲われた大小様々の付属施設が検出されており（Friedman 2006, 2007, 2008b），それは王朝時代のピラミッド・コンプレックスを彷彿とさせる壮大なものである（第105図）。ちなみに，ダハシュールやアブシールのピラミッド・コンプレックスでは窯を伴う土器工房が検出されており（Stadelmann 1983; Verner 1992），それは王の死後も継続して行われる葬送祭祀用の土器を生産していたとされる。このことから HK11C Square B4-5 の土器工房でも，エリートの副葬品やそこで執り行われる祭祀の維持がその稼働目的に含まれていたものと推察される（Geller 1992: 173）。事実，HK6 エリート墓では，第6章の分析に用いた資料をはじめ

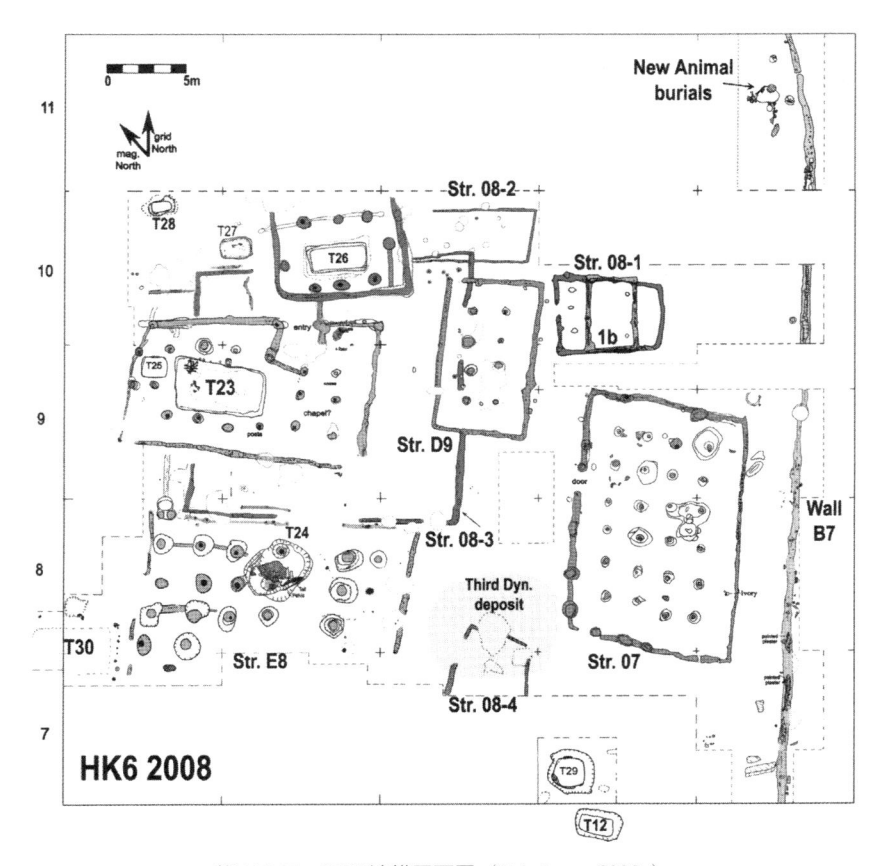

第 105 図　HK6 遺構平面図（Friedman 2008a）

スサ混粗製胎土のモデルド・リム壺は数多く出土している（Adams 2000）[17]。つまり，HK11C は単なる集落域ではなく，エリート墓地に関連した生産地区であり，地理的に隔離された集中工房であったと筆者は考える。

生産者と消費者の関係

　最後に，専業化研究で最も重要視される生産者と消費者の関係，従属か独立かの指標についてである。これまでの研究ではスサ混粗製土器は独立専業とみなされているが，上述したエリート墓地との関連を考慮すると，このモデルド・リム壺に限っていえば，彼らをパトロンとする従属専業であったと想定される。王朝時代のピラミッド・コンプレックスにおける祭祀活動を目的とした土器生産は，行政組織に統制された従属専業とされる（Köhler 1997: 86）。先王朝時代ではこうした管理下にあるお抱えの土器生産は，製作に手間と高度な技術を要するマールクレイ胎土の装飾土器のみとされているが，簡素な粗製胎土土器の生産を従属専業とみなすには，土器自体ではなく容器としての用途が重要となってくる。

　HK11C Square B4-5 のモデルド・リム壺の最も可能性が高い用途は，ビールの容器である。4章で示したように，土器焼成遺構に併設されるかたちでビール醸造址と思われる大甕遺構が検出

されていることから，ここではビールを醸造し，それを詰めるビール壺を専門的に生産していたと推察される。確かにスサ混粗製胎土土器の用途については，集落址を中心に出土していることから生活雑器と一般的に了解され，食卓器や貯蔵としての用途が考えられているのだが，壺形土器に関していえば，ビール壺であったことが示唆されている。細身で器表面の粗いいわゆるビール壺の出現はナカダ III 期以降になってからであるが（第 106 図），その祖形がこのモデルド・リム壺（ピートリ分類では R81）であると指摘されている（Hendrickx et al. 2002: 293-294）。事実，HK11C Square B4-5 のみならず，HK24A とそれに隣接する HK25D，近年発見された HK24B や HK11C Square A6-7 など，ビール醸造址とされる遺構ではどこでもモデルド・リム壺が出土アッセンブリッジの主体を成しており，壺内のビール残滓はこれまで確認されていないが，フリードマンはビールを分配するための容器と解釈している（Friedman 1994: 676）。近傍のアダイマ遺跡でも同じく，ビール壺との見解が示されている（Buchez 2004b: 681）。

このようにこれがビール壺であれば，その製作もビールづくりの生産システムに組み込まれていたのであろう。HK24A を発掘したゲラーによれば，ビール醸造には専門的知識と配慮が必要であることなどから，熟練した技術を有する職人の存在を指摘している（Geller 1992: 170-171）。近年のビール研究によれば，その酒造方法はちぎったパンを水に浸して発酵させるという単純なもの（Darby et al. 1977 : 538-539）ではなく，酵母種を用いたより複雑な工程であったとされ（Ishida 2002; Samuel 2000; 吉村 2004），ヒエラコンポリス遺跡の事例でも近年の分析により後者の複雑な方法が示唆されている（Fahmy et al. 2008; 馬場 2006b）[18]。後者の方法では，酵母の安定的な維持と管理が必要であり，ゲラーの指摘どおり，そこには専門的職人の存在とそれに専念できる専業的生産体制を想定せざるを得ない。そして，ビールがアルコール飲料であることを鑑みると，エリート墓地に隣接する HK11C のビール生産は，彼らの副葬品のみならず，墓前の葬送祭祀や儀礼的宴会（Lavish funeral feast）[19] で振る舞い，その再分配を通じてエリートが社会を統制する目的であったとみなすこともできる[20]。

これはゲラーも指摘するところだが，当時のビール醸造がエリートによって管理・運営された従属専業であった可能性は極めて高く（Geller 1992: 169-173），よって，HK11C のビール壺の生産体制も同じく従属であったと考えられる。

D. ま と め

以上により，HK11C Square B4-5 におけるスサ混粗製胎土モデルド・リム壺の生産形態は，常勤的な陶工によって大量生産を行う集中工房であり，それはビール醸造に関連したエリートお抱えの従属専業であったと想定される。コスティンの類型によれば，専属工房あたりに該当するだろう。一般的に，高度な技術を有する逸品的製品が従属専業であり，規格化と効率の指向性が高く大量生産である場合は独立専業とみなされがちであるが，それ自体に付加価値のない粗製土器でも，用途によっては従属専業になることは十分にあり得るであろう。

ところで，製品がビール壺となると，法量分析でみられた高い規格化には相応の意味があったのであろう。つまり，容量の標準化である。バルタによれば，第 5 王朝のビール壺は概ね 2.4 リッ

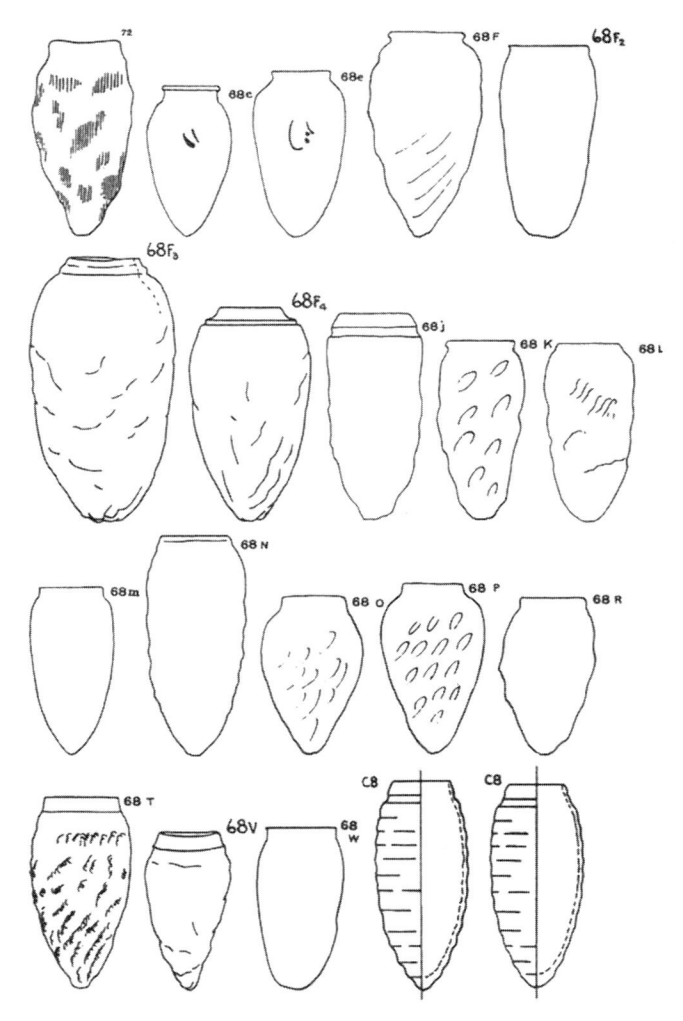

第 106 図　ナカダⅢ期以降のいわゆるビール壺（Hendrickx et al. 2002: fig.4）

トルの容積に規格化されており，これは 1/2 ヘカト（容量単位）に相当する（Barta 1996）。ビール壺は当時，それ自体が経済の単位として機能していたという。こうしたシステムがすでに先王朝時代に確立していたのであろう。なぜなら，基本的に保守的な土器の製作技術が高い規格性を生み出すものへと変容するには，それを必要とする社会的需要があったからに他ならない（小林 1998: 135）。それは再分配を求めるエリート，または経済活動の発達によるものであったであろう。

第 3 節　小　結

　本章では，技術の工程連鎖と変遷を再構築し，そして専業化と生産形態の観点から土器文化と社会の関わりについて検討を行った。技術変遷からは，ナカダⅡ期にその画期が見いだされ，そ

れはスサ混粗製ナイルシルト胎土とマールクレイ胎土にみられる回転台と製陶工具，そして昇焰式窯という新たな技術の選択であった。そして専業化の分析により，このⅡ期に登場するスサ混粗製胎土の中には，マール胎土と同じく，従属工房による大量生産の形態も存在したことが推察された。つまり，ナカダⅡ期の技術変化は，こうした生産形態の変容に対応した技術選択の結果なのである。

　スサ混粗製にみられるエリートお抱えの常勤的従属専業は，マールクレイ胎土の装飾土器にも想定されている。ナカダⅡ期に台頭するこれらの土器は，生産体制の大きな転換期を示すものであり，それはナカダ文化の社会的趨勢と連動したものであったに違いない。同様な転換はデルタのブト・マーディ文化でも看取され（Faltings 2002; Maczynska 2004），テル・エル＝ファルカ遺跡では，ナカダⅢ期に，回転台の利用が一般化すること，野焼きから窯焼成へと焼成方法が変化すること，そして器形の規格化が顕著になることから，世帯内生産から専用工房をもつ生産形態への変容が指摘されている。そして，その変化をもたらした要因が，ナカダⅡ期末以降に始まるナカダ文化の流入であるという（Maczynska 2004: 437-440）。

　このことからも，ナカダ文化内では北への拡散に先行するナカダⅡ期に，より専業性の高い生産体制を必要とする社会への変化，つまり既往研究で指摘される階層化や労働分化，経済・交易活動の活発化といったエリート層の誕生と発展がもたらす社会変革が確実に起きていたのである。

　ところで，こうした生産形態の変容のなかで，その行為者である陶工と技術の来歴はどこに求められるのであろうか。

　スサ混粗製胎土の土器は，工程連鎖をみる限り，伝統的な技術体系を基礎とすることから，その製作者はそれまで精製土器をつくっていた陶工と同じ流れを汲むものと考えられる。これは器形の点からも支持される。ヘンドリックスによれば，最も古いスサ混粗製胎土の土器は，6章で分析対象としたHK6エリート墓地出土の中型モデルド・リム壺であり，その器形は同時期の黒頂土器と相似するという（Hendrickx 2008）。その一方で，本論の胎土分析では精製と粗製で粘土の採取場所が異なることも判明している。つまり，ヒエラコンポリス遺跡におけるスサ混粗製の陶工は，精製土器の製作で培った技術を基礎に，粗製土器の大量生産に適した新たな知識と技術を開拓し，精製土器とは異なる独自の生産体制を確立していったと言えるのではないだろうか。

　一方，マールクレイ胎土土器については，石灰質粘土という新たな原材料であるため，その来歴を探るのは難しい。この胎土の土器は威信財の意味合いが強のだが，特にナカダⅡ期中葉に登場する装飾土器は，動植物や石製容器を模倣した文様が多く，陶工はそれがよく映えるように，クリーム色に焼き上がるマールクレイの利用に乗り出したとも推測される。ただ，粘土の特性は既存のナイルシルトと異なることから，その開発には新たな知識と技術が必要となる。工程連鎖にみる新たな技術要素は，回転台と昇焰式窯であるが，回転台の利用はナカダⅡA-B期に既に始まっていたので，かかる問題は昇焰式窯となる。上述したように，確かにこの時期，日乾煉瓦などの建材は存在していたが，その築窯や操業には高い技術と経験が必要であるため，既存の技術体系では対応できない。齋藤氏は，昇焰式窯を含めたマールクレイに関わる一連の技術は外来

のものであり，レヴァント・メソポタミア方面からの陶工集団の流入であった可能性を指摘する（齋藤 2006）。ポラートも近年，アビドス遺跡 U-j 墓（ナカダⅢA 期）出土のいわゆるレヴァント産ワイン壺を胎土分析し，その生産地がエジプトのケナ地域であると結論付け，レヴァントからの技術の移転または陶工の移動を示唆している（Porat and Goren 2002）。本論の胎土分析でも，石灰質粘土の採取地はエスナ以北と地理的に限定されることが示唆され，アビドス対岸のケナ地域では，既にナカダⅡ期中葉から外来の陶工または技術を受け入れ，それがエジプトにおけるマールクレイと昇焔式窯の開発をもたらした可能性はあるだろう。ナカダⅡ期中葉は，エリート層によるレヴァント方面への対外交易の活発化の時期である。エリートの要求に答えるため，この地の陶工は外来技術を取り入れ，エジプトに新たな土器を誕生させたのかもしれない。

註
1) これらは 1969 年にカイロの骨董店で一括購入されたものであり，その出土地や入手経路については不明である。資料化にあたっては吉村作治先生に許可を頂戴した。
2) フリードマンも，概ね閉じた器形では垂直方向の磨研後に，口縁付近を水平方向に磨いていると記している（Friedman 1994: 191）。
3) 筆者が実際に黒頂土器を製作した際の経験では，部分ごとに上下に何度か往復して磨研する方法が簡便と思われたが，実際の資料では，磨研の筋が口縁から底部まで途切れることなく伸びている例が多く，縦方向の磨研は，上から下に一回のストロークで胴部全体を磨いていたようである。
4) 断面に灰色層を残す例も確認されるが，これは煤切れ後の還元焔によるものとされる（Friedman 1994: 158）。
5) 常木氏によれば，焼成斑（黒斑）のない土器の存在は昇焔式窯が利用されていた傍証となると述べる（常木 2005: 77）。
6) この博物館の資料は，ピートリの調査した上エジプトの遺跡の出土遺物が大部分を占める。
7) パインはカイザーの時期編年を採用しているため，ここではヘンドリックス編年に修正して用いた。
8) 齋藤氏はマールクレイの開発に伴う技術体系の来歴をレヴァント方面に求めている。
9) 西秋氏によるこの論攷では工芸の専業化に関する近年の研究動向が的確にまとめられており，本論では専業に関する術語をはじめ，多くを参考にしている。
10) このスサ混粗製土器も精製土器と同様，特定の集約的生産地から分配されたのではなく，各地で製作されたという（Friedman 1994: 913-914）。
11) フリードマンは，household workshop と記述しており，複数の陶工が従事する工房生産ではあるが，世帯内生産に限りなく近いものを想定していると考えられる（Friedman 1994: 912）。
12) 粗製土器が独立専業かについての言及はなく，表に「独立？」として記されている（高宮 2003: 192 表 7）。
13) なお，規格化分析においては，意識的属性（intentional）と無意識的属性（mechanical）を見極めて，属性抽出および分析をしなければならないと言う（Costin 1995: 622）。意識的属性とは，制作者によってコントロールされるもので，土器においては形態，大きさ，胎土など，機能を反映する属性である。無意識的属性とは，制作者が経験的に体得した技術，製作時のクセなどで，同一器形内にみられるマイナーな変化がそれにあたる。

14) 労働投下を考古学的に検証するのは難しく，主に民族誌資料からの推測，またそれによって構築された方法から推定される。例えば，フェインマン等が提示したプロダクション・ステップ・インデックスは（Feinman et al. 1981），民族誌を参考に土器製作の各作業にポイントを与え，総合ポイントの多さで労働投下量を計るもので，有効な方法として使われている（Costin and Hagstrum 1995）。

15) CV 値を求める際，外れ値（outlier）を除外するのが一般的であるが，以下で比較対象とするゲラーがそうした操作を行ったか不明であるため，ここでは除外しない数値を主に用いた。

16) 第 17 表に載せたデータは，彼らが提示したデータの一部であり，資料数の極端に少ないタイプは除外した。

17) また最近の調査では 23 号墓等でもやはりモデルド・リム壺は数多く検出されている（Friedman: pers. comm.）。

18) 儀礼的宴会は近年，人類学の分野で取り上げられている（Hayden 2009）。部族社会などでは，ある一族の有力者がウシやブタ，アルコール飲料，希少品などを人々に振る舞う宴会がある。この浪費ともいえる儀礼的宴会は，社会構成員の紐帯の強化，そして他グループへの富と権力の誇示がその目的とされる。

19) 考古学の分野でもアルコール飲料の機能については論じられており，複雑化社会においてエリートはビールを構成員等に分配することで社会統制を図っていたとする（Joffe 1998; Arnold 1999）。

20) 現在，ファハミー等によって HK11C Square B4-5 および HK24B で検出されたビール残滓および周辺の土壌サンプルの SEM 分析が進められており，その予備分析の結果，サワー種を使い，麦芽づくり，麦汁づくり，発酵の工程を経る方法であったと予察されている（Fahmy et al. 2008）。

終　章　まとめと展望

第1節　ま　と　め

　本論では，これまで不明な点が多かった先王朝時代の土器製作技術の解明を第1の目的とし，ヒエラコンポリス遺跡の資料を主な対象として，胎土分析と製作痕分析から検討を加えた。そして，その分析結果を踏まえ，第2の目的である土器文化と社会の関連について，専業化と生産形態の視点から検討を加えた。

　胎土分析では，ヒエラコンポリス遺跡で普遍的にみつかる主に4つの胎土グループについて，製作工程の粘土採取，素地づくり，焼成（温度推定）の理解を目指した。結果，粘土採取については，ナイルシルト胎土は基本的に低位砂漠縁辺部のサハバ粘土を基本とし，スサ混粗製ではそれに加えて涸れ谷内のマスマス粘土も利用していることが明らかとなった。マールクレイ胎土は，自然に風化堆積した石灰質粘土が用いられており，これまで考えられていたナイルシルトに石灰性物質を混ぜた人工的な粘土でないことが判明した。加えて，その採取地または生産地は，ヒエラコンポリス遺跡ではなく，エスナ以北の地域が有力候補として挙げられた。素地づくりに関しては，精製胎土は水簸，粗製胎土は簡略的清掃，そしてマール胎土は入念な精製であった。焼成温度については，精製胎土は800℃以下の比較的低く安定した温度，粗製胎土は800℃以下から1000℃とばらついた温度域，マールクレイ胎土は800〜900℃と比較的高い温度が推定された。

　つづく製作痕分析では，筆者が調査する土器焼成遺構で最も出土点数の多いスサ混粗製胎土のモデルド・リム壺を対象に，器面に残る痕跡から成形方法，色調や黒斑の痕跡から焼成方法について分析した。成形方法は，粘土紐づくりとナデ調整を基本としつつ，回転台と製陶工具を用いたものであった。これは定型化された技法であり，効率性を求めたものであったと解釈された。焼成方法は，黒斑観察と焼成遺構の検出状況から，積み重ねによる覆い型野焼きとの結論に至り，これも効率性を目指した方法と考えられた。

　第2の目的である社会との関わりについては，まず，不足するスサ混粗製胎土以外の土器の製作技術を既往研究から補い，胎土クラスごとの技術工程連鎖を再構築し，時間軸上の技術変遷として捉え，技術変容の画期を抽出した。結果，ナカダⅡ期にその画期が見出され，それはスサ混粗製ナイルシルト胎土とマールクレイ胎土にみられる回転台と製陶工具，そして昇焔式窯という新たな技術の選択であった。専業化の分析では，スサ混粗製胎土のモデルド・リム壺を取り上げ，規格化と効率化の視点から分析し，専業性の高い土器であることが判明した。そしてコスティンの掲げる指標に則してその専業形態を考察し，モデルド・リム壺の生産形態は，常勤的陶工によ

る大量生産を行う集中工房で，それはビール壺生産を目的としたエリートお抱えの従属専業であったと推察された。こうした従属専業はマール胎土土器にも指摘されるところであり，変遷にみるナカダⅡ期の技術変化は，生産形態の変容に呼応したものであったと考えられた。

　このナカダⅡ期は，統一王朝に向けて，階層化や労働分化，経済・交易活動の活発化などエリート層の誕生がもたらす社会変革の起き始める時期でもあり，同時期に変容する土器の技術と生産形態は，こうした社会の動きに連動したものであると述べた。

第2節　展　　望

　本論で提示した分析結果は，ヒエラコンポリス遺跡の一部の資料を対象としたものにすぎない。これを先王朝時代全体に敷衍させ，確実な結論を導き出すには，ヒエラコンポリス遺跡はもとより，対象遺跡をさらに広げ，胎土分析および製作痕跡のデータをより一層蓄積する必要がある。また，第7章の最後で述べた陶工および新規技術の来歴について，マールクレイ胎土の製作にレヴァントやメソポタミアの外来要素の可能性を示唆したが，それを見定めるためには，この地域の製作技術の把握と，ケナ付近の遺跡資料の観察・分析が必須となる。データの蓄積とともに，アビドスやナカダ遺跡の土器資料に注目した研究が今後の課題となる。

　土器は，単純に言えば，粘土を捏ねて焼いたものであり，他の実用品に比べて容易にいかようにでも作り上げることができる。それにもかかわらず時間と場所で一定したまとまりをみせるのは，土器をつくる陶工の歴史的技術伝統や環境条件，そして社会的要求が複合的に重なり合っているからである。土器に詰まったこうした情報を紐解くことで，過去の文化系統や社会の動態をも辿ることができるのである。その意味で，人類史においても重要なエジプト文明形成期にあたる先王朝時代は，実践的研究の場として極めて魅力的なのである。

　本論は，そうした多大な可能性を秘める土器研究の一部分を遂行したにすぎないが，この成果が，いまだ先王朝時代研究では稀薄な土器の技術論に少しでも多くの研究者の関心を喚起できれば幸いである。

参考文献

Adams, B., 1987, *The Fort Cemetery at Hierakonpolis*, London and New York.

Adams, B., 1995, *Ancient Nekhen: Garstang in the City of Hierakonpolis*, New Malden.

Adams, B., 2000, *Excavations in the Locality 6 Cemetery at Hierakonpolis 1979-1985*, Oxford.

Aksamit, J., 1992, "Petrie's Type D 46D and Remarks on the Production and Decoration of Predynastic Decorated Pottery", *Cahiers de la Céramique Égyptienne* 3, pp.17-21.

Allen R.O., Hamroush, H. and Hoffman, M.A., 1989, "Archaeological Implications of Differences in the Composition of Nile Sediments", in Allen, R.O. (ed.), *Archaeological Chemistry* IV, Washington D.C., pp.33-56.

Allen, R.O., Rogers, M.S., Mitchell, R.S. and Hoffman, M.A., 1982, "A Geochemical Approach to the Understanding of technology in Predynastic Egypt", *Archaeometry* 24-2, pp.199-212.

Amiran, R., 1992, "Petrie's F-Ware", in van den Brick, E.C.M. (ed.), *The Nile Delta in Transition: 4th.-3rd. Millennium B.C.*, Tel Aviv, pp.427-432.

Anderson, D.A., 2006, *Power and Competition in the Upper Egyptian Predynastic: A View from the Predynastic Settlement at el-Mahâsna, Egypt*, Unpublished doctoral thesis, University of Pittsburgh.

Anderson, W., 1992, "Badarian Burials: Evidence of Social Inequality in Middle Egypt during the Early Predynastic Era", *Journal of the American Research Center in Egypt* 29, pp.51-66.

Arkell, A.J., 1953, "The Sudan Origin of Predynastic 'Black Incised' Pottery", *The Journal of Egyptian Archaeology* 39, pp76-79.

Arnold, B., 1999, "'Drinking the Feast': Alcohol and the Legitimation of Power in Celtic Europe", *Cambridge Archaeological Journal* 9-1, pp.71-93.

Arnold, D.E., 1985, *Ceramic theory and Cultural process*, Cambridge.

Arnold, Do., 1986, "Töpferei", in Heleck, W. and Otto, E. (eds.), *Lexikon der Ägyptologie VI*, Wiesbaden, cols.616-621.

Arnold, Do. and Bourriau, J. (eds.), 1993, *An Introduction to Ancient Egyptian Pottery*, Mainz am Rhein.

Baba, M., 2004, "Close Encounter with HK potters", *Nekhen News* 16, p.21.

Baba, M., 2005, "Understanding the HK Potters: Experimental firings", *Nekhen News* 17, pp.20-21.

Baba, M., 2006, "The Pottery Kilns at HK11C Revisited", *Nekhen News* 18, p.19.

Baba, M., 2007, "Okey-dokey! Big Pots and More Kilns at HK11C", *Nekhen News* 19, pp.26-27.

Baba, M., 2008a, "More Big Pots: HK11C Square B5 in 2008", *Nekhen News* 20, pp.18-19.

Baba, M., 2008b, "Pottery Making Tools-Worked Sherds from HK11C B4, Hierakonpolis-", in Midant-Reynes, B., Tristant, Y., Rowland, J. (eds.), *Egypt at its Origins 2: Proceedings of the International Conference "Origin of the State. Predynastic and Early Dynastic Egypt"*, Leuven, pp.7-20.

Baba, M., 2009, "One More Big Pot: HK11C Operation B in 2009", *Nekhen News* 21, pp.23-24.

Baba, M. and Saito, M., 2004, "Experimental Studies on the Firing Methods of the Black-topped Pottery in Predynastic Egypt" in Hendrickx, S., Friedman, R., Cialowicz, K.M. and Chlodnicki, M. (eds.), *Egypt at its Origin. Studies in Memory of Barbara Adams*, Leuven, pp.575-589.

Bard, K.A., 1994, *From Farmers to Pharaohs: Mortuary Evidence for the Rise of Complex Society in*

Egypt, Sheffield.

Bard, K.A. (ed.), 1999, *Encyclopedia of the Archaeology of Ancient Egypt*, London and New York.

Bard, K.A., 2002, "The Emergence of the Egyptian State", in Shaw, I. (ed.), *The Oxford History of Ancient Egypt*, Oxford, pp.57-82.

Barta, M., 1996, "Several Remarks on Beer Jars found at Abusir", *Cahiers de la Céramique Égyptienne* 4, pp.127-131.

Baumgartel, E., 1955, *The Cultures of Prehistoric Egypt*, Oxford.

Blackman, M.J., Stein, G.J. and Vandiver, P.B., 1993, "The Standardization Hypothesis and Ceramic Mass Production: Technological, Compositional, and Metric Indexes of Craft Specialization at Tell Leilan, Syria", *American Antiquity* 58-1, pp.60-80.

Boehmer, R.M., Dreyer G. and Kromer, B., 1993, "Einige fruhzeitliche 14C-Datierungen aus Abydos und Uruk", *Mitteilungen des Deutschen Archäologischen Instituts, Abteilung Kairo* 49, pp.63-68.

Bourriau, J., 1981, *Umm el-Ga'ab: Pottery from the Nile Valley Before the Arab Conquest*, Cambridge.

Bourriau J., Bellido, A., Bryan, N. and Robinson, V., 2004, "Neutron Activation Analysis of Predynastic to Early Dynastic Pottery from Minshat Abu Omar, Hemamieh and Armant", in Hendrickx, S., Friedman, R., Cialowicz, K.M. and Chlodnicki, M. (eds.), *Egypt at its Origin. Studies in Memory of Barbara Adams*, Leuven, pp.637-663.

Bourriau, J. and Nicholson, P.T., 1992, "Marl Clay Pottery Fabrics of the New Kingdom from Memphis, Saqqara and Amarna", *The Journal of Egyptian Archaeology* 78, pp.29-91.

Bourriau, J., Nicholson, P.T. and Rose, P.J., 2000, "Pottery", in Nicholson, P.T. and Shaw, I. (eds.), *Ancient Egyptian Materials and Technology*, Cambridge, pp.121-147.

Bourriau J., Smith, L.M.V. and Nicholson, P.T., 2000, *New Kingdom Pottery Fabrics: Nile clay and mixed Nile/Marl clay fabrics from Memphis and Amarna*, London.

Bowman, S. (ed.), 1991, *Science and the Past*, London.

Brunfiel, E. and Earle, E., 1987, "Specialization, Exchange and Complex Societies: An Introduction", in Brunfiel, E. and Earle, E. (eds.), *Specialization, Exchange and Complex Societies*, Cambridge, pp.1-11.

Brunton, G., 1937, *Mostagedda and Tasian Culture*, London.

Brunton, G., 1948, *Matmar*, London.

Brunton, G. and Caton-Thompson, G., 1928, *The Badarian Civilization, and Predynastic Remains near Badari*, London.

Buchez, N., 2004a, "Les vases à cuire de l'époque prédynastique à Adaïma: aspects techniques, économiques et culturels", *Cahiers de la Ceramique Égyptienne* 7, pp.15-45.

Buchez, N., 2004b, "The Study of a Group of Ceramics at the end of the Naqada period and Socio-economic Considerations", in Hendrickx, S., Friedman, R., Cialowicz, K.M. and Chlodnicki, M. (eds.), *Egypt at its Origin. Studies in Memory of Barbara Adams*, Leuven, pp.665-687.

Butzer, K.W., 1959, "Some Recent Geological Deposits in the Egyptian Nile Valley", *The Geographical Journal* 125-1, pp.75-59.

Butzer, K.W., 1976, *Early Hydraulic Civilization in Egypt: A Study in Cultural Ecology*, Chicago.

Butzer, K.W., 1999, "Climate" and "Climate History", in Bard, K.A. (ed.), *Encyclopedia of the Archaeology* of Ancient Egypt, London and New York, pp.195-198.

Butzer, K.W., 2002, "Geoarhcaeological Implications of Recent Research in the Nile Delta", in Van den Brink E.C.M. and Levy, T.E. (eds.), *Egypt and the Levant: Interrelations from the 4th through the Early 3rd Millennium B.C.E.*, London and New York, pp.83-97.

Butzer, K. and Hansen, C.L., 1968, *Desert and River in Nubia: Geomorphology and Prehistoric Environments at the Aswan Reservoir*, Madison.

Case, H. and Payne, J.C., 1962, "The Tomb 100: The Decorated Tomb at Hierakonpolis", *The Journal of Egyptian Archaeology* 48, pp.5-18.

Castillos, J.J., 1982, *A Reappraisal of the Published Evidence on Egyptian Predynastic and Early Dynastic Cemeteries*, Toronto.

Caton-Thompson, G. and Gardner, E.W., 1934, *The Desert Fayum*, London.

Caton-Thompson, G. and Whittle, E.W., 1975, "Thermoluminescence dating of the Badarian", *Antiquity* 49, pp.89-97.

Chlodnicki, M. and Cialowicz, K.M., 2002, "Tell el-Rarkha Seasons 1998-1999. Preliminary Report", *Mitteilungen des Deutschen Archäologischen Instituts, Abteilung Kairo* 58, pp.89-117.

Cichowski, K., 2008, "The Brewery Complex from Tell el-Farkha. Archaeological Aspects of the Discovery", in Midant-Reynes, B., Tristant, Y., Rowland, J. (eds.), *Egypt at its Origins 2: Proceedings of the International Conference "Origin of the State. Predynastic and Early Dynastic Egypt"*, Leuven, pp.34-40.

Clark, J.E., 1995, "Craft Specialization as an Archaeological category", *Research in Economic Anthropology* 16, pp.267-294.

Clark, J.E. and Parry, W., 1990, "Craft specialization and Cultural complexity", *Research in Economic Anthropology* 12, pp.289-346.

Close, A.E., 1995, "Few and Far Between, Early Ceramics in North Africa", in Barnett, W.K. and Hoopes, J.W. (eds.), *The Emergence of Pottery: Technology and Innovation in Ancient Societies*, Washington and London.

Costin, C.L., 1991, "Craft Specialization: Issues in Defining, Documenting, and Explaining the Organization of Production", *Archaeological Method and Theory* 3, pp.1-55.

Costin, C.L., 2000, "The Use of Ethnoarchaeology for the Archaeological Study of Ceramic Production", *Journal of Archaeological Method and Theory* 7-4, pp.377-403.

Costin, C.L., 2001, "Chapter 8, Craft Production System", in Feinman, G.M. and Price, T.G. (eds.), *Archaeology at the Millennium: A Source Book*, New York, pp.273-327.

Costin, C.L. and Hagastrum, M.B., 1995, "Standardization, Labor Investment, Skill, and the Organization of Ceramic Production in Late Prehistoric Highland Peru", *American Antiquity* 60-4, pp.619-639.

Darby, W.J., Ghalioungui, P. and Grivetti, L., 1977, *Food: The Gift of Osiris Vol.2*, London.

Davies, W., 1983, "Cemetery T at Nagada", *Mitteilungen des Deutschen Archäologischen Instituts, Abteilung Kairo* 39, pp.17-28.

Davies, V. and Friedman, R., 1998, *Egypt*, London.

Debono, F., and Mortensen, B., 1990, *El Omari: A Neolithic Settlement and Other Sites in the Vicinity of*

Wadi Hof, Helwan, Mainz am Rhein.

de Morgan, J., 1896, *Recherches sur les Origines de L'Égypte I. L'Age de la Pierre et les Métaux*, Paris.

Desmond, J.A., Newton, G.W.A., Robinson, V.J. and Williams, O.R., 1986, "The origins of Kahun pottery: a study by neutron activation analysis", in David, A.R. (ed.), *Science in Egyptology*, Manchester, pp.431-446.

Dobres, M.-A., 2000, *Technology and Social Agency: Outlining a Practice Framework for Archaeology*, Oxford.

Dreyer, G., 1992, "Recent Discoveries in the U-Cemetery at Abydos", in van den Brick, E.C.M. (ed.), *The Nile Delta in Transition: 4th.-3rd. Millennium B.C.*, Tel Aviv, pp.293-299.

Dreyer, G., 1998, *Umm el-Qaab I, Das prädynastische Königsgrab U-j und seine frühen Schriftzeugnisse*, Mainz.

Dreyer, G., Hartung, U., Hikade, T., Köhler, E.C., Müller, V. and Pumpenmeier, F., 1998, "Umm el-Qaab. Nachuntersuchungen im frühzeitlichen Königsfriedhof. 9./10. Vorbericht", *Mitteilungen des Deutschen Archäologischen Instituts, Abteilung Kairo* 54, pp.77-167.

Droux, X. and Friedman, R., 2007, "The Columned Hall at HK6 and Other Wonders", *Nekhen News* 19, pp.7-9.

Earle, T., 1981, "Comment on Evolution of Specialized Pottery Production: A Trial Model (by Rice, P.M.)", *Current Anthropology* 22-3, pp.230-231.

Ellis-Lopez, S., 1997, *Ethnography in Egypt: The Lifecycle of Modern Pottery Vessels*, Unpublished doctoral thesis, The University of Utah.

Fahmy, A.G., Perry, L. and Friedman, R., 2008, "Archaeobotany of food production at Predynastic Hierakonpolis", in Friedman, R. and McNamara, L. (eds.), *Origin of the State. The Third International Colloquium on Predynastic and Early Dynastic Egypt. London 2008; Abstracts of Papers*, pp.92-93.

Faltings, D.A., 2002, "The Chronological Frame and Social Structure of Buto innthe Forth Millennium BCE", in Van den Brink, E.C.M. and Levy, T.E. (eds.), *Egypt and the Levant: Interrelations from the 4th through the Early 3rd Millennium B.C.E.*, London and New York, pp.165-170.

Feinman, G.M., Upham, S. and Lightfoot, K.G., 1981, "The Production Step Measure: An Ordinal Index of Labor Input in Ceramic Manufacture", *American Antiquity* 46-4, pp.871-884.

Finkenstaedt, E., 1980, "Regional Painting Style in Predynastic Egypt", *Zeitschrift für Ägyptische Sprache und Altertumskunde* 107, pp.116-120.

Freestone, I., Potter, T. and Johns, C., 1982, *Current research in ceramics: thin-section studies*, London.

Friedman, R., 1994, *Predynastic Settlement Ceramics of Upper Egypt: A Comparative Study of the Ceramics of Hemamieh, Nagada and Hierakonpolis*, Unpublished doctoral thesis, University of California at Berkeley.

Friedman, R., 1996, "The Ceremonial Centre at Hierakonpolis Locality HK29A", in Spencer, J. (ed.), *Aspects of Early Egypt*, London, pp.16-35.

Friedman, R., 2000a, "Regional diversity in the Predynastic pottery of Upper Egyptian settlements", in Krzyzaniak, K., Kroeper, K., and Kobusiewicz, M. (eds.), *Recent Research into the Stone Age of North Africa*, Poznan, pp.171-186.

Friedman, R., 2000b, "Ceramic Nails", *Nekhen News* 12, p.13.

Friedman R., 2001, "The Beginning of Consumer Society? Ceramics from HK11", *Nekhen News* 13, pp.10-11.

Friedman, R., 2003, "Return to the Temple: Excavations at HK29A", *Nekhen News* 15, pp.4-5.

Friedman, R., 2004a, "Farewell to HK43", *Nekhen News* 16, pp.4-5.

Friedman, R., 2004b, "Predynastic Kilns at HK11C: One Side of the Story", *Nekhen News* 16, pp.18-19.

Friedman, R., 2004c, "Elephants at Hierakonpolis" in Hendrickx, S., Friedman, R.F., Cialowicz, K.M. and Chlodnicki, M. (eds.), *Egypt at its Origin. Studies in Memory of Barbara Adams*, Leuven, pp.131-168.

Friedman, R., 2006, "Bigger than Elephant. More Surprises at HK6", *Nekhen News* 18, pp.7-8.

Friedman, R., 2007, "The Columned Hall at HK6 and Other Wonders", *Nekhen News* 19, pp.7-9.

Friedman, R., 2008a, "Remembering the Ancestors: HK6 in 2008", *Nekhen News* 20, pp.10-11.

Friedman, R., 2008b, "Origins of Monumental Architecture: Investigations at Hierakonpolis HK6 in 2008", in Friedman, R. and McNamara, L. (eds.), *Origin of the State. The Third International Colloquium on Predynastic and Early Dynastic Egypt. London 2008; Abstracts of Papers*, pp.45-46.

Friedman, R., 2008c, "Excavating Egypt's Early Kings: Recent Discoveries in the Elite Cemetery at Hierakonpolis", in Midant-Reynes, B., Tristant, Y., Rowland, J. (eds.), *Egypt at its Origins 2: Proceedings of the International Conference "Origin of the State. Predynastic and Early Dynastic Egypt"*, Leuven, pp.1157-1194.

Friedman, R., Watrall, E., Jones, J., Fahmy, A.G., van Neer, E. and Linseele, V., 2002, "Excavations at Hierakonpolis", *Archéo-Nil* 12, pp.55-67.

Garstang, J., 1902, "A Pre-dynastic Pot-kiln, Recently Discovered at Mahasna, in Egypt", *Man* 2, pp.38-40.

Garstang, J., 1907, "Excavations at Hierakonpolis", *Annales du service des antiquités de l'Egypte* 8, pp.136-137.

Gatto, M.C., 2003, "Hunting the Elusive Nubian A-Group", *Nekhen News* 15, pp.14-15.

Geller, J.R., 1984, *The Predynastic ceramics Industry at Hierakonpolis, Egypt*, Unpublished master thesis, Washington University.

Geller, J.R., 1992a, *Predynastic Beer Production at Hierakonpolis, Upper Egypt: Archaeological Evidence and Anthropological Implications*, Unpublished doctoral thesis, Washington University.

Geller, J.R., 1992b, "From Prehistory to History: Beer in Egypt", in Friedman, R. and Adams, B. (eds.), *The Followers of Horus: Studies dedicated to Michael Allen Hoffman*, Oxford, pp.19-26.

Ghaly, H., 1986, *Pottery of the Prehistoric Settlement Hemamieh in Middle Egypt: Classification and Fabrics*, Unpublished doctoral thesis, Universität Wien.

Gibson, A. and Woods, A., 1997, *Prehistoric Pottery for the Archaeologist* (second edition), London.

Ginter, B. and Kozlowski, J.K., 1984, "The Tarifian and the Origin of Naqadian", in Krzyzaniak, L. and Kobusiewicz, M. (eds.), *Origin and Early Development of Food-Producing Cultures in North-Eastern Africa*, Poznan, pp.247-260.

Ginter, B. and Kozlowski, J.K., 1994, *Predynastic Settlement near Armant*, Heidelberg.

Ginter, B., Kozlowski, J.K., Pawlikowski, M. and Sliwa, J., 1997, *Frühe Keramik und Kleinfunde asu El-*

Târif, Mainz am Rhein.

Ginter, B., Kozlowski, J.K. and Sliwa, J., 1979, "Excavation Report on the Prehistoric and Predynastic Settlement in El-Tarif during 1978", *Mitteilungen des Deutschen Archäologischen Instituts, Abteilung Kairo* 35, pp.87-102.

Gophna, R., 1998, "Chapter 16: Early Bronze Age Canaan: Some Spatial and Demographic Observations", Levy, T.E. (ed.), *The Archaeology of Society in the Holly Land*, London, pp.269-280.

Gosselain, O.P., 1992, "Bonfire of the Enquiries. Pottery Firing Temperatures in Archaeology: What For", *Journal of Archaeological Science* 19, pp.243-259.

Gosselain, O.P., 1998, "Social and technical identity in a clay crystal ball", in Stark, M.T. (ed.), *The Archaeology of Social Boundaries*, Washington, D.C., pp.78–106.

Hadidi, M.N., 1982, "The Predynastic Flora of the Hierakonpolis Region" in Hoffman, M.A. (ed.), *The Predynastic of Hierakonpolis*, Cairo and Illinois, pp.101-109.

Hagstrum, M.B., 1985, "Measuring Prehistoric Ceramic Craft Specialization: A Test Case in the American Soutwest ", *Journal of Field Archaeology* 12-1, pp.65-75.

Hamroush, H.A., 1982, "A Preliminary Report on the Quaternary Geology and Geoarchaeology of Hierakonpolis", in Hoffman, M.A. (ed.), *The Predynastic of Hierakonpolis*, Cairo and Illinois, pp.93-101.

Hamroush, H.A., 1985, *Archaeological Geochemistry of Hierakonpolis in the Nile Valley, Egypt*, Unpublished doctoral thesis, University of Virginia.

Hamroush, H.A., 1992, "Pottery Analysis and Problems in the Identification of the Geological Origins of Ancient Ceramics", *Cahiers de la céramique égyptienne* 3, pp.39-51.

Hamroush, H.A., Lockhart, M. and Allen, R., 1992, "Predynastic Egyptian Finewares: Insights into the Ceramic Industry", in Friedman, R. and Adams, B. (eds.), *The Followers of Horus: Studies dedicated to Michael Allen Hoffman*, Oxford, pp.45-52.

Hancock, R.G.V., Millet, N.B. and Mills, A.J., 1986, "A Rapid INAA Method to Characterize Egyptian Ceramics", *Journal of Archaeological Science* 13, pp.107-117.

Harlan, J.F., 1985, *Predynastic Settlement Patterns: A View from Hierakonpolis*, Unpublished doctoral thesis, Washington University.

Hartung, U., 2002, "Imported Jars from Cemetery U at Abydos and the Relations Between Egypt and Canaan in Predynastic Times", in Van den Brink, E.C.M. and Levy, T.E. (eds.), *Egypt and the Levant: Interrelations from the 4th through the Early 3rd Millennium B.C.E.*, London and New York, pp.437-449.

Hartung, U., 2004, "Rescue Excavation in the Predynastic Settlement of Maadi", in Hendrickx, S., Friedman, R., Cialowicz, K.M. and Chlodnicki, M. (eds.), *Egypt at its Origin. Studies in Memory of Barbara Adams*, Leuven, pp.337-356.

Hassan, F.A., 1984a, "Radiocarbon chronology of Predynastic Nagada settlements, Upper Egypt", *Current Anthropology* 25-5, pp.681-683.

Hassan, F.A., 1984b, "The Beginnings of Egyptian civilization at Hierakonpolis (Review of M.A. Hoffman, The Predynastic of Hierakonpolis -an interim report)", *Quarterly Review of Archaeology* 5-1, pp.13-15.

Hassan, F.A., 1985, "Radiocarbon chronology of Neolithic and Predynastic sites in Upper Egypt and the Delta", *African Archaeological Review* 3, pp.95-116.

Hassan, F.A., 1988, "The Predynastic Egypt", *Journal of World Prehistory* 2-2, pp.135-185.

Hassan, F.A., 1997, "The Dynamic of a Riverine Civilization: A Geoarchaeological Perspective on the Nile Valley, Egypt", *World Archaeology* 29-1, pp.51-74.

Hassan, F.A., and Matson, R.G., 1989, "Seriation of Predynastic Potsherds from the Nagada region (Upper Egypt)", in Krzyzaniak, L. and Kobusiewicz, M. (eds.), *Late Prehistory of the Nile Basin and the Sahara*, Poznan, pp.303-316.

Hassan, F.A. and Robinson, S.W., 1987, "High-Precision Radiocarbon Chronometry of Ancient Egypt, and Comparisons with Nubia, Palestine and Mesopotamia", *Antiquity* 61, pp.119-35.

Hayden, B., 2009, "Funeral as Feast: Why Are They So Important", *Cambridge Archaeological Journal* 19-1, pp.29-52.

Hendrickx, S., 1994, *Elkab V. The Naqada III Cemetery*, Brussels.

Hendrickx, S., 1996, "The Relative Chronology of the Naqada Culture: Problem and Possibilities", in Spencer, J. (ed.), *Aspect of Early Egypt*, London, pp.39-69.

Hendrickx, S., 2005, "Rough Jars in an Elite Context" *Nekhen News* 17, p.13.

Hendrickx, S., 2006, "Predynastic-Early Dynastic Chronology," in Hornung, E., Krauss, R. and Warburton, D.A. (eds.), *Ancient Egyptian Chronology*, Leiden and Boston, pp.55-93.

Hendrickx, S., 2008, "Rough ware as an Element of Symbolism and Craft Specialisation at Hierakonpolis' Elite cemetery HK6," in Midant-Reynes, B., Tristant, Y., Rowland, J. (eds.), *Egypt at its Origins 2: Proceedings of the International Conference "Origin of the State. Predynastic and Early Dynastic Egypt"*, Leuven, pp.61-85.

Hendrickx, S., Faltings, D., de Beeck, L. Op, Raue, D. and Michiels, C., 2002, "Milk, Beer and Bread Technology during the Early Dynastic Period", *Mitteilungen des deutschen archäologischen Institut, abteilung Kairo* 58, pp.277-304.

Hendrickx, S., Friedman, R. and Loyens, F., 2000, "Experimental Archaeology concerning Black-topped Pottery from Ancient Egypt ant the Sudan", *Cahiers de la Céramique Égyptienne* 6, pp.171-187.

Herbich, T., 2004, "Magnetic Survey at Tell el-Farkha or How to Interpret a Magnetic Map", in Hendrickx, S., Friedman, R., Cialowicz, K.M. and Chlodnicki, M. (eds.), *Egypt at its Origin. Studies in Memory of Barbara Adams*, Leuven, pp.389-398.

Herbich, T. and Friedman, R., 1999, "The Geophysical Survey", *Nekhen News* 11, p.17.

Hoffman, M.A., 1980, "New Excavations at Hierakonpolis –A Multidisciplinary Approach to the Origins of the Egyptian State-", *Anthropology* 4-1, pp.51-70.

Hoffman, M.A., 1982a, "Settlement Patterns and Settlement Systems", in Hoffman, M.A. (ed.), *The Predynastic of Hierakonpolis*, Cairo and Illinois, pp.122-138.

Hoffman, M.A., 1982b, "General Summary and Conclusions- Issues in Predynastic Culture History", in Hoffman, M.A. (ed.), *The Predynastic of Hierakonpolis*, Cairo and Illinois, pp.139-148.

Hoffman, M.A. and Berger, M., 1982, "A Taxonomic System for Predynastic Settlement Ceramics and Locality 29 Assemblage", in Hoffman, M.A. (ed.), *The Predynastic of Hierakonpolis*, Cairo and

Illinois, pp.66-85.

Hoffman, M.A., Hamroush, H.A. and Allen, R.O., 1986, "A Model of Urban Development for the Hierakonpolis Region from Predynastic through Old Kingdom Times", *Journal of the American Research Center in Egypt* 23, pp.175-188.

Hoffman, M.A., Harlan, J.F., Lupton, C., Adams, B. and Berger, M., 1982, "Site Reports and Mapping Project", in Hoffman, M.A. (ed.), *The Predynastic of Hierakonpolis*, Cairo and Illinois, pp.5-65.

Holmes, D.L., 1989, *The Predynastic Lithic Industries of Upper Egypt: A comparative study of the lithic Traditions of Badari, Nagada and Hierakonpolis*, Oxford.

Holmes, D.L., 1992a, "The Evidence and Nature of Contacts between Upper and Lower Egypt during the Predynastic: A View from Upper Egypt", in Van den Brink, E.C.M. (ed.), *The Nile Delta in Transition: 4th.-3rd. Millennium B.C.*, Tel Aviv, pp. 301-316.

Holmes, D.L., 1992b, "Chipped Stone-Working Craftsmen, Hierakonpolis and the Rise of Civilization in Egypt", in Friedman, R. and Adams, B. (eds.), *The Followers of Horus: Studies dedicated to Michel Allen Hoffman*, Oxford, pp.37-44.

Holthoer, R., 1977, *New Kingdom Pharaonic Sites: The Pottery*, Lund.

Hope, C.A., 1987, *Egyptian Pottery*, Alyesbury.

Hope, C.A., 2002, "Early and Mid-Holocene ceramics from Dakhleh Oasis: Traditions and Influences", in Friedman, R. (ed.), *Egypt and Nubia: Gifts of the Desert*, London, pp.39-61.

Hope, C.A., Blauer, H.M. and Riederer, J., 1981, "Recent Analysis of 18th Dynasty Pottery", in Arnold, Do. (ed.), *Studien zur Altägyptischen Keramik*, Mainz am Rhein, pp.139-166.

Joffe, A.H., 1998, "Alcohol and Social Complexity in Ancient Western Asia", *Current Anthropology* 39-3, pp.297-322.

Ishida, H., 2002, "Insight into Ancient Egyptian Beer Brewing Using Current Folkloristic Methods", *Master Brewers Association of the Americas Technical Quarterly* 39-2, pp.81-88.

Kaiser, W., 1956, "Stand und Probleme der agyptischen Vorgeschichtsforschung", *Zeitschrift für Ägyptische Sprache und Altertumskunde* 81, pp.87-109.

Kaiser, W., 1957, "Zur inneren Chronologie der Naqadakultur", *Archaeologica Geographica* 6, pp.69-72.

Kaiser, W., 1985, "Zur Südausdehnung der vorgeschichtlichen Deltakulturen und zur frühen Entwicklung Oberägyptens", *Mitteilungen des Deutschen Archäologischen Instituts, Abteilung Kairo* 41, pp.61-87.

Kaiser, W., 1990, "Zur Entstehung des gesamtagyptischen Staates", *Mitteilungen des Deutschen Archäologischen Instituts, Abteilung Kairo* 46, pp.287-299.

Kaiser W., Avila, R., Dreyer, G., Jaritz, H., Rösing, F.W. and Seidelmayer, S., 1982, "Stadt und Tempel von Elephantine", *Mitteilungen des Deutschen Archäologischen Instituts. Abteilung Kairo* 38, pp.271-435.

Kemp, B.J., 1973, "Photographs of the Decorated Tomb at Hierakonpolis", *The Journal of Egyptian Archaeology* 59, pp.39-43.

Kemp, B.J., 1989, *Ancient Egypt, Anatomy of a Civilization*, London and New York.

Kirby, C., 1989, "Report on the 1987 excavations: The excavation of Q48.4", in Kemp, B.J. (ed.), *Amarna Report V*, London, pp.15-63.